DITIE
DUNGOU
SHIGONG
JISHU

地铁盾构施工技术

朱 栋 苗磊刚 主编

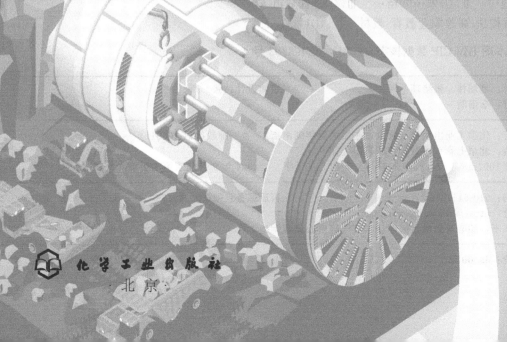

化学工业出版社

北京

内容简介

本教材共分为十二章，内容包括：盾构概述、盾构构造与功能、盾构选型、盾构施工准备工作、盾构隧道竖井施工、盾构隧道端头加固、盾构隧道掘进施工、盾构隧道防水施工、洞内出渣运输及弃土外运、盾构施工测量与监测、盾构管片制作与运输，以及特种盾构工法，内容全面，贴合实际工程。本书配有二维码资源，扫描即可查看相关内容。

本教材可作为高职城市轨道交通工程技术、隧道及地下工程专业等相关工程类专业教材，亦可供相关施工技术人员参考使用。

图书在版编目（CIP）数据

地铁盾构施工技术/朱栋，苗磊刚主编．—北京：化学工业出版社，2021.9（2024.9重印）
ISBN 978-7-122-39281-7

Ⅰ.①地… Ⅱ.①朱…②苗… Ⅲ.①地铁隧道-隧道施工-盾构法-高等职业教育-教材 Ⅳ.①U231.3

中国版本图书馆CIP数据核字（2021）第108703号

责任编辑：葛瑞祎　张绪瑞　　　　　装帧设计：张　辉
责任校对：李雨晴

出版发行：化学工业出版社（北京市东城区青年湖南街13号　邮政编码100011）
印　　装：北京七彩京通数码快印有限公司
787mm×1092mm　1/16　印张13½　字数347千字　2024年9月北京第1版第4次印刷

购书咨询：010-64518888　　　　　　　售后服务：010-64518899
网　　址：http://www.cip.com.cn
凡购买本书，如有缺损质量问题，本社销售中心负责调换。

定　价：45.00元　　　　　　　　　　　　　　　　　　版权所有　违者必究

前言

　　21世纪是隧道及地下空间大发展的时代。中国正在建设世界最大规模的隧道及地下工程，施工市场前景广阔，尤其是我国的城市轨道交通建设正处于史无前例的高潮。1843年，盾构工法首次在建造横穿英国泰晤士河河底隧道工程中成功应用，至今已有178年。目前盾构工法在城市轨道建设中广泛应用，特别是在城市地铁区间隧道中大量应用，隧道施工已走向机械化。为了适应行业的发展及满足施工现场对一线高技能人才提出的要求，城市轨道交通工程技术专业开设了地铁盾构课程，并根据城市轨道交通工程专业人才培养方案及职业教育的教学实际，参考有关职业技能鉴定规范及企业对职业院校城市轨道类毕业生知识与技能的要求编写了本教材。

　　本教材结合高等职业教育城市轨道交通工程技术专业人才培养目标，注重理论联系实际，强调解决实际问题，既保证了知识的系统性和完整性，又体现内容的实用性和可操作性，便于实践教学和案例教学。本教材详细、全面、透彻地介绍了盾构构造与功能、选型、掘进、防水、测量及监测等内容，并利用电子资源使教材内容更丰富详实，部分电子资源以二维码呈现，扫描即可查看。

　　本教材由江苏建筑职业技术学院朱栋和苗磊刚担任主编，崔蓬勃和杨增强参与了编写。具体分工如下：朱栋编写了第一章、第二章、第七～九章和第十二章，苗磊刚编写了第三～六章，崔蓬勃编写了第十章，杨增强编写了第十一章。本书所需电子资源拍摄于多个施工现场，特别感谢中煤隧道工程有限公司领导提供的大力协助。

　　由于编者水平有限和时间仓促，书中不当之处在所难免，恳请读者批评指正。

编者

2021年7月

目录

第一章　盾构概述　1
　第一节　盾构概念及其工作原理 …………………………… 1
　第二节　盾构分类 …………………………………………… 2
　第三节　典型盾构简介 ……………………………………… 3
　思考题 ………………………………………………………… 20

第二章　盾构构造与功能　21
　第一节　盾构的基本构造 …………………………………… 21
　第二节　盾构的功能描述 …………………………………… 26
　思考题 ………………………………………………………… 36

第三章　盾构选型　37
　第一节　盾构选型概述 ……………………………………… 37
　第二节　盾构选型的原则和依据 …………………………… 38
　第三节　盾构选型的方法和步骤 …………………………… 39
　思考题 ………………………………………………………… 45

第四章　盾构施工准备工作　46
　第一节　施工前准备工作 …………………………………… 46
　第二节　技术准备工作 ……………………………………… 49
　第三节　设备材料准备工作 ………………………………… 53
　思考题 ………………………………………………………… 56

第五章　盾构隧道竖井施工　57
　第一节　盾构竖井的分类 …………………………………… 57
　第二节　盾构竖井构筑 ……………………………………… 61
　第三节　地下连续墙竖井施工 ……………………………… 65
　第四节　挡土围护竖井施工 ………………………………… 72
　第五节　沉井竖井施工 ……………………………………… 77

思考题 …………………………………………………………………………………… 81

第六章　盾构隧道端头加固　82

第一节　隧道端头加固的目的 …………………………………………………… 82
第二节　深层搅拌加固 …………………………………………………………… 82
第三节　旋喷桩加固 ……………………………………………………………… 83
第四节　冷冻法加固 ……………………………………………………………… 85
思考题 …………………………………………………………………………………… 86

第七章　盾构隧道掘进施工　87

第一节　盾构组装与调试 ………………………………………………………… 87
第二节　盾构始发及试掘进 ……………………………………………………… 96
第三节　土压平衡盾构掘进 ……………………………………………………… 100
第四节　泥水盾构掘进 …………………………………………………………… 105
第五节　管片拼装 ………………………………………………………………… 110
第六节　壁后注浆施工 …………………………………………………………… 112
第七节　刀具的检查与更换 ……………………………………………………… 116
第八节　特殊地段施工 …………………………………………………………… 118
第九节　盾构到达 ………………………………………………………………… 120
第十节　盾构掉头 ………………………………………………………………… 121
第十一节　盾构拆卸 ……………………………………………………………… 127
第十二节　地中对接技术 ………………………………………………………… 129
思考题 …………………………………………………………………………………… 137

第八章　盾构隧道防水施工　139

第一节　衬砌结构的自防水施工 ………………………………………………… 139
第二节　管片接缝的防水 ………………………………………………………… 143
第三节　盾构隧道防水其他施工措施 …………………………………………… 147
思考题 …………………………………………………………………………………… 149

第九章　洞内出渣、运输及弃土外运　150

第一节　洞内水平运输 …………………………………………………………… 150
第二节　垂直运输 ………………………………………………………………… 151
第三节　渣土外运 ………………………………………………………………… 153
思考题 …………………………………………………………………………………… 154

第十章　盾构施工测量与监测　155

第一节　施工前期测量工作 ……………………………………………………… 155
第二节　建立地面控制网 ………………………………………………………… 156

第三节	竖井联系测量	157
第四节	地下控制测量	159
第五节	盾构掘进施工测量	162
第六节	盾构贯通测量	172
第七节	地表沉降监测及控制措施	174
思考题		185

第十一章　盾构管片制作与运输　186

第一节	管片的分类	186
第二节	管片的构造	188
第三节	管片制作、管片运输及存放	192
思考题		197

第十二章　特种盾构工法　198

第一节	扩径盾构工法	198
第二节	球体盾构工法	199
第三节	多圆盾构工法	201
第四节	H&V盾构工法	203
第五节	可变断面盾构工法	204
第六节	偏心多轴盾构工法	206
思考题		206

参考文献　207

第一章　盾构概述

第一节　盾构概念及其工作原理

盾构，英文名称为 Shield Machine，是一种用于隧道暗挖施工，具有金属外壳，内壳装有整机及辅助设备，在其掩护下进行土体开挖、土渣排运、整机推进和管片安装等作业而使隧道一次成形的机械，如图 1-1 所示。

盾构概念及其工作原理

 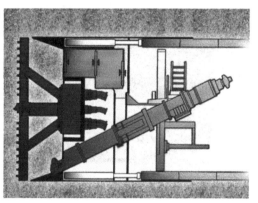

图 1-1　盾构的外形及其结构

盾构是一种隧道掘进的专用工程机械，现代盾构集机、电、液、传感、信息技术于一体，具有开挖切削土体、运送土渣、拼装隧道衬砌、测量导向纠偏等功能。盾构已广泛应用于地铁、铁路、公路、市政、水电隧道工程。

盾构的工作原理就是一个钢结构组件沿隧道轴线边向前推进，边对土壤进行掘进。这个钢结构组件的壳体称为"盾壳"，盾壳对挖掘出的还未衬砌的隧道段起着临时支护的作用，承受周围土层的土压、地下水的水压，将地下水挡在盾构外面。掘进、排土、衬砌等作业在盾壳的掩护下进行。

"盾"——"保护"，指盾壳；"构"——"构筑"，指管片拼装。

开挖面的稳定方法是盾构工作原理的主要方面,也是盾构区别于岩石掘进机的主要方面。岩石掘进机,国内一般称为TBM,TBM是Tunnel Boring Machine的缩写,通常定义中TBM是指全断面岩石隧道掘进机,是以岩石地层为掘进对象。岩石掘进机与盾构的主要区别就是岩石掘进机不具备承受泥水压、土压等维护掌子面稳定的功能,而盾构施工主要由稳定开挖面、掘进及排土、管片衬砌及壁后注浆三大部分组成。

第二节　盾构分类

一、按断面形状分类

盾构分类

盾构根据其断面形状可以分为:单圆盾构(图1-2)、复圆盾构(多圆盾构)(图1-3和图1-4)、非圆盾构。其中复圆盾构可分为双圆盾构和三圆盾构。非圆盾构可分为椭圆盾构、矩形盾构(图1-5)、类矩形盾构、马蹄形盾构(图1-6)、半圆形盾构。复圆盾构和非圆盾构统称为"异形盾构"。

图1-2　单圆盾构

图1-3　双圆盾构

图1-4　三圆盾构

图1-5　矩形盾构

图1-6　马蹄形盾构

二、按直径不同分类

盾构根据直径的不同,可分为以下几类:0.2m＜盾构直径≤2.0m,称为微型盾构;2.0m＜盾构直径≤4.2m,称为小型盾构;4.2m＜盾构直径≤7.0m,称为中型盾构;7.0m＜盾构直径≤12.0m,称为大型盾构;盾构直径超过12.0m以上,称为超大型盾构。

三、按支护地层的形式分类

盾构按支护地层的形式分类,主要分为自然支护式、机械支护式、压缩控制支护式、泥浆支护式、土压平衡支护式5种类型,见图1-7。

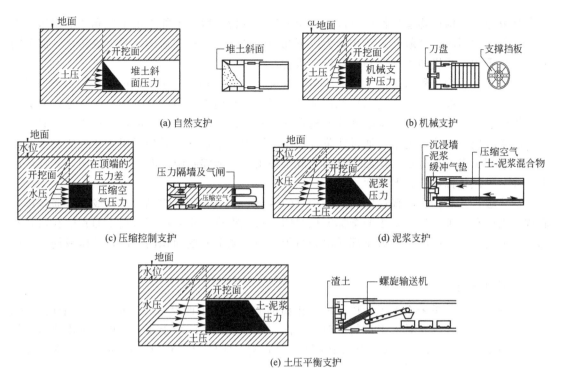

图 1-7　按支护地层的形式分类

四、按开挖面与作业室之间隔板的构造分类

盾构按开挖面与作业室之间隔板构造的不同,可分为敞开式与闭胸式两种,具体划分见图 1-8。

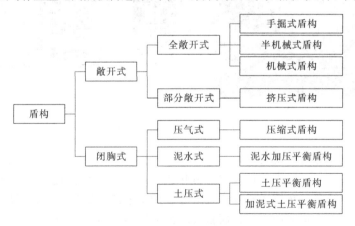

图 1-8　按开挖面与作业室之间隔板的构造分类

第三节　典型盾构简介

一、敞开式盾构

敞开式盾构分为全敞开式和部分敞开式。

典型盾构简介 1

全敞开式盾构在隧道工作面上没有封闭的压力补偿系数，不能抵抗土压和地下水压。根据开挖方法的不同，全敞开式盾构分为以下几种类型：①手掘式盾构；②半机械式（部分断面开挖）盾构；③机械式（全断面开挖）盾构。

全敞开式盾构也称为敞开工作面盾构，其英文名称为 Open Face Shield，简称 OF 盾构。全敞开式盾构一般适用于开挖面自稳性强的围岩。如果施工地层的自然稳定性不足，就必须采用机械手段使地层稳定。全敞开式盾构在地下水位以下的地层或渗漏地层掘进时，必须用井点法降低地下水位，地基可通过注浆或冻结法处理。全敞开式盾构适用于各种非黏性和黏性地层，其优点是当隧道工作面上有部分或全部由岩石或漂石组成时也可以使用，并且可用手工或半机械化掘进非圆形断面。

部分敞开式盾构也称普通闭胸式盾构（Closed Face Shield，CF 盾构），或称普通挤压式盾构，主要有两种类型：①正面全部胸板封闭，挤压推进，留有可调节进土面积的孔口，局部挤压推进。②正面网格上覆全部或部分封板，或装调节开挖面积的闸门，挤压或局部挤压推进。

1. 手掘式盾构

手掘式盾构是指采用人工开挖隧道工作面的盾构，其正面是敞开式的，开挖采用铁锹、风镐、碎石机等开挖工具人工进行。对开挖面一般采取自然的堆土压力支护及利用机械挡板支护。图 1-9 所示为日本三菱 $\phi 10.92 \mathrm{m}$ 手掘式盾构，此盾构具有液压式伸缩工作搁架和用于机械支撑工作面的胸板。

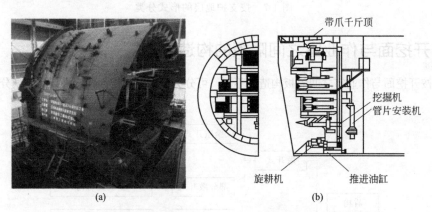

图 1-9　日本三菱 $\phi 10.92 \mathrm{m}$ 手掘式盾构

由于手掘式盾构掘进速度较慢，劳动强度大，劳务费用高，因此这种盾构只在个别情况下使用，如短程掘进（因短程隧道采用机械化或半机械化盾构掘进时不经济）、开挖面有障碍物或巨大砾石等场合。在技术不发达且劳务费用低廉的国家中，手掘式盾构也被应用于长隧道的掘进。手掘式盾构适用于开挖面自稳性强的围岩。对开挖面不能自稳的围岩和渗漏地层，在施工中可根据具体情况采用压缩空气施工法，或采取改良地层、降低地下水位等措施。

手工盾构不一定是圆形断面，也可以是矩形或马蹄形断面。手掘式盾构开挖速度很慢，且工人的工作条件也极差，因此掘进隧道的盾构通常都配有挖掘机或旋臂钻头掘进机，用于机械开挖地层。

2. 半机械式盾构

半机械式盾构（图 1-10）进行开挖及装运石渣都采用专用机械，配备液压挖掘机、臂式掘进机等掘进机械和皮带输送机等出渣机械，或配备具有掘进与出渣双重功能的挖装机械。施工时必须充分考虑确保作业人员的安全，并选用噪声小的设备。为防止开挖面坍塌，盾构装备了活动前檐和半月形千斤顶，经常采用液压操作的胸板，胸板置于单独的区域或在盾壳的周边辅助地支撑隧道工作面。半机械式盾构适用于以洪积层的砂、砂砾、固结粉砂和黏土为主的土质，也可用于软弱冲积层，但须同时采用压气施工法，或采用降低地下水位、改良地层等辅助措施。

(a) φ2.86m 反铲挖掘盾构

(b) φ5.71m 反铲挖掘盾构

(c) φ6.731m 反铲挖掘盾构

(d) φ3.676m 旋臂掘进盾构

(e) φ6.03m 旋臂掘进盾构

图 1-10　半机械式盾构

配有挖掘机或旋臂掘进机的敞开式盾构也适于掘进非圆形断面的隧道。图 1-11 所示的盾构是某铁道建设公司施工时使用的 ECL 盾构。隧道断面为马蹄形，隧道长 3580m，土质为软岩和中硬岩。这种盾构的特点是机械化程度高及挤压混凝土衬砌与盾构掘进同步进行。

(a) 内部结构

(b) 隧道断面

(c) ECL 盾构外观

图 1-11　ECL 盾构及施工

ECL 是 Extruded Concrete Lining 的缩写，意为挤压混凝土衬砌，即以现浇灌注的混凝土代替传统的管片衬砌。ECL 盾构工法即挤压混凝土衬砌法，掘进与衬砌同时进行施工，不使用常规的管片，而是在掘进的同时将混凝土压入围岩与内模板之间，构筑成与围岩紧密结合的混凝土衬砌。由于用现浇混凝土直接衬砌,所以不需要进行常规盾构施工法的管片安装和壁后同步注浆等施工。

3. 机械式盾构

全敞开式的机械式盾构,前面装备有旋转式刀盘,增大了盾构的掘进能力。开挖的土砂通过旋转铲斗和斜槽装入皮带输送机,如图1-12所示。围岩开挖和排土可以连续进行,适用土质同手掘式及半机械式盾构。

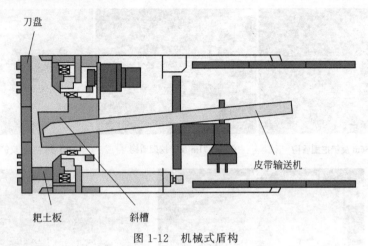

图1-12 机械式盾构

4. 挤压式盾构

挤压式盾构在日本也称为"盲式盾构(Blind Type Shield)"。挤压式盾构在挤压推进时,对地层土体的扰动较大,地面易产生较大的隆陷变化,在地面有建筑物的地区不宜使用。

挤压式盾构仅适用于自稳性很差、流动很大的软黏土和粉砂质围岩,不适用于含砂率高的围岩和硬质地层。若液性指数过高,则流动性过大,也不能获得稳定的开挖面。由于适用地质范围狭窄,所以目前已很少采用。挤压式盾构主要有盖板式、螺旋排土式、网格挤压式。

(1) 盖板式挤压盾构 利用隔板将开挖面全部封闭,只在一部分上设有面积可调的排土盖板。盾构正面贯入围岩向前推进,使贯入部位土砂呈塑性化流动,由盖板部位进行排土。开挖面的稳定是靠调节盖板开口的大小和排土阻力,使千斤顶推力和开挖面土压达到平衡来实现的。图1-13为日本三菱 ϕ6.32m 盖板式挤压盾构。

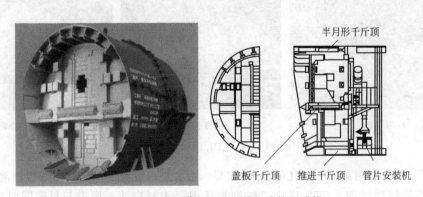

图1-13 日本三菱 ϕ6.32m 盖板式挤压盾构

（2）螺旋排土式挤压盾构　利用封板将开挖面封闭，盾构正面贯入围岩向前推进，使贯入部位土砂呈塑性化流动，由螺旋输送机进行排土。开挖面的稳定是靠调螺旋输送机的转速和螺旋输送机出土闸门的开度，使千斤顶推力和开挖面土压达到平衡来实现的。其原理如图 1-14 所示。

（3）网格挤压式盾构　网格挤压式盾构是利用盾构切口的网格将正面土体挤压并切削成为小块，并以切口、封板及网格板侧向面积与土体间的摩阻力平衡正面地层侧向压力，达到开挖面的稳定，具有结构简单、操作方便、便于排除正面障碍物等特点。网格挤压式盾构正面网格开孔出土面积较小，适宜在软弱黏土层中施工，当处

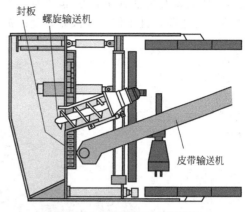

图 1-14　螺旋排土式挤压盾构

在局部粉砂层时，可在盾构土仓内采用局部气压法来稳定正面土体。根据出土方式的不同，网格挤压式盾构可分为干出土与水力出土两种类型。图 1-15 为网格挤压式水力机械盾构。

 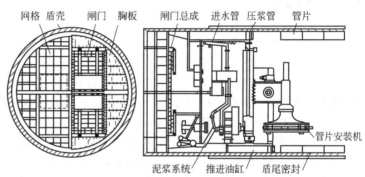

图 1-15　网格挤压式水力机械盾构

二、压缩空气盾构

压缩空气盾构的原理是空气压力与地下水的静水压力保持平衡，因此也称为气压平衡（Air Pressure Balance）盾构，简称 APB 盾构。但空气压力不能直接抵抗土压，土压由自然或机械的支撑承受。

压缩空气盾构适用于黏土、黏砂土及多水松软地层。该盾构包括所有采取以压缩空气为支护材料的盾构，开挖可以是手掘式、机械式，断面可为部分或全断面。早期的压缩空气盾构施工时要在隧道工作面和止水隧道之间封闭一个相对较长的工作仓，大部分工人经常处于压缩空气下。后来开发的压缩空气盾构只是开挖仓承压，称为局部气压盾构，日本称为"限量压缩空气盾构"。这类盾构装有密封隔板，可将经过加压的工作面密封起来，使其与完成的隧道断面隔离，能在大气压下安全地操作设备。图 1-16 为日本三菱 $\phi 5.25 \mathrm{m}$ 压缩空气盾构。$\phi 5.25 \mathrm{m}$ 压缩空气盾构通过一个球阀型的旋转漏斗排土，并同时确保开挖面压力的稳定。图 1-17 为球阀型旋转漏斗排土实况。

压缩空气的压力应大于或等于隧道工作面底部的水压，由于水压是有明显的梯度的，因此，在顶部过剩的压力会使空气进入地层。当土壤颗粒由于气流失去平衡时，覆土层较浅的

隧道工作面就有可能泄漏而引起"喷发",可能引起灾难性的后果。由于压缩空气盾构有"喷发"的危险,且工作条件极差,现已被泥水盾构所取代。

图1-16　φ5.25m压缩空气盾构　　　　　图1-17　球阀型旋转漏斗排土

三、泥水盾构

1. 泥水盾构的构成

泥水盾构也称泥水加压平衡盾构（Slurry Pressure Balance Shield），简称SPB盾构。泥水盾构是在机械式盾构的前部设置隔板,装备刀盘及输送泥浆的送排泥管和推进盾构的推进油缸。在地面上还配有泥水处理设备。

典型盾构简介2

泥水盾构由以下五大系统构成：
① 一边利用刀盘挖掘开挖面、一边推进的盾构掘进系统；
② 可调整泥浆物性,并将其送至开挖面,保持开挖面稳定的泥水循环系统；
③ 综合管理排泥状态、泥水压力及泥水处理设备运转状况的综合管理系统；
④ 泥水分离处理系统；
⑤ 壁后同步注浆系统。

泥水盾构利用循环悬浮液的体积对泥浆压力进行调节和控制,采用泥浆作为支护材料。开挖面的稳定是将泥浆送入泥水室内,在开挖面上用泥浆形成不透水的泥膜,通过该泥膜的张力保持水压,以平衡作用于开挖面的土压和水压。开挖的土砂以泥浆形式输送到地面,通过泥水处理设备进行分离,分离后的泥水进行质量调整,再输送到开挖面。

泥水盾构的发展有三个技术发展体系,即日本、英国和德国技术体系,到目前则只有日本和德国两个主要的发展体系。以日本的泥水盾构为基础开发出土压平衡盾构,而德国的泥水盾构则促使混合型盾构的开发。德国和日本体系的主要区别是,德国体系的泥水盾构在泥水仓中设置了气压仓,而日本体系的泥水盾构的泥水仓全是泥水。

(1) 日本体系　日本一般采用直接控制型泥水盾构,见图1-18。直接控制型泥水盾构的泥水系统采用泥水平衡模式,其流程如下：送泥泵从地面泥浆调整槽将新鲜泥浆输入盾构泥水仓,与开挖泥土进行混合,形成稠泥浆,然后由排泥泵输送到地面泥水分离站,经分离后排除土渣,而稀泥浆流向调整槽,再对泥浆密度和浓度进行调整后,重新输入盾构循环使用。泥水仓中泥浆压力,可通过调节送泥泵转速或调节控制阀开度来进行控制。由于送泥泵装在地面,会因控制距离长而产生延迟效应,不便于控制泥浆压力,因此常用调节控制阀的开度来进行泥浆压力调节。

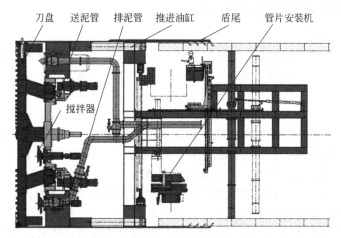

图 1-18 直接控制型泥水盾构（日本体系）

(2) 德国体系　德国采用间接控制型泥水盾构，见图 1-19。其泥水系统的工作特征是由泥浆和空气双重回路组成，因此也称为"D"模式或气压复合模式。

气压复合模式泥水盾构在泥水仓内插装一道半隔板，在半隔板前充以压力泥浆，在半隔板后面盾构轴心线以上部分充以压缩空气，形成空气缓冲层，气压作用在半隔板后面与泥浆的接触面上。由于接触面上气、液具有相同的压力，因此只要调节空气压力，就可以确定和保持在开挖面上相应的泥浆支护压力。当盾构掘进时，有时由于泥浆的流失或推进速度的变化，送、排泥浆量将会失去平衡，气液接触面就会出现上下波动现象。这时通过液位传感器，根据液位的高低变化来操纵送泥泵转速，可使液位恢复到设定位置，以保持开挖面支护液压的稳定。也就是说，送泥泵输出量随液位下降而增加，随液位上升而减小。另外，在液位最高和最低处设有限位器，当液位达到最高位时，停止送泥泵；当液位降低到最低位时，则停止排泥泵。由于空气缓冲层的弹性作用，当液位波动时，对支护泥浆压力变化无明显影响。

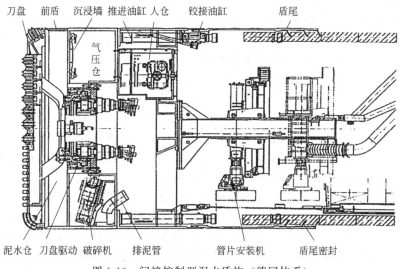

图 1-19 间接控制型泥水盾构（德国体系）

间接控制型泥水盾构与直接控制型泥水盾构相比，操作控制更为简化，对开挖面土层支护更为稳定，对地表变形控制也更为有利。

2. 开挖面稳定机理

(1) 泥膜形成机理　泥水盾构是通过泥水仓中具有适当压力的泥浆，使其在开挖面形成泥膜，支撑隧道开挖面的土体，并由刀盘切削土体表层的泥膜，与泥水混合后，形成高密度的泥浆，然后由排泥泵及管道将泥浆输送到地面，进行分离处理。

在泥水平衡理论中，泥膜的形成是至关重要的，当泥水压力大于地下水压力时，泥水按达西定律渗入土壤，形成与土壤间隙成一定比例的悬浮颗粒，被捕获并积聚于土壤与泥水的接触表面，泥膜就此形成。随着时间的推移，泥膜的厚度不断增加，渗透抵抗力逐渐增强。当泥膜抵抗力远大于正面土压时，产生泥水平衡效果。

(2) 泥膜形成的基本要素　泥水盾构施工时稳定开挖面的机理为：以泥水压力来抵抗开挖面的土压和水压以保持开挖面的稳定，同时控制开挖面变形和地基沉降；在开挖面形成不透水的泥膜，保持泥水压力有效作用于开挖面。从泥水平衡理论中可以看出，在泥水盾构施工中，尽快形成不透水的泥膜是一个相当关键的环节，控制泥水压力和控制泥水质量是两个重要的课题。

为了保持开挖面稳定，必须可靠而迅速地形成泥膜，以使压力有效作用于开挖面。因此，泥水应具有以下特性：

① 泥水的密度。为保持开挖面的稳定，即把开挖面的变形控制到最小限度，泥水密度应比较高。从理论上讲，泥水密度的提高，能使泥水屈服值升高，同时使泥膜的稳定性增强。实验证明，高密度的泥水可以产生高质量的泥膜，泥水密度最好能达到开挖土体的密度。但是，大密度的泥水会引起泥浆泵超负荷运转以及泥水处理困难；而小密度的泥水虽可减轻泥浆泵的负荷，但因泥粒渗水量增加，泥膜形成慢，对开挖面稳定不利。因此，在选定泥水密度时，必须充分考虑土体的地层结构，在保证开挖面稳定的同时，也要考虑设备能力。

② 含砂量。在强透水性土体中，泥膜形成速度与掺入泥水中砂粒的最大粒径以及含砂量（砂粒重/黏土颗粒重）有密切关系，这是因为砂粒具有填堵土体孔隙的作用。为了充分发挥这一作用，砂粒的粒径应比土体孔隙大，而且含量适中。

③ 泥水的黏性。泥水必须具有适当的黏性，以起到以下效果：防止泥水中的黏土、砂粒在泥水仓底部沉积，保持开挖面稳定；提高黏性，增大阻力，防止溢泥；使开挖下来的弃土以流体输送，经泥水处理设备，将泥水分离。

④ 泥水压力。土体一经盾构开挖，其原有的应力即被释放，并将产生向应力释放面的变形。此时，为控制地基沉降，保持开挖面稳定，必须向开挖面施加一个相当于释放应力大小的力。泥水盾构中用泥水压力抵消开挖面的释放应力。虽然渗透体积随泥水压力上升而增加，但它的增加量远小于压力的增加量，而增加泥水压力，将提高作用于开挖面的有效支撑压力。因此，开挖面在高质量泥水条件下，增加泥水压力会提高开挖面的稳定性。在决定泥水压力时，主要应考虑开挖面的水压、土压及预留压力。

(3) 掘进速度与泥膜的关系　泥水盾构处于正常掘进状态时，刀具并不直接切削土体，而是对刀盘正面已形成的泥膜进行切削。在切削后的一瞬间，又形成了下一层泥膜。由于盾构刀盘转速是一定值，而且盾构推进速度最大能力受到一定限制，因此推进速度只与切入土体的深度有关，而和泥膜无关。但是，当泥水盾构处于不正常掘进状态时，特别当泥水质量和泥水压力达不到设计要求时，泥膜需经过较长时间才能形成，这样就制约了掘进速度。高质量泥水形成泥膜的时间为 $1 \sim 2s$。

(4) 地质适应范围　泥水盾构最初是在冲积黏土和洪积砂土交错出现的特殊地层中使

用,由于泥水对开挖面的作用明显,因此在软弱的淤泥质土层、松动的砂土层、砂砾层、卵石砂砾层、砂砾和坚硬土的互层等地层中均适用。

目前,泥水加压盾构施工法对地层的适用范围不断扩大,即使处于恶化的施工环境和存在地下水等的不良条件下,由于有相应的处理方法,因而几乎能适应所有的地层。

① 黏性土层　黏土矿物经相互间电化学结合而形成黏性土层,近似变质了的琼胶块状体,由泥水密度和加压带来的力容易形成对开挖面的稳定,无论黏性土层的状态如何,都适合用泥水盾构施工。泥水盾构也适用于粉砂土地层施工。

② 砂层　不含水的砂层由于漏浆,不能保持对开挖面的加压和稳定。通常,在含有某一数量的粉砂土、黏土的冲积层中,几乎都有一定的含水量,全部都是细砂的地层是少见的,干燥的松弛砂也很少有,由于砂层内摩擦角有许多是在 28°左右,所以大部分可用泥水加压来保持开挖面的稳定。松弛的含水量多的砂层,在其他盾构施工中很难保持土层稳定,可采用泥水盾构,并提高其泥水密度、黏度和压力。

③ 砾石层　对于水分多、不含有作为黏合剂的粉砂土及黏土等的砾石层和有大直径的砾石层,可采用泥水盾构施工,并在泥水仓内安装砾石破碎装置。

④ 贝壳层　贝壳层大多含有水并存在于土体中,相对于砾石层更加坚硬,开挖面较难稳定,但使用大直径泥水盾构能较好地适应这种地层。

泥水盾构能适用于各类地质的土层,对开挖面难以稳定的土质特别有效,还能克服地面条件和其他地下条件的因素所造成的种种困难,如上部是河或海等有水体的地方、有道路和建筑物的地方,以及要减少沉降的地方等。在这些场所采用泥水加压盾构,无论在施工还是在经济上,都是有效的。

四、土压平衡盾构

1. 概述

土压平衡（Earth Pressure Balance）盾构,简称 EPB 盾构。土压平衡盾构是在机械式盾构的前部设置隔板,使土仓和排土用的螺旋输送机内充满切削下来的泥土,依靠推进油缸的推力给土仓内的开挖土渣加压,使土压作用于开挖面,以使其稳定。土压平衡盾构的支护材料是土壤本身。土压平衡盾构由盾壳、刀盘、刀盘驱动、螺旋输送机、皮带输送机、管片安装机、人仓、液压系统等组成,见图 1-20。

土压平衡盾构的工作原理如下:刀盘旋转切削开挖面的泥土,破碎的泥土通过刀盘开口进入土仓,泥土落到土仓底部后,通过螺旋输送机运到皮带输送机上,然后输送到停在轨道上的渣车上。盾构在推进油缸的推力作用下向前推进。盾壳对挖掘出的还未衬砌的隧道起着临时支护作用,承受周围土层的土压、承受地下水的水压,并将地下水挡在盾壳外面。掘进、排土、衬砌等作业在盾壳的掩护下进行。

2. 基本配置

（1）刀盘　刀盘是机械化盾构的掘削机构,刀盘结构应根据地质适应性的要求进行设计,必须能适合围岩条件,在确保开挖面稳定的情况下,提高掘进速度。刀盘设计时,应充分考虑刀盘的结构形式、支承方式、开口率、刀具的布置等因素。

刀盘具有三大功能:

① 开挖功能。刀盘旋转时,刀具切削隧道掌子面的土体,对掌子面的地层进行开挖,开挖后的渣土通过刀盘的开口进入土仓。

② 稳定功能。支撑掌子面,具有稳定掌子面的功能。

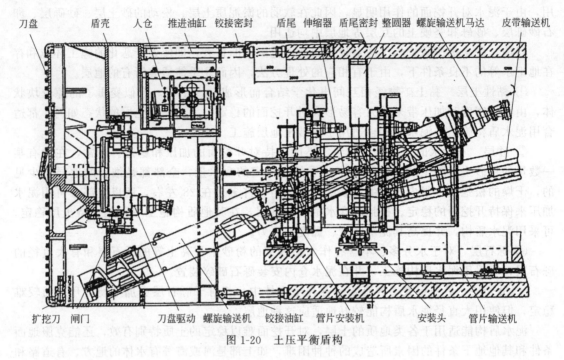

图 1-20 土压平衡盾构

③ 搅拌功能。刀盘对土仓内的渣土进行搅拌，使渣土具有一定的塑性，然后通过螺旋输送机将渣土排出。

盾构的刀盘结构形式与工程地质情况有着密切的关系，不同的地层应采用不同的刀盘结构形式。土压平衡盾构的刀盘有两种形式，即面板式和辐条式。面板式刀盘（图 1-21）在中途换刀时安全可靠，但开挖土体进入土仓时易黏结、易堵塞，在刀盘上易形成泥饼。辐条式刀盘（图 1-22）开口率大，辐条后设有搅拌叶片，土砂流动顺畅，不易堵塞。但不能安装滚刀，且中途换刀安全性差，需加固土体，费用高。辐条式刀盘对砂、土等单一软土地层的适应性比面板式刀盘较强；辐条式刀盘也能安装滚刀，在风化岩及软硬不均地层或硬岩地层掘进时，也可采用辐条式刀盘。

图 1-21 面板式刀盘

图 1-22 辐条式刀盘

(2) 刀盘驱动　刀盘驱动方式有三种，一是变频驱动，二是液压驱动，三是定速电机驱动。由于定速电机驱动，刀盘转速不能调节，一般不采用。现将变频驱动与液压驱动加以比较，具体见表 1-1。

表 1-1 刀盘驱动方式比较

项目	变频驱动	液压驱动	备注
驱动部外形尺寸	大	小	一般情况下,变频驱动:液压驱动=(1.5~2):1
后续设备	少	多	液压驱动需要液压泵、油箱、冷却装置等
效率/%	95	65	液压系统效率低
启动电流	小	小	变频驱动启动电流小;液压驱动无负荷启动电流小
启动力矩	大	小	变频驱动启动力矩可达到额定力矩的120%
启动冲击	小	较小	变频驱动利用变频软启动,冲击小;液压驱动控制液压泵排量,可缓慢启动,冲击较小
转速控制、微调	好	好	变频驱动可变频调速;液压驱动可以控制转速和进行微调
噪声	小	大	液压系统噪声大
隧道内温度	低	高	液压系统传动效率低,功率损耗大,温度高
维护保养	容易	较困难	液压系统维护保养要求高,保养较为复杂

(3) 刀盘支承 刀盘的支承方式有中心支承方式、中间支承方式和周边支承方式三种(图 1-23)。在设计时应考虑盾构直径、土质条件、排土装置等因素。

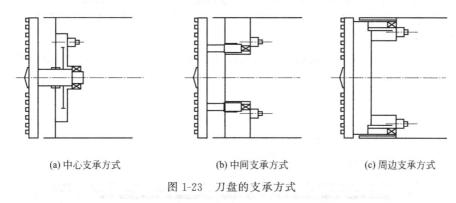

(a) 中心支承方式 (b) 中间支承方式 (c) 周边支承方式

图 1-23 刀盘的支承方式

① 中心支承方式。一般用于中小直径的盾构。该方式刀盘旋转切削土体时,土仓内土体的流动空间和被直接搅拌的范围大,土体流动顺畅,土体搅拌混合效果良好,黏土附着的可能性小,不易引起堵塞,开挖面压力较稳定,因而盾构掘进效果较好,改善了盾构控制地面沉降的性能。但由于机内空间狭小,处理大石块、卵石比较困难。

② 中间支承方式。结构上较为平衡,主要用于中大直径的盾构。当用于小直径盾构时,应认真考虑防止中心部位黏结泥饼等问题。由于中间支承的存在,将盾构土仓分隔成两个区域,中心区域占土仓内相当大的空间。当刀盘旋转切削土体时,中心区域以外部分的土体流动顺畅,易于搅拌;中心区域内的土体流动较差,当切削土体黏性较大并长期积聚于中心区域时,中心区域土体逐渐增多并最终形成泥饼,会完全丧失流动性。内外两个区域的土体流动性差异较大,土体搅拌混合的效果难以确保。刀盘采用中间支承方式的盾构在黏性土(包括粉细砂)中施工时,若处理不好,土仓内切削土体搅拌效果不易满足要求,并可能会因黏附堵塞形成泥饼,造成出土不畅、阻力增大、开挖面压力控制不稳定。因而,盾构掘进效果受到影响,且对控制地面沉降不利。

③ 周边支承方式。一般用于小直径盾构,机内空间较大,砾石处理较为容易。该方式易在刀盘的外周部分黏结泥土,在黏性土中使用时,应充分考虑如何防止黏附的问题。

(4) 膨润土添加系统及泡沫系统 膨润土添加系统及泡沫系统是盾构掘进的调节媒介。采用该系统,对于不同的地质条件,通过添加塑流化改性材料,改善盾构土仓内切削土体的塑流性,既可实现平衡开挖面水土压力,又能向外顺畅排土,拓宽了土压平衡盾构的适用范围。

(5) 螺旋输送机　螺旋输送机采用液压驱动,可根据密封舱内土压伺服控制,是控制密封舱内保持一定土压与开挖面土压和水压平衡的关键。螺旋输送机还设有断电紧急关闭出土口装置,以保证隧道施工安全。

(6) 皮带输送机　皮带输送机将渣土从螺旋输送机的出渣口转运到停在轨道上的渣车内。

(7) 同步注浆系统　同步注浆的目的主要有以下3个方面:

① 及时填充盾尾建筑空隙,支撑管片周围岩体,有效地控制地表沉降。

② 凝结的浆液作为盾构施工隧道的第一道防水屏障,防止地下水或地层的裂隙水向管片内泄,增强盾构隧道的防水能力。

③ 为管片提供早期的稳定并使管片与周围岩体一体化,限制隧道结构蛇行,有利于盾构姿态的控制,并能确保盾构隧道的最终稳定。

(8) 盾尾密封系统　盾尾密封系统是盾构正常掘进的关键系统,盾构隧道施工所发生的安全事故常常在盾尾。铰接式盾构的盾尾密封系统包括铰接密封和盾尾密封。

① 铰接密封　铰接密封一般有3种形式:采用一道或多道橡胶唇口式密封;采用石墨、石棉或橡胶材料的盘根加气囊式密封;双排气囊式密封。

② 盾尾密封　盾尾止水采用钢丝刷密封装置(图1-24),是集弹簧钢、钢丝刷及不锈钢金属网于一体的结构。盾尾油脂泵向每道钢丝刷密封之间供应油脂,以提高止水性能。

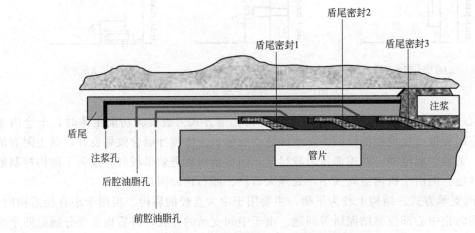

图 1-24　采用三道钢丝刷的盾尾密封系统

(9) 管片安装机　管片安装机有两种形式,即机械抓取式和真空吸盘式。

(10) 数据采集系统　数据采集系统具有采集、处理、储存、显示、评估与盾构有关的数据功能。采用该系统,可输出日报、周报等数据;有各种参数的设定、测量、掘进、报警,以及历史曲线和动态曲线。所有采集数据均能保存下来,供日后分析、判断和参考。

(11) 导向系统　随时掌握和分析盾构在掘进过程的各种参数,是指导盾构正常掘进不可缺少的条件。导向系统由经纬仪、ELS靶、后视棱镜、计算机等组成,能连续不断地提供关于盾构姿态的最新信息。通过适当的转向控制,可将盾构控制在设计隧道线路允许公差范围内。导向系统的主要基准点是一个从激光经纬仪发射出的激光束,经纬仪安装在盾构后方的管片上。目前较先进的导向系统是VMT导向系统和PPS导向系统。

3. 开挖面稳定机理

开挖土仓由刀盘、切口环、隔板及螺旋输送机组成。土压平衡盾构就是将刀盘开挖下来的土渣填满土仓,在切削刀盘后面及隔板上各焊有能使土仓内土渣强制混合的搅拌棒。借助盾构推进油缸的推力通过隔板进行加压,产生泥土压力,这一压力作用于整个作业面,使作业面稳定,刀盘切削下来的土渣量与螺旋输送机向外输送量相平衡,维持土仓内压力稳定在预定的范围内。

土仓内的土压通过土压传感器进行测量,并通过控制推进力、推进速度、螺旋输送机转速来控制。

盾构在粉质黏土、粉质砂土等黏性土层中掘进时,由刀盘切下来的土体进入密封土仓后,可对开挖面地层形成被动土压,与开挖面上的主动土压相平衡。在密封土仓和螺旋输送机内有足够多的切削土体时,产生的被动土压即可与开挖面上的主动土压大致相等,使开挖面的土层处于稳定。在密封土仓的土压与开挖面的土压保持平衡的状态下,盾构向前推进的同时,启动螺旋输送机排土,使排土量等于开挖量,即可使开挖面的地层始终保持稳定。排土量一般通过调节螺旋输送机的转速和出土门的开度予以控制。

在黏性土层推进时,当含砂量超过某一限度时,泥土的塑流性明显变差,土仓内的土体因固结作用而被压密,导致渣土难以排送,可向土仓内注水、泡沫或泥浆等,以改善土体的塑流性。

在砂性土层施工时,由于砂性土流动性差,砂土的摩擦力大、渗透系数高、地下水丰富等原因,土仓室内压力不易稳定,所以需进行土渣改良。向开挖的土仓里注入膨润土或泡沫剂,然后进行强制搅拌,使砂质土泥土化,具有塑性和不透水性,使土仓内的压力容易稳定。

土压平衡盾构开挖面的稳定由下列各因素的综合作用而维持:
① 土仓内的土压平衡地层土压和水压。
② 螺旋输送机调节排土量。
③ 适当保持泥土的流动性,根据需要调节添加剂的注入量。

开挖面稳定系统必须保持填充在土仓内的泥土压力,调节排土量,以便能平衡开挖面的地层土压和水压。

当土仓内的土压大于地层土压和水压时,地表将隆起,见图1-25。

当土仓内的土压小于地层土压和水压时,地表将下沉,见图1-26;当土仓内的土压与地层土压和水压平衡时,地表平整,见图1-27。

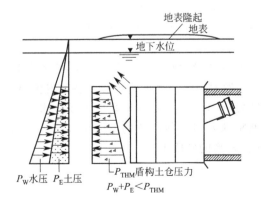

图1-25 土仓压力大于水压及土压之和,地表隆起

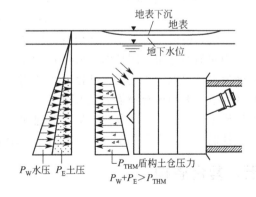

图1-26 土仓压力小于水压及土压之和,地表下沉

4. 地质适应范围

土压平衡盾构主要应用在黏稠土壤中，该类型土壤富含黏土、亚黏土或淤土，具有低渗透性。这种土质在螺旋输送机内压缩形成防水土塞，使土仓和螺旋输送机内部产生土压，来平衡掌子面的土压和水压。

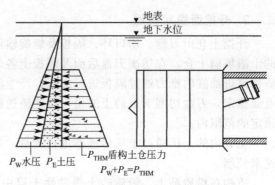

图 1-27 土仓压力等于水压及土压之和

土压平衡盾构用开挖出的土料作为支撑开挖面稳定的介质，对作为支撑介质的土料，要求其具有良好的塑性变形、软稠度、内摩擦角小及渗透率小。一般土壤不完全具有这些特性，需进行改良。改良的方法通常为加水、膨润土、黏土、CMC、聚合物或泡沫等，根据土质情况选用。

有软稠度的黏质粉土和粉砂是最适合使用土压平衡盾构的土层。根据土层的稠度，有时不需要水或只需要加很少量的水。通过搅拌装置在土仓内的搅拌，使十分黏着的土层也能变成塑性的泥浆。

随着含砂率的增加，加水就显得不够，因为它不能减小内摩擦角。对于增大的渗水性，必须解决好螺旋输送机的密封问题。细土粒含量的缺乏可以通过加入黏土和膨润土悬浮液来补偿。对非黏透水性土层可以通过注射泡沫进行改良处理。粒状结构中的气泡可以降低土浆密度，减小颗粒摩擦，使土浆混合物在较宽的形变范围内有最理想的弹性，以利于控制开挖面的支撑压力。

泡沫是用特殊发泡剂、泡沫添加剂和压缩空气，通过泡沫发生器制成的 $30 \sim 400 \mu m$ 的细小齿状气泡，特殊发泡剂由各种表面活性剂经过特别调配制成，泡沫添加剂是以矿浆为主要原料的高分子水溶液。特殊发泡剂的水溶液称为 A 型特殊发泡材料；如果将特殊发泡剂的比例降低，代之以泡沫添加剂，所形成的水溶液称为 B 型特殊发泡材料。泡沫剂的主要技术特点如下：

① 在砂土及砂卵石地层中，泡沫的支撑作用使切削土体的流动性增强，土仓内的渣土不会因压密而固结，不会产生堵塞，刀盘或螺旋输送机的驱动扭矩减小，刀具磨损减小。

② 微细泡沫置换土颗粒中的孔隙水，增强了土体的止水性，能较容易地开挖强渗透性或地下水位较高的砂卵石地层，有效防止螺旋输送机喷涌。

③ 在黏性土地层中，泡沫起着界面活性剂的作用，可有效防止切削下来的黏性土附着于刀盘和土仓内壁，防止结泥饼现象。

④ 泡沫的可压缩性使开挖面的土压波动减小，有利于开挖面的稳定。

⑤ 泡沫的 90% 是空气，排出的渣土中的泡沫在短时间内会逐渐消除，很快就可以恢复到注入泡沫前的状态，不会造成环境污染。

泡沫剂的适用范围见图 1-28。图中 I 区为 A 型特殊发泡材料的适用范围；III 区为 B 型特殊发泡材料的适用范围；II 区既可使用 A 型特殊发泡材料，也可使用 B 型特殊发泡材料；IV 区为泡沫剂与聚合物混合适用范围。A 型特殊发泡材料，主要用于黏性土及含水量较少的砂质土；B 型特殊发泡材料制成的泡沫比 A 型特殊发泡材料制成的泡沫更稳定，尤其是止水性能更佳，主要用于含水砂砾地层及地下水位较高的砂质土。

五、复合盾构

1. 概述

盾构按支护地层的形式，可分为开式盾构（自然支护式、机械支护式）、压缩空气盾构

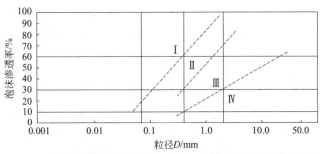

Ⅰ—A型特殊发泡材料适用范围　　Ⅱ—A或B型特殊发泡材料适用范围
Ⅲ—B型特殊发泡材料适用范围　　Ⅳ—泡沫剂与聚合物混合适应范围

图 1-28　泡沫剂的适用范围

(压缩空气支护式)、泥水盾构(泥浆支护式)、土压平衡盾构(土压平衡支护式),它们分别适用于相应的土层结构。当某一段隧道穿越不同地层结构时,用以上任一形式的盾构都不适于单独将此段隧道掘进贯通,而根据相应土层情况要用两台或多台盾构,在隧道掘进长度较短时很不经济,或由于条件限制,使布置多台盾构非常困难,需将以上不同形式的盾构进行组合。在结构空间允许的情况下,将不同形式盾构的功能部件同时布置在一台盾构上,掘进过程中可根据地质情况进行功能或工作方式的切换和调整;或对不同形式盾构的功能部件进行类似模块化设计,掘进时根据土层情况进行部件调整和更换。这样一台盾构在不同的地层经转换后可以不同的工作原理和方式运行,这类盾构称为复合盾构,也称混合盾构。国外 Voest Alpine 公司称其为 Poly Shield;Wayss & Freytag 公司和 Herrenknecht 公司称其为 Mix Shield,也有将此类盾构称为 Combined Shield 的。

复合盾构可以根据土层地质和水文条件做调整,其本质上是对开挖面支撑方式以及刀具、出渣运输系统和其他设备的调整。复合盾构的组合模式有压缩空气/敞开式盾构、泥水式/敞开式盾构、土压平衡/敞开式盾构、泥水式/土压平衡盾构、敞开式/泥水式/土压平衡盾构、敞开式/压缩空气/土压平衡盾构等。

图 1-29 为三模式复合盾构,可转换的三种工作模式为泥水式/土压平衡式/敞开式。

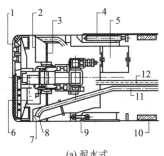
(a) 泥水式

1—刀盘;2—沉潜墙;3—隔板;
4—推进缸;5—人仓;6—破碎机;
7—格栅;8—吸泥管;9—铰接缸;
10—管片;11—排泥管;12—进泥管

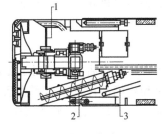
(b) 土压平衡式

1—隔板;
2—螺旋输送机;
3—皮带输送机

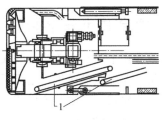
(c) 敞开式

1—皮带输送机

图 1-29　三模式复合盾构

图 1-30 为双模式（敞开式/土压平衡式）复合盾构。该复合盾构布置了两套出渣系统，一套使用螺旋输送机，另一套使用皮带输送机。在地质较软时，由于地表建筑物沉降控制的需要，采用闭式螺旋输送机出渣，相当于土压平衡盾构，此时关闭皮带输送机出渣系统的挡门，皮带输送机不工作，而螺旋输送机则伸入到土仓并进行工作。当地质状况允许盾构敞开式掘进时，退回螺旋输送机，并关闭螺旋输送机仓门，打开皮带输送机仓门，刀盘旋转时，其背后的铲斗将渣土送到皮带输送机上，此皮带输送机较短，后面连接后配套出渣皮带机，将渣土送到渣车或主洞皮带机上，采用开式皮带机出渣，相当于敞开式岩石掘进机（TBM）。带有螺旋输送机的土压平衡模式和带有中央皮带输送机的敞开模式的两套出渣系统，均永久固定安装在护盾内，能在最短的时间内从一种模式切换至另一种模式。

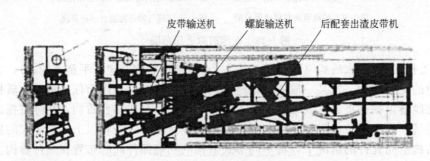

图 1-30　双模式（敞开式/土压平衡式）复合盾构

2. 结构特点

复合盾构的主要特点是刀盘上既安装切刀和刮刀等软土刀具，又安装滚刀等硬岩刀具。

复合盾构的另一个主要特点是一般具有两套出渣系统。从开挖仓内输出开挖土渣，泥水盾构、土压平衡盾构、敞开式盾构是完全不同的，一般泥水模式使用泥浆管，土压平衡模式使用螺旋输送机，敞开式使用皮带输送机。因此在混合式盾构中至少装有两套出渣系统。

对于泥水式/土压平衡盾构，转换到泥水模式时，必须安装一台碎石机或靠人工去除大砾石。设计在泥水式和土压平衡模式下都可以使用的刀盘是完全可能的，即使要更换刀盘也不存在问题，只要有竖井即可。沉潜墙是德国体系泥水式盾构的一个特征，在土压平衡模式下，沉潜墙转化成了压力隔板，因此必须设计成可以承受较大的负载。沉潜墙下部的开口可关闭，使用伸缩式螺旋输送机，螺旋输送机在泥水模式下可缩回。

六、复合式土压平衡盾构

复合式土压平衡盾构，既属于土压平衡盾构，也属于复合盾构。此类盾构只有一套出渣装系统，即螺旋输送机，主要系统和功能部件按土压平衡盾构配置，但具有三种掘进模式，即敞开式模式、半敞开式模式（加气模式）、土压平衡模式。

1. 敞开式掘进模式

在掌子面足够稳定并且涌水能够被控制时，采用敞开式掘进模式（图 1-31）。在敞开式掘进模式下，开挖刀具切削隧道掌子面的土体，切削土进入土仓，通过位于土仓底部的螺旋输送机将渣土排出。

在敞开式掘进模式下，在土仓的底部，要有足够的渣土供螺旋输送机出渣用，土仓的其他空间是空的。土仓通过螺旋输送机的出料口与隧道相通。关闭出料口闸门，土仓将会在瞬间被压力封闭。当推进停止时，可以随时进入开挖仓而无须采取其他措施。

2. 半敞开式掘进模式（加气模式）

在掌子面具有足够的自稳能力，且水压小于 0.15MPa 的地层中时，采用半敞开式掘进模式进行掘进（图 1-32）。半敞开式作业时，隧道掘进速度近似于敞开式模式。土仓下部分是刀盘切削下来的渣土，上部为压缩空气。半敞开式模式的开挖和推进与敞开式模式基本一致。半敞开式作业时，当土仓内气压≤0.1MPa 时，不会发生螺旋输送机出渣喷涌现象；当 0.1MPa＜土仓内气压≤0.15MPa 时，可能会发生出渣喷涌现象，但可以控制。

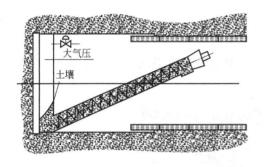

图 1-31 敞开式掘进模式

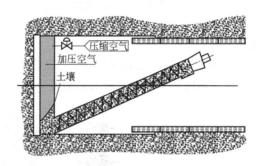

图 1-32 半敞开式进模式

3. 土压平衡掘进模式

土压平衡掘进模式用于围岩不稳定或水压高、水量大的地层。采用土压平衡模式施工时，可以通过添加剂注入系统加入泥浆、聚合物或泡沫，以改善渣土的塑流性。在土压平衡模式下工作时，要很好地控制螺旋输送机的转速和出渣量，以防止土仓中压力下降过大而造成地面下沉。土压平衡模式就是在盾构开挖时，利用土仓内的土压或加注辅助材料产生的压力来平衡开挖面的土压及地下水压力，以避免掌子面坍塌或地层失水过多而引起地面下沉的一种盾构掘进模式。渣土改良系统见图 1-33。渣土改良的目的是：降低渣土的内摩擦角，进而减小刀盘的扭矩，增加渣土的流动性，降低渣土的渗透性，最终达到堵水、减摩、降扭及保压的效果。

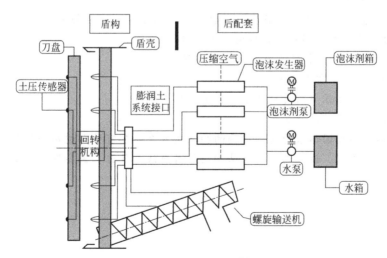

图 1-33 渣土改良系统

土压平衡掘进模式（图 1-34）主要用于开挖面不能自稳或地下水较多，以及流塑性的软黏土地层和砂土层的盾构施工。土压平衡掘进可以有效地防止过大的地面沉降。复合式土压平衡盾构在土压平衡模式下工作时，必须具备以下功能特点：

① 盾构必须具有土仓压力监测功能，以便对土仓内的土压进行监控和调节。

② 盾构必须具有泡沫、膨润土和压缩空气注入系统。通过注入这些不同的附加材料，可以在不同的地层中，根据需要进行渣土改良。

③ 盾构本身必须具有一定的密封防水性能，具体就是指主轴承、铰接密封和盾尾密封必须具有一定的防水性能。

④ 刀盘的主轴承密封必须能承受一定的土压。

⑤ 人仓是用于在压力模式下人员进出土仓的通道，也是土压平衡盾构必不可少的重要部件之一。

⑥ 螺旋输送机的出渣量及出渣速度可以控制，螺旋输送机必须可以随时关闭，并具有防喷涌的功能，螺旋输送机必须能建立土塞效应。

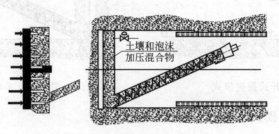

图 1-34　土压平衡掘进模式

思考题

1. 什么是盾构？其工作原理是什么？
2. 岩石掘进机与盾构的主要区别是什么？
3. 盾构按支护地层的形式可分为哪几类？
4. 土压平衡盾构由哪些主要部分组成？试述其主要地质适应范围。
5. 刀盘主要有哪些功能？
6. 辐条式刀盘和面板式刀盘各有什么特点？适用于哪些地质条件？
7. 刀盘的支承方式有哪些？各自适用于什么范围？
8. 试述复合盾构的结构特点及应用的具体地质条件。
9. 简述如何根据地质条件合理选择盾构的结构形式。
10. 泥水盾构和土压平衡盾构的主要区别是什么？
11. 渣土改良的目的是什么？
12. 日本体系和德国体系的泥水盾构的特点是什么？各有什么适用条件？
13. 结合实际工程，谈谈进行刀盘结构设计时应注意什么？需要满足哪些指标？

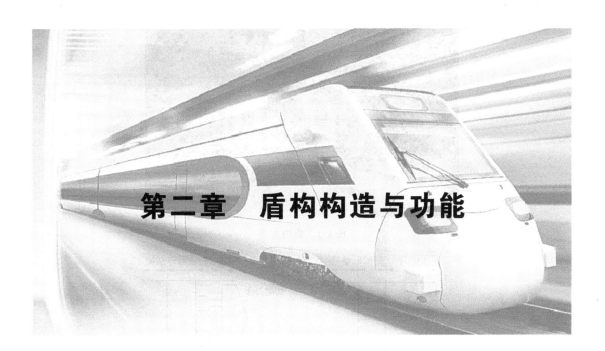

第二章 盾构构造与功能

第一节 盾构的基本构造

盾构必须能够承受土体压力,且能安全经济地进行隧道掘进。盾构在其施工区间内所遇到的地质、环境是复杂多变的,因此必须根据地质勘探结果选择盾构形式,使其强度、耐久性、施工可行性、安全性、经济性与实际条件相适应。盾构由通用机械(外壳、掘进机构、挡土机构、推进机构、管片拼装机构、附属机构等)和专用机构组成。专用机构因机种的不同而异,如对土压盾构而言,专用机构即为排土机构、搅拌机构、添加材料注入装置;而对泥水盾构而言,专用机构是指送/排土机构、搅拌机构。

盾构的基本构造

一、外壳

设置盾构外壳的目的是保护掘削、排土、推进、衬砌等所有作业设备装置的安全,故整个外壳用钢板制作,并用环形梁加固支承。

一台盾构的外壳沿纵向可分为前、中、后三段,通常又把这三段分别称为切口环、支承环及盾尾,见图2-1,盾尾后端安装有盾尾密封。

1. 切口环

切口环位于盾构的前方,该部位装有掘削机械和挡土设备,故又称为掘削挡土部,如图2-2所示。对切口环的要求是:

① 切口环的形状、尺寸,必须与围岩条件相适合;
② 刃脚必须是坚固、易贯入地层的结构。

切口环保持工作面的稳定,并作为把开挖下来的土砂向后方运送的通道。因此,采用机械化开挖、土压式或泥水加压式盾构时,应根据开挖下来土砂的状态,确定切口环的形状、尺寸。尤其是当工作面用隔板隔开,构成承受水压、土压的压力室状态时,对其强度必须进行充分考虑。

图 2-1　盾构外壳

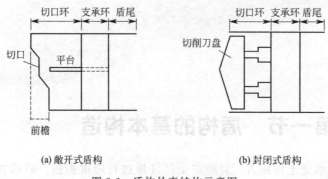

(a) 敞开式盾构　　　　　　　(b) 封闭式盾构

图 2-2　盾构外壳结构示意图

对于全敞开式盾构而言，通常切口的形状有阶梯形、斜承形、垂直形三种，见图 2-3。切口的上半部较下半部凸出，呈帽檐状。凸出的长度因地层的不同而异，通常为 300~1000mm。但是对部分敞开式（网格式）盾构而言，也有无凸出帽檐的设计。对自立性地层来说，切口的长度可以设计得稍短一些；对无自立性地层而言，切口的长度应设计得长些。掘削时把掘削面分成数段，设置数层作业平台，依次支承挡土、掘削。有些情况下，把前檐做成靠油缸伸缩的活动前檐。切口的顶部做成刃形；对砾石层而言，应做成 T 形。

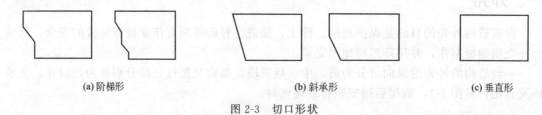

(a) 阶梯形　　　　　　　(b) 斜承形　　　　　　　(c) 垂直形

图 2-3　切口形状

对于封闭式盾构，见图 2-2(b)，与图 2-2(a) 的主要区别是在切口环与支承环之间设有一道隔板，使切口部与支承部完全隔开，即切口部得以封闭。切口部的前端装有掘削刀盘，刀盘后方至隔板之间的空间称为土仓（或泥水仓）。刀盘背后土仓空间内设有搅拌装置。土仓底部设有进入螺旋输送机的排土口。土仓上部留有添加材料注入口。此外，当考虑更换刀头、拆除障碍物、地中接合等作业需要时，应同时考虑并用压气工法和可以出入掘削面的形式，因此隔板上应考虑设置人孔和压气闸。

2. 支承环

支承环连接切口环与盾尾，内部可安装切削刀盘的驱动装置、排土装置、盾构千斤顶等，或作为推进操作的场所。在人力开挖盾构的切口环中装备有支挡装置，支承环承担支护开挖面千斤顶和盾构千斤顶反力，并且为盾构千斤顶等设备提供安装的空间，见图 2-4。

支承环是盾构的主体结构，承受作用于盾构上的全部荷载。另外，切口环和盾尾的设计都是根据支承环具有足够刚度的假定进行的，故支承环的设计非常重要。通常在支承环的前方设置环状刚性结构作为补强措施，因此，支承环的壳板有时设计得比切口环及盾尾板薄一些。支承环的长度应根据安装盾构千斤顶、切削刀盘的轴承装置、驱动装置和排土装置的空间决定。

3. 盾尾

盾尾的长度需根据管片宽度和形状及盾尾密封装置的道数来确定，对于机械化开挖式、土压式、泥水加压式盾构，还要根据盾尾密封的结构来确定。盾尾的最小长度必须满足衬砌组装工作

图 2-4　盾构支承环（中盾）

的需要，同时应考虑在衬砌组装后因破损而需更换管片、修理盾构千斤顶和在曲线段进行施工等条件，使其具有一些富余量。

盾尾板的厚度在不产生有害变形的前提下，应尽可能薄一些。在盾尾的尾端安装有密封材料，使之具有防水性能。另外，在盾尾中安装有管片拼装机。在带有可拆设备的盾构中，为了在支承环处进行分割，钢壳部分分为前壳和后壳，或分割成几块，用方向控制千斤顶联结，见图 2-5。

图 2-5　盾尾下井

二、隔板与平台

在敞开式盾构中，需设有竖直隔板和水平工作平台。隔板和平台的结构除能保证作业空间和加固支承环之外，还必须具有与围岩条件相适应的开挖和支挡的构造。

隔板和平台一般均安装在支承环内，两者组成 H 形、I 形、十字形、井字形等形状，形成一定的空间，用于安装支挡开挖面的千斤顶，保护配管和机器及堆渣设备等，同时也作为支承环的加强构件。分隔开的空间大小以宽 1.2m 以上，高 1.8m 左右为宜。尺寸的选定应充分考虑支挡方法及开挖土砂的处理等因素。另外，平台是作为作业台使用的，除承受开挖土砂、作业人员及排土装置、组装机等的荷载外，还应作为支承环的加劲梁。

三、盾尾密封装置

盾尾密封装置通常安装在尾板和衬砌之间，是用于防止周围地层中的土砂、地下水、背后注入浆液、掘削面上的泥水、泥土从盾尾间隙流向盾构掘削仓而设置的封装措施。盾尾密封装置通常使用钢丝刷、尿烷橡胶或者两者的组合。

盾尾密封装置通常与衬砌保持同心圆状态，但也有装配成偏心圆或椭圆的情况。在曲线隧道施工时，盾尾空隙很难做到均等，因此，盾尾密封层数至少是设计的两倍，同时，它还要能抵抗注浆压力、地下水压力及泥浆压力。

为了提高止水效果，通常设多级盾尾密封，具体数量视盾构外径、土质条件、地下水压力、施工中更换盾尾密封的情况而定。通常情况下，盾尾密封要求有高止水性和长寿命。盾尾中经常充填一些油脂类物质，随着推进不可避免地被损耗，因此，必须准备定期补充油脂的设备。

盾尾密封装置的寿命受其材质、结构形式所影响，此外，所使用的衬砌背面的物质、拼装精度对其也有很大影响，因此，在选择时应充分考虑这些因素。特别是长距离施工或有急转弯小半径曲线施工时要周密考虑盾尾密封的材料、级数及充填材料的给脂方法等问题。

现阶段比较常用的盾尾密封装置由三道钢丝刷和一道弹簧钢板组成（可参见前文图 1-24）。每两道密封之间注入密封材料，如黄油等，用作防高压水措施，同时可减少钢丝刷密封件与隧道管片外表面之间的摩擦，延长密封件的寿命。盾尾密封中的钢丝刷是一部分一部分组合起来的，在磨损、损坏时可方便更换；钢丝刷的润滑是由装在后配套系统上的盾尾密封黄油泵在尾端的管道提供的，可按预定注油速度进行自动润滑或者进行人工操作。

盾尾发生泄漏现象时的对策：
① 针对泄漏部位集中压注盾尾油脂；
② 配置初凝时间较短的双液浆进行壁后注浆，压浆部位在盾尾后 3 环钢丝密封刷处。
③ 利用垫放海绵等进行堵漏。

如上述措施效果不佳，可用聚氨酯在盾尾一定距离处压浆封堵，或用充气膨胀密封装置进行封堵。

四、中折装置

在小曲率半径曲线施工时，可以把盾构做成可以折 2 节、3 节的中折形式。中折装置的设置不仅可以减少曲线部位的超挖量，同时弯曲容易，故盾构千斤顶的负担亦得以减轻；推进时作用在管片上的偏压减小，施工性得以提高。另外，中折装置不仅可以做成水平中折，还可以做成纵向中折（即竖向中折），故而使掘进方向的修正变得容易。在仅靠中折装置不能满足小曲率半径施工要求的场合下，还应增加偏心掘削器，见图 2-6；也有采用中折装置＋弯曲刀盘的情形，见图 2-7。

五、盾构尺寸、质量的确定

1. 盾构外径 D_e

盾构外径 D_e 可由下式确定，即

$$D_e = D_0 + 2(X+t) = D_0 + 2\Delta D \tag{2-1}$$

式中 D_0——管片的外径，mm；
X——盾尾间隙，mm；
t——盾尾外壳的厚度，mm；
ΔD——构筑空隙，mm。

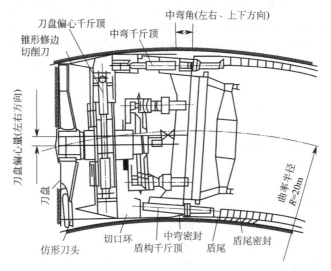

图 2-6 中折装置＋偏心掘削器

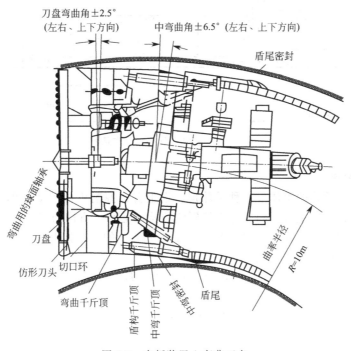

图 2-7 中折装置＋弯曲刀盘

2. 盾构的长度 L

盾构的长度 L 与地层条件、开挖方式、出土方法、操作方式及衬砌形式等多种因素有关，通常由下式确定

$$L = L_C + L_G + L_T \qquad (2-2)$$

式中 L_C——切口环的长度，m；

L_G——支承环的长度，m；

L_T——盾尾的长度，m。

切口环长度 L_C 对全（半）敞开式盾构而言，应根据切口贯入掘削地层的深度挡土千斤顶的最大伸缩量、掘削作业空间的长度等因素确定；对封闭盾构而言，应根据刀盘厚度、刀盘后面搅拌装置的纵向长度、土仓的容量（长度）等条件确定。支承环长度 L_G 取决于盾构推进千斤顶、排土装置、举重臂支承机构等设备的规格大小。L_G 不应小于千斤顶最大伸长状态的长度。

盾尾长度 L_T 可按下式确定

$$L_T = L_D + B + C_F + C_R \tag{2-3}$$

式中 L_D——盾构千斤顶撑挡的长度，m；

B——管片的宽度，m；

C_F——组装管片的余度，m，通常取 $C_F = (0.25 \sim 0.33)B$，见图 2-8；

C_R——包括安装盾尾密封材料在内的后部余度，m。

通常把 L/D_e（$=\xi$）记作盾构的灵敏度。ξ 越小，操作越方便。大直径盾构（$D_e \geq 6.0\text{m}$），取 $\xi = 0.7 \sim 0.8$（常取 0.75）；中直径盾构（$3.5\text{m} \leq D_e < 6\text{m}$），取 $\xi = 0.8 \sim 1.2$（常取 1.0）；小直径盾构（$D_e < 3.5\text{m}$），取 $\xi = 1.2 \sim 1.5$（常取 1.5）。

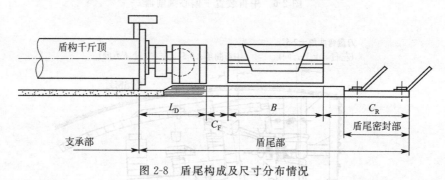

图 2-8 盾尾构成及尺寸分布情况

3. 盾构的质量

盾构的质量是盾构的躯体、各种千斤顶、举重臂、掘削机械和动力单元等质量的总和。另外，重心位置也极为重要，因为它直接影响盾构的运转。盾构的解体、运输、运入竖井等作业也应予以重视。盾构的自重力（W）与直径（D_e）的关系如下：

对人工掘削盾构（或半机械盾构）

$$W \geq (25 \sim 40) \times D_e^2 \tag{2-4}$$

对机械掘削盾构

$$W \geq (45 \sim 55) \times D_e^2 \tag{2-5}$$

对泥水盾构

$$W \geq (45 \sim 65) \times D_e^2 \tag{2-6}$$

对土压盾构

$$W \geq (55 \sim 70) \times D_e^2 \tag{2-7}$$

第二节 盾构的功能描述

盾构的功能描述

盾构按功能来分包括挡土机构，驱动机构，掘削机构，推进机构，管片拼装机构，液压、电气及控制机构，附属设施。

一、挡土机构

挡土机构是为了防止掘削时掘削面地层坍塌和变形,确保掘削面稳定而设置的机构。机构因盾构种类的不同而不同。

就敞开式盾构而言,挡土机构是挡土千斤顶。对地下水压小、涌水量不大的砂层中掘进的全敞开式盾构而言,可采用顶棚式挡土装置。对半敞开式网格盾构而言,挡土机构是网格式封闭挡土板。对机械盾构而言,挡土机构是刀盘面板。对泥水盾构而言,挡土机构是泥水仓内的加压泥水和刀盘面板。对土压盾构而言,挡土机构是土仓内的掘削加压土和刀盘面板。

二、驱动机构

驱动机构是指向刀盘提供必要旋转扭矩的机构。该机构是由带减速机的液压马达或者电动机经过副齿轮驱动装在掘削刀盘后面的齿轮来工作的。

刀盘驱动一般有电动式传动或液压式传动两种,如图 2-9 所示。电动式传动,传动效率高,并可减少管路阀节布置,噪声小,维护管理方便,宜优先使用;但传动电动机体积大,占据空间大,一般多在大口径盾构中使用。液压式传动体积小,传动平稳,调整方便,其对启动和掘削砾石层等情形较为有利;但相关配套设备较多,效率低,一般多在小口径盾构中应用。

(a) 电动式传动

(b) 液压式传动

图 2-9 刀盘驱动方式

电驱在脱困情况下,若刀盘卡死(电动机堵转),此时受到变频器及电动机特性限制,实际扭矩仅为脱困扭矩的 60% 左右。而液驱在脱困情况下,溢流阀处于溢流状态,刀盘驱动扭矩一直保持脱困扭矩下脱困。在频繁正反转脱困时,电驱不及液驱响应快,脱困效果差。在砂卵石及上软下硬地层掘进时,载荷变化频繁,电动机不及液压马达适应性优越,因此电驱相对液驱抗冲击能力差。

驱动系统由大轴承、大齿圈、密封圈减速器及电动机(或液压马达)组成,如图 2-10 所示。

刀盘用高强度螺栓与大齿圈连接,大齿圈即为大轴承的回转环,电动机(或液压马达)带动减速器输出轴上的小齿轮,小齿轮与大齿圆啮合,从而驱动刀盘转动。大轴承既承受刀盘的自重,又承受盾构掘进机的推动力,是盾构的主要组成部件。主轴与密封仓之间设密封装置,其良好的密封性是保证盾构刀盘工作的核心。配置的主轴承共有两排 80mm 直径的主推滚子,可承受较大偏载,主轴承直径 3061mm,有效使用寿命≥10000h。外密封 4 道,内密封 3 道,如图 2-11 所示。一般在开挖软弱围岩时,采取高扭矩、低转速工况;切削硬岩时,采取低扭矩、高转速工况。

(a) 大轴承　　　　　　　　　　　　(b) 大齿圈

(c) 密封圈减速器　　　　　　　　　　(d) 电动机

图 2-10　盾构驱动机构

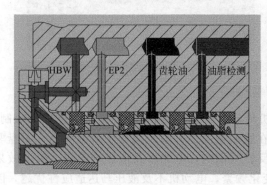 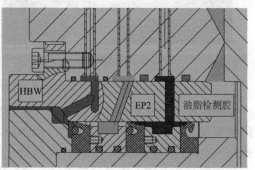

(a) 外密封示意图　　　　　　　　　　(b) 内密封示意图

图 2-11　主轴承密封示意图

三、掘削机构

　　选择掘削机构时应充分考虑盾构形式、刀盘形式、刀盘支承方式、刀盘扭矩、刀盘取土口、刀盘上的切削钻头、装备推力等因素。半机械化盾构的掘削机构包括挖掘、装载机构。使用土压式、泥水式及机械化盾构的目的是提高掘进速度、减小劳动强度和保持工作面的稳定，以做到安全施工。

1. 刀盘形式

刀盘用来开挖土体同时兼具搅拌泥土的功能，一般有封闭式和开放式两种构造形式，可正反方向回转，工作效率相等。刀盘用螺栓、螺母固定，可以更换。

封闭式刀盘，由辐条刀盘架、刀具和面板组成。辐条是刀具安装的底架，刀具沿辐条两侧对称布置，以满足刀盘正反两个方向旋转切削的需要，刀具的设置要做到可对全断面进行均匀切削，一般对大直径盾构来说，越靠近周边，刀具切削轨道越长，故在周边应适当增加刀具数量。刀盘周边装有边刀和超挖刀。当盾构沿曲线推进时，通过超挖可减小对周围地层的扰动；当在松软地层中施工时可不设超挖刀；一般外缘刀直径比盾构前部刀直径大10cm左右，刀盘的进土槽形式有同一宽度型、逐渐放大型和局部放大型等。槽口宽度根据泥土中最大砾石大小而确定，一般应为20~50cm，刀盘开口率一般为20%~40%。由于刀盘与泥土接触部位摩阻力大，磨损严重，通常在刀盘面板和周边磨损最多的部位，用硬质合金交叉堆焊或复焊一块耐磨钢板，以增强耐磨性。

图 2-12 开放式刀盘构造

开放式刀盘只有辐条刀盘架而无面板，辐条正面安装刀具，背面安装搅拌叶板，开口率近100%。这种刀盘多在加泥式土压平衡盾构中应用，图 2-12 为某开放式刀盘的构造。

对兼有软土和硬岩的混合地层，一般采用盘形滚刀和割刀组合布置的刀盘。割刀用以开挖砂土层、黏土和强风化岩等软弱围岩，盘形滚刀用来对较硬的中、微风化岩层进行全断面破碎开挖。刀盘的切削方式通常使用结构紧凑的旋转切削，但也有使用摇动切削和行星切削等特殊切削方式的。刀盘前端的形状有平板、中心部分凸出和整体凸出三种，上述形状均是由开挖面稳定要求而决定的。特殊情况下，刀盘有多级配置的，结构上是按前、后配置。同时要注意在含漂石、孤石的土层中施工时因刀盘前端形状不同而产生的磨损也不同。

2. 刀盘扭矩

刀盘扭矩由地质条件、盾构形式及盾构结构决定。

(1) 切削设备扭矩的决定方法　应根据围岩条件、盾构形式、盾构构造、盾构直径等确定。切削所需扭矩由以下要素组成：①因土壤切削阻力而产生的扭矩；②因土的摩擦阻力而产生的扭矩；③因搅拌、提升土壤阻力所产生的扭矩；④轴承阻力所产生的扭矩；⑤密封摩擦阻力所产生的扭矩。

设备扭矩与所需扭矩相比，应有一定的富余量。

(2) 切削设备扭矩

$$T = \alpha D^3 \tag{2-8}$$

式中　T——设备扭矩，N·m；

　　　D——盾构直径，m；

　　　α——扭矩系数（机械化盾构取 0.8~1.4，土压式盾构取 1.4~2.3，泥水加压式盾构取 0.9~1.5），N/mm²。

(3) 产生扭矩的方法

① 采用切削刀头回转方式产生扭矩：液压马达驱动方式，易于控制回转数、控制扭矩、微动调整；电动机驱动方式，具有高效、洞内环境好等特点。采用转换器可控制回转数，具有可简化切削刀头用的动力设备等优点。

② 采用油压千斤顶驱动方式产生扭矩。

3. 切削刀头的切口

① 切削刀头的切口形状和尺寸往往受辐条数、排出土石的尺寸制约。切口一般沿着辐条做成直角形，考虑到排出大砾石的需要，采用的形状多种多样。一般切口的尺寸根据在地层中可能出现的最大砾石能够通过为原则来决定，但在开挖工作面有破碎砾石功能的盾构中，同时要对盾构的尺寸进行限制。

② 开口率为盾构开挖断面积与面板开口部分总面积之比（不包括刀头的投影面积）。在一般条件下，辐条数与盾构外径成比例增加，开口率也有加大的倾向，即使是黏性土，也多将开口率加大进行开挖。在易坍塌的地层中，如果开口率加大，则有过多的土砂易被排出的危险。停止开挖时，应防止从切口处引起工作面的坍塌。另外，为了调节土砂排出量，多设有切口开闭装置。

4. 切削刀

① 切削刀的形状必须与土质相适应，对切削刀的前角及后角必须加以注意。对黏性土，前角及后角应大；对砾石层，一般采用略小的角度。需防止尖端缺损和剥离，有时采用滚轮钻头、特殊切削刀等。当产生磨耗、损伤及伴随着土质变化而需要改变切削刀形状时，必须考虑土质对切削刀形状的影响。切削刀的高度按土质和滑动距离计算磨耗量、掘进速度、刀盘转数及刀盘设置位置等，通过求出的切削深度来决定。

② 材质多采用矿山超硬烧结合金工具钢。

③ 必须根据围岩条件、盾构外径、切削刀回转数、施工长度等确定切削刀的布置。

5. 刀盘轴承密封装置

刀盘轴承密封装置用于防止土砂、地下水及添加剂渗入轴承。

① 刀盘轴承密封圈的安装位置视刀盘的支承方式而定。

② 刀盘轴承密封装置要求轴承耐压、耐磨、耐油、耐热等，并能在有土压和水压的环境条件下使用。

③ 刀盘轴承密封装置的形状有单一唇形和多级唇形两种，通常多级密封圈组合使用。经常给油封注润滑脂或润滑油，同时要防止密封圈滑动面的磨损和土砂的侵入。

6. 超挖装置

为提高盾构的操作性能，盾构上装备了超挖装置。超挖装置必须适合土质条件和施工条件并能完成超挖的工作。超挖装置通常装在刀盘内，其结构简单，工作可靠。此外，为了得到足够的超挖能力，切削地基的刀具应以刀盘为准。

① 超挖刀　把刀具从刀盘处伸向盾构外侧，绕盾构全周做定量超挖，凸出的刀具靠液压调整，用最外周的固定刀具定量挖掘。

② 仿形切刀　与超挖刀相同，把刀具从刀盘处伸向盾构外侧，但可以做任意范围的超挖，刀具伸缩通常靠液压操作，这时，要求液压回路上安装的回转接头形状及结构气密且牢固性要好。当仿形切刀的行程和刀盘扭矩较大时，由于仿形切刀上作用着较大的掘进阻力，故需具有足够的强度。

四、推进机构

盾构是通过沿支承环周边布置的千斤顶支承在已安装好的管片衬砌上所产生的作用力而前进的。推进时，千斤顶既可单独操作，也能分组操作（图 2-13）。为了防止千斤顶对管片的挤压破坏及控制推进方向，一般采取如下措施：

① 每个千斤顶上装有一个球形轴承节十字头，其上安有聚亚氨酯鞍板，球形轴承节可以自动调节鞍板，使其与管片的接触面对齐。

② 将千斤顶分成若干组，如四个一组，在每一组千斤顶上装线性传感器，以显示盾构位置和进刀速度。或者每一组设一个电磁比例减压阀，调节各组千斤顶的压力，从而纠正或控制盾构推进方向，使之符合设计要求。

图 2-13　盾构推进千斤顶

1. 盾构推进的总推力

盾构的总推力必须大于各种推进阻力之和。盾构的推进阻力由下列阻力构成：①盾构四周与土壤间的摩擦阻力或黏结阻力；②推进时，在刃脚前端产生的贯入阻力。③工作面前方的阻力：a. 采用人力开挖、半机械化开挖时，为工作面支护阻力；b. 采用机械化开挖时，为作用在切削刀盘上的推进阻力；c. 变向阻力（曲线段施工、修正蛇行、对稳定翼及阀门的阻力等）；d. 在盾尾内的衬砌与盾尾板间的摩擦阻力；e. 后配套拖车的牵引阻力。

以上各种推进阻力的总和决定了盾构推进的总推力。但在使用时，必须考虑各种使用条件下诸因素的影响，并留出必要的富余量。

每单位面积（m^2）工作面的总推力大致如下：

人力开挖、半机械化开挖盾构	700～1100kN
机械化开挖盾构	700～1100kN
封闭式盾构	1000～1300kN
土压式盾构	1000～1300kN
泥水加压式盾构	1000～1300kN

2. 盾构千斤顶的选择及配置

选配原则如下：

① 应根据盾构的灵活性、管片的构造、组装衬砌的作业条件等选择和配置盾构千斤顶。

② 应尽量采用结构紧凑的高压千斤顶，根据目前所用油压泵、配管等条件，多用液压值为 30～40MPa。

③ 千斤顶应该重量轻、耐久性好，易于维修和更换。

④ 选择千斤顶时，需充分考虑其运转性能。

⑤ 千斤顶按等间距布置在壳板内侧，能对衬砌的全周长度施加均等荷载。由于土质的关系，有时也采用不等间距的布置。

⑥ 千斤顶的推进轴线应与盾构的轴线平行。为了纠正盾构的偏转，有时也采用一部分倾斜布置的千斤顶。

每台盾构千斤顶的推力及千斤顶的总台数应根据盾构外径、总推进力、衬砌构造和隧道线形（平面及纵断面形状）等因素确定。在一般情况下，在中、小直径的隧道中，每台千斤顶的推力为 600～1500kN，在大直径的隧道中多为 2000～4000kN。

3. 盾构千斤顶的行程和推进速度

盾构千斤顶的行程必须等于管片宽度加上必要的富余量，此富余量是在盾构内进行衬砌组装所必需的。另外，当盾构在曲线隧道上施工时，千斤顶行程也必须有足够的长度。在一般情况下，盾构千斤顶行程应比管片宽度大 150mm。当采用楔形管片时，根据楔形管片的端面坡度，有时需要采用较大的行程。

采用一般千斤顶时，千斤顶的推进速度为500～1000mm/min。为提高效率，千斤顶的回程速度越快越好。当采用机械化开挖、土压式、泥水加压式盾构时，根据土质的不同，采用不同的贯入深度，需调节千斤顶的推进速度以提高开挖速度。对于封闭式盾构，最好也能采用可调节动作速度的结构。

4. 千斤顶支座

在盾构千斤顶活塞的前端必须安装球面接头支座，以便将推力均匀地分布在管片的端面上。为了不使管片受到偏心推力且不使纵肋受到过大的压力，必须合理选择支座尺寸，有时将支座中心相对千斤顶中心线稍做偏移，尤其在用钢铁管片时，更应注意。

根据管片材质不同，必须在支座面上安装橡胶或木质衬料，对管片端部进行防护。为方便曲线段隧道施工时能给管片以均等的推力，有时采用压力环装置，但对其结构必须认真研究。

5. 撑靴

撑靴的作用是防止盾构滚动。当刀盘旋转切削硬岩时，盾体有一个滚向与切相反方向的自然趋势，由于在硬岩中盾壳与土体之间摩擦力矩较小，这种滚动更加明显。一般在盾体前部设一撑靴，当可能出现较大滚动时，将撑靴伸出撑在隧道壁上，抵抗滚动反力矩。撑靴主要由支撑靴板、支撑油缸、支撑座组成，不需要时可以收回。

五、管片拼装机构

管片的拼装系统由举重臂和真圆保持器等组成。总体结构及外观见图2-14。

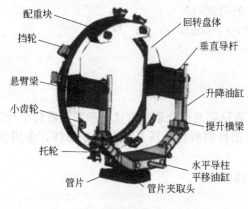
(a) 管片拼装机总体结构

(b) 管片拼装机外观

图2-14 盾构管片拼装机

1. 举重臂

举重臂是一个机械装置。为了能把管片按照所需要的形状，安全、迅速地进行拼装，它必须具有钳住管片及使管片伸缩、前后滑动、旋转等4个功能。举重臂有环式、齿轮齿条式、中心筒体式等。常用的是环式举重臂。环式举重臂是装在支承环后部或者盾构千斤顶撑板附近的盾尾部的，它是一个把可自由伸缩的支架装在具有支撑滚轮的中空圆环上的机械手。该形式举重臂出土设备安装在中空圆环中，并且拼装管片和出土可同时进行，工作面大。

举重臂的提升力应是最大管片重力的1.5～2.0倍，推出力应是最大管片重力的5倍。举重臂的转动速度就是拼装管片的圆周速度，它至少要有高速和低速两级，一般来说，高速时为250～400mm/s，低速时为10～50mm/s。

支架的前后滑动装置可使管片沿隧道轴线方向移动，举重臂夹住管片后能容易地进行拼装。

2. 真圆保持器

盾构向前推进时管片会从盾尾脱出，管片受到自重和土压的作用产生变形，当该变形量很大时，已成环和拼装时就会产生高低不平，给安装纵向螺栓带来困难。为了避免管片产生高低不平，必须让管片临时保持真圆，该装置就是真圆保持器。

真圆保持器支柱上装有上下可伸缩的千斤顶，其上支撑有圆弧形的支架。真圆保持器可在动力车架的挑梁上滑动，当一环管片拼装成环后，就让真圆保持器移到该管片环内，调整支柱上的千斤顶，使支架密贴管片后，盾构就可继续推进，而管片圆环不会产生变形，始终保持着真圆状态。

六、液压、电气及控制机构

1. 液压系统

液压回路由盾构千斤顶系统、刀盘系统及拼装系统构成。油泵有分别安装在各自系统中的，也有共同使用一个总泵的。盾构液压部件在高压力、大容量条件下使用，因此设计时的要求也高。

2. 电气系统

电气系统由电机、配电盘、漏电开关等组成，应做到防水、防滴水、防潮、防尘及防膨胀并便于操作。

3. 控制系统

盾构控制系统的作用是使掘进、推进、排土等相互关联的机构及其他机构相互协调联合工作。具体作用有：

① 显示各机构的运转状态，异常时能迅速报警；
② 为了保全设备，误操作时设有联锁器或有报警装置；
③ 断电或临时停电时各部件立即停止动作或停在安全位置。

主机操作台安装在一封闭的隔音操作室内，操作人员从闭路电视上可查看卸料与护盾区的工作及操作台上的仪器，可控制掘进和盾构的整体操作。在操作室和盾构其他区域之间一般设一对讲系统相互联系。

4. 监测设施

在盾构掘进施工过程中，自动监测设施可测试下列数据。

① 刀盘转速、转向及油压；
② 盾构前进速度和推进千斤顶位置；
③ 土仓中的土压；
④ 土仓中的注水压力；
⑤ 推进千斤顶压力；
⑥ 螺旋输送机的内部压力；
⑦ 电力荷载；
⑧ 机械的运行状态；
⑨ 添加剂的喷射流量；
⑩ 开挖材料的重量。

七、附属设施

1. 形态控制装置

形态控制装置是为了使开挖的隧道外廓尺寸和线路线形、坡度符合设计要求而准确控制盾构姿势的装置。通常，仅操作盾构千斤顶很难控制盾构姿势，所以在讨论推进装置的时候要注意盾构的重心位置、浮力中心位置。鉴于盾构推进而产生的土压，控制装置应有足够的功能和强度，在安装控制装置的地方，盾构主体也要有足够的强度。根据盾构线形、土质软硬及盾构形式选择控制装置的种类、形状、数量。形态控制装置有以下几种。

① 稳定器：盾构机前端凸出的翼板起稳定作用，它所产生的阻力能防止盾构摆动，当翼板倾斜安装时，可使盾构产生一定的转动。

② 阻力板：为沿盾构前进方向凸出的垂直板，它所产生的土抗力能控制盾构的方向。

③ 配重（锁链板）：安装于盾构最下部，靠其自重防止盾构沉降并可做方向修正。

2. 中折装置

为了控制曲线隧道的线形，将盾构主体分为前筒和后筒，前后筒连接段上设一处或两处折线弯曲，以减少盾构推进时的超挖量，同时连接段在盾构推进时产生的推进分力作用下很容易弯曲，这种结构就是中折装置。使用时应注意以下几个问题：

① 中折密封处的止水性很关键。

② 盾构主体折曲时，盾构千斤顶和衬砌中心线的偏心量应特别注意。

③ 解决好土压式盾构的螺旋输土器或泥水式盾构送排泥管的相互干扰。

中折装置的形式通常有前筒加压（把千斤顶安装在后筒）及后筒加压（把千斤顶安装在前筒）两种形式。中折结构有弯折部有销连接的 X 形中折结构、弯折部不用销连接的 V 形中折结构。作为一种特殊的中折装置，为了在推进时减小地基阻力或超挖量，在曲线内侧把偏心滑板装在刀盘部分或配备能使刀盘倾斜的刀盘滑动装置。

3. 测量装置

为了把握盾构形态，可根据需要选设在盾构上的测量仪器。常用的测量仪器如下。

①"点头"量测：盾构千斤顶行程计、U形管、铅锤、倾斜仪等。

② 摇摆测量：盾构千斤顶行程计、陀螺罗盘。

③ 滚动测量：U形管、铅锤、倾斜仪。

为了自动计测盾构的位置、形态，常组合使用激光、光波测距仪、陀螺罗盘等仪器。

4. 背后注浆装置

为了做到同步注浆，注浆管通常设在盾构主体尾部。其安装位置以不扰动地基为准，同时在盾构推进时不损坏环形垫圈。

5. 后配套台车

后配套台车是为盾构顺利掘进而设的机构停置场、材料堆放场和各种作业工具存放场，用以放置不能装在盾构内的操作室、液压设备、电气装置、出土设备、注浆设备、缺陷管片用的卷扬机等。图 2-15 为某盾构后配套台车。

由于小直径盾构通道狭小，因此要考虑安全施工措施。大直径盾构应设栏杆等，以防止坠落事故。后配套台车有门式及侧式两种，可根据隧道直径和工程特点选择其一。通常，后配套台车都设有轨道或在衬砌上安装托架，供台车在其上行走。行走方式有两种：把台车用杆件挂在盾构主体上，随盾构推进牵引台车行走；追随盾构推进而自动行走。此外，应注意

 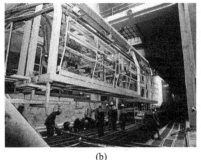

(a)　　　　　　　　　　　　(b)

图 2-15　某盾构后配套台车

小半径转弯道中台车与安装衬砌的间隙并制订防止台车翻车及脱轨的措施，还要注意在大坡度施工时，制订防止台车出轨的措施。

6. 润滑装置

润滑装置在施工过程中给刀盘轴承、刀盘轴承密封圈、减速机、搅拌机、螺旋输送机及中折装置等部件润滑，应结合不同的用途选择合适的润滑方法。

7. 出土装置

(1) 螺旋输送机的主要功能　螺旋输送机由筒体、驱动装置、螺旋轴、出渣闸门组成，作为土压平衡盾构的排土装置，主要有以下三个功能。

① 渣土在螺旋机内向外排出的过程中形成密封土塞，渣土压力从前至后依次递减。

② 在保持土仓土压的同时，将盾构土仓内的土体向外连续排出。

③ 将土仓内的土压值自动与螺旋输送机转速值进行比较，随时调整向外排土的速度，实现连续的动态土压平衡过程，确保盾构连续正常向前掘进。

(2) 螺旋输送机的构造　螺旋输送机由螺旋叶片、外壳、排土闸门等部件组成，可变速，可逆转。泥土入口端装在密封仓底部，穿过密封隔板固定，倾斜安装，出土口安有滑动式闸门，用以防水。图 2-16 为盾构螺旋输送机。

 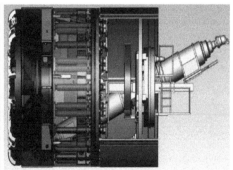

图 2-16　盾构螺旋输送机

输送机一般有中心轴螺旋杆式和无中心轴带状螺旋式，前者适用于一般砂性土，后者可用于较大颗粒砾砂及块石运输，如图 2-17 所示。

当地下水比较丰富、土层透水系数较高，且螺旋机内的渣土难以形成"土塞"时，发生螺旋机喷涌现象的可能性较大。为此，针对性设计如下：

① 盾构出土口设置 2 个闸门，交替开启以降低喷涌压力；

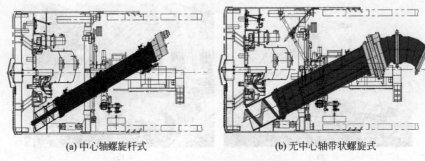

(a) 中心轴螺旋杆式　　　　　　(b) 无中心轴带状螺旋式

图 2-17　螺旋输送机结构分类

② 预留了膨润土和高分子聚合物注入接口，必要时，可向土仓壁和螺旋机内注入膨润土或高分子聚合物，以缓解螺旋机的喷渣压力；

③ 设置有保压泵接口，必要时可连接泥浆泵或泥浆管，缓解喷渣压力。螺旋输送机按驱动结构分，一般有中心驱动和周边驱动两种结构形式。中心驱动，结构紧凑，便于相邻部件的布置。周边驱动，出渣口在后部，可提高出渣位置，渣土通过无轴区时利用自身重力堆积、密实，形成土塞，使渣土具有一定连续性，并能起到一定止水作用。

思考题

1. 盾构的基本构造主要由哪几部分构成？
2. 盾构按功能分可分为几类？简述各类盾构的施工方法。

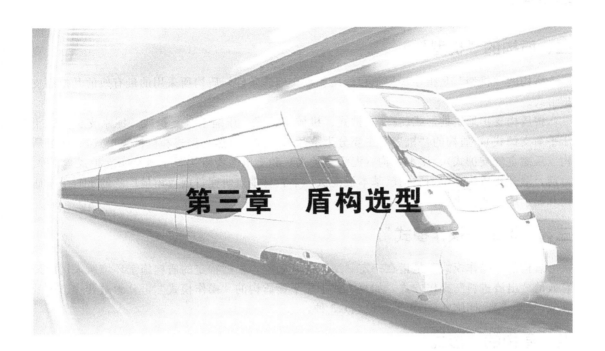

第三章 盾构选型

第一节 盾构选型概述

盾构法是建造地下隧道最先进的施工方法之一，目前盾构法能够适用于任何水文地质条件下的施工，无论是松软的、坚硬的、有地下水的、无地下水的、地下暗挖隧道工程都可用盾构法。

布鲁诺尔发明的世界上第一台盾构仅掘进 370m 长的隧道就历时 18 年，施工中经历了 5 次特大洪水，牺牲了 6 条生命。目前，盾构法隧道的施工技术在世界许多国家不断得到发展，但在推广与应用上也出现了一些施工事故，这些事故的发生，80% 以上是因盾构的选型失误引起的，不仅影响了整个工程的工期，还造成了极大的经济损失和不必要的人员伤亡。

盾构是根据工程地质、水文地质、地貌、地面建筑物及地下管线和构筑物等具体特征来"量身定做"。盾构不同于常规设备，其核心技术不仅仅是设备本身的机电工业设计，还在于设备如何适用于各类工程地质。盾构施工的成功率，主要取决于盾构的选型，盾构选型的正确与否决定了盾构是否适应现场的施工环境，也决定着盾构施工的成败。

一、盾构的"类型"

盾构的"类型"是指与特定的盾构施工环境，特别是与特定的基础地质、工程地质和水文地质特征相匹配的盾构种类。

根据施工环境的不同，隧道掘进机包括盾构和岩石掘进机（即通常所说 TBM，主要用于山岭隧道或岩石地层的地铁隧道）。盾构的"类型"主要分为软土盾构和复合盾构两类。

软土盾构是指适用于未固结成岩的软土，某些半固结成岩及全风化和强风化围岩条件下的一类盾构。软土盾构的主要特点是刀盘仅安装切削软土用的切刀和刮刀，无需滚刀。

复合盾构是指既适用于软土，又适用于硬岩的一类盾构。其主要用于既有软土，又有硬岩的复杂地层施工。复合盾构的主要特点是刀盘上既安装有用于软土切削的切刀和刮刀，又安装有破碎硬岩的滚刀，或安装有破碎砂卵石和漂石的撕裂刀。

二、盾构的"机型"

盾构的"机型"是指在根据工程地质和水文地质条件，盾构所采用的最有效的开挖面支护形式。

按盾构支护地层的形式（自然支护式、机械支护式、压缩空气支护式、泥水支护式、土压平衡支护式），盾构的"机型"主要分为敞开式盾构（自然支护式和机械支护式）、压缩盾构（压缩空气支护式）、泥水盾构（泥水支护式）和土压平衡盾构（土压平衡支护式）4种。目前，敞开式盾构和压缩盾构已基本被淘汰，本教材重点研究目前应用最广泛的土压平衡盾构和泥水盾构两种机型。

三、盾构的"操作模式"

盾构的"操作模式"是指在一定"型"的基础上，根据特定的盾构施工环境所采用的最有效的"出渣进料"操作方式，如复合式土压平衡盾构的"操作模式"可分为敞开式、半敞开式(气压式)、闭胸式(土压平衡模式) 3种。

四、盾构的"形式"

盾构的"形式"涉及盾构的"型"和"操作模式"。无论是适用于单一软土地层的软土盾构，还是适用于复杂地层的复合盾构，都包含土压平衡盾构和泥水盾构两种机型。盾构的"型"是指盾构的类型和机型，是在施工前决定的；而"操作模式"则是在施工过程中，根据具体的施工环境，由操作人员实时决策的。

第二节 盾构选型的原则和依据

一、盾构选型的原则

盾构选型是盾构隧道施工安全、环保、优质、经济、快速建成的关键工作之一。盾构选型应从安全适应性（也称可靠性）、技术先进性、经济性等方面综合考虑，所选择的盾构形式要能尽量减少辅助施工方法，并确保开挖面稳定和适应围岩条件，同时还要综合考虑以下因素。

盾构选型的原则和依据

① 可以合理使用的辅助施工方法，如降水法、气压法、冻结法和注浆法等。
② 满足工程隧道施工长度和线形的要求。
③ 后配套设备、始发设施等能与盾构的开挖能力配套。
④ 盾构的工作环境。

不同形式的盾构所适应的地质范围不同，盾构选型总的原则是安全适应性第一位，以确保盾构施工的安全可靠；在安全可靠的情况下再考虑技术的先进性，即技术先进性第二位；然后再考虑盾构的价格，即经济性第三位。盾构施工时，施工沿线的地质条件可能变化较大，在选型时一般选择适合于施工区大多数围岩的机型。盾构选型时主要遵循下列原则。

① 应对工程地质、水文地质有较强的适应性，首先要满足施工安全的要求。
② 安全适应性、技术先进性、经济性相统一。在安全可靠的情况下，考虑技术先进性和经济合理性。

③ 满足隧道外径、长度、埋深、施工场地、周围环境等条件。
④ 满足安全、质量、工期、造价及环保要求。
⑤ 后配套设备的能力与主机配套，满足生产能力与主机掘进速度相匹配，同时具有施工安全、结构简单、布置合理和易于维护保养的特点。
⑥ 盾构制造商的知名度、业绩、信誉和技术服务。

根据以上原则，对盾构的形式及主要技术参数进行研究分析，以确保盾构施工的安全、可靠，选择最佳的盾构施工方法和最适宜的盾构。盾构选型是盾构法施工的关键环节，直接影响盾构隧道的施工安全、施工质量、施工工艺及施工成本。为保证工程的顺利完成，对盾构的选型工作应非常慎重。

二、盾构选型的依据

盾构选型应以工程地质、水文地质为主要依据，综合考虑周围环境条件、隧道断面尺寸、施工长度、埋深、线路的曲率半径、沿线地形、地面及地下构筑物等环境条件，以及周围环境对地面变形的控制要求的工期、环保等因素。同时，参考国内外已有盾构工程实例及相关的盾构技术规范、施工规范及相关标准，对盾构类型、驱动方式、功能要求、主要技术参数、辅助设备的配置等进行研究。选型时的主要依据如下。

① 工程地质、水文地质条件。颗粒分析及粒度分布，单轴抗压强度，含水率，砾石直径，液限及塑限 N 值，黏聚力 C，内摩擦角 φ，土粒密度，孔隙率及孔隙比，地层反力系数，压密特性，弹性波速度，孔隙水压，渗透系数，地下水位（最高值、最低值、平均值），地下水的流速、流向，河床变迁情况等。

② 隧道长度、隧道平纵断面及横断面形状、尺寸等设计参数。

③ 周围环境条件。地上及地下建构筑物分布，地下管线埋深及分布，沿线河流、湖泊、海洋的分布，沿线交通情况，施工场地条件，气候条件，水电供应情况等。

④ 隧道施工工程筹划及节点工期要求。

⑤ 宜用的辅助工法。

⑥ 技术经济比较。

第三节　盾构选型的方法和步骤

一、盾构选型的主要方法

1. 根据地层的渗透系数进行选型

盾构选型的方法和步骤

地层渗透系数对于盾构的选型是一个很重要的因素。通常，当地层的渗透系数小于 10^{-7} m/s 时，可以选用土压平衡盾构；当地层的渗透系数为 $10^{-7} \sim 10^{-4}$ m/s 时，既可以选用土压平衡盾构，也可以选用泥水盾构；当地层的透水系数大于 10^{-4} m/s 时，宜选用泥水盾构。根据地层渗透系数与盾构类型的关系，若地层以各种级配富水的砂层、砂砾层为主时，宜选用泥水盾构；其他地层宜选用土压平衡盾构，如图 3-1 所示。

2. 根据地层的颗粒级配进行选型

一般来说，细颗粒含量多，渣土易形成不透水的流塑体，容易充满土仓的每个部位，在土仓中可以建立压力，来平衡开挖面的土体。盾构类型与颗粒级配的关系详见图 3-2，图中

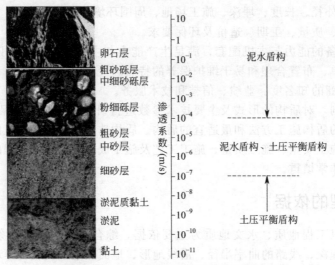

图 3-1 地层渗透性与盾构选型的关系

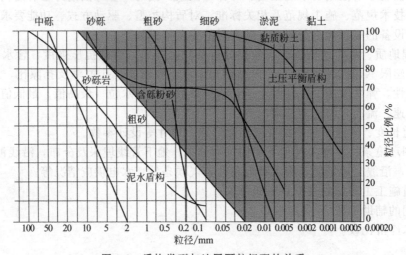

图 3-2 盾构类型与地层颗粒级配的关系

黏土、淤泥质土区,为土压平衡盾构适用的颗粒级配范围;砾石粗砂区,为泥水盾构适用的颗粒级配范围。粗砂、细砂区,可使用泥水盾构,也可经土质改良后,使用土压平衡盾构。

一般来说,当岩土中的粉粒和黏粒的总量达到40%以上时,宜选用土压平衡盾构,相反的情况选择泥水盾构比较合适。粉粒的绝对大小通常以0.075mm为界。

3. 根据地下水压进行选型

当水压大于0.3MPa时,适宜采用泥水盾构。如果采用土压平衡盾构,螺旋输送机难以形成有效的土塞效应,在螺旋输送机排土闸门处易发生渣土喷涌现象,引起土仓中土压力下降,导致开挖面坍塌。当水压大于0.3MPa时,如因地质原因需采用土压平衡盾构,则需增大螺旋输送机的长度,或采用二级螺旋输送机,或采用保压泵。

4. 盾构选型时必须考虑的特殊因素

盾构选型时,在实际实施过程中,还需解决理论的合理性与实际的可能性之间的矛盾,必须考虑环保、工程地质和安全因素。

(1) 环保因素 对泥水盾构而言,虽然经过过筛、旋流、沉淀等程序,可以将弃土浆液中的一些粗颗粒分离出来,并通过汽车、船等工具运输弃渣,但泥浆中的悬浮或半悬浮状态的细土颗粒仍不能完全分离出来，而这些物质又不能随意处理，这就出现了使用泥水盾构的一大难题。降低污染、保护环境是选择泥水盾构面临的十分重要的课题，需要解决的是，如何更好地将这些泥浆弃置在江河湖海等水体中，才能避免造成范围更大、更严重的污染。

要将弃土泥浆彻底处理可以作为固体物料运输的程度也是可以做到的，国内外都有许多成功的实例，但完全做到这点并不容易，主要原因如下：

① 处理设备贵，增加了工程投资；
② 用来安装这些处理设备需要的场地较大；
③ 处理时间较长。

（2）工程地质因素　盾构施工段工程地质的复杂性主要反映在基础地质（主要是围岩岩性）和工程地质特性的多个方面。在一个盾构施工段或一个盾构合同标段中，某些部分的施工环境适合选用土压平衡盾构，但某些部分又很适合选用泥水盾构。盾构选型时应综合考虑，并对不同选择进行风险分析后择其优者。

（3）安全因素　从保持工作面的稳定、控制地面沉降的角度来看，当隧道断面较大时，使用泥水盾构要比使用土压平衡盾构的效果好一些，特别是在河湖等水体下、在密集的建筑物或构筑物下及上软下硬的地层中施工时。在这些特殊的施工环境中，施工过程的安全性将是盾构选型时的一项极其重要的参考标准，如北京铁路地下直径线最终选择了泥水盾构。

二、盾构形式的选择

在选择盾构形式时，最重要的是要以保持开挖面稳定为基础进行选择。为了选择合适的盾构形式，除需对土质条件、地下水进行调查以外，还要对用地环境、竖井周围环境、安全性、经济性进行充分考虑。

近几年来，由竖井或渣土处理而影响盾构形式选择的实例不断增加。另外，在一些实例中，施工经验也会成为盾构选型的重要影响因素。因此，在选型时，有必要邀请具有制造同类盾构经验的国内外知名盾构制造商进行技术交流，可邀请国内盾构隧道设计、科研、施工方面的专家进行选型论证和研究，并应参考类似工程的盾构选型及施工情况。

各种盾构所对应的土质及与辅助工法的关系如表3-1所示。

1. 土压平衡盾构

土压平衡盾构主要适用于粉土、粉质黏土、淤泥质粉土、粉砂层等黏稠土壤的施工，在黏性土层中掘进时，由刀盘切削下来的土体进入土仓后由螺旋输送机输出，在螺旋输送机内形成压力梯降，保持土仓压力稳定，使开挖面土层处于稳定，盾构向前推进的同时，螺旋输送机排土，使排土量等于开挖量，即可使开挖面的地层始终保持稳定，排土量通过调节螺旋输送机的转速和出土闸门的开度予以控制。

当含砂量超过某一限度时，泥土的塑流性明显变差，土仓内土体因固结作用面被压密，导致渣土难以排送，需向土仓内注水、泡沫、泥浆等添加材料，以改善土体塑流性。在砂性土层施工时，由于砂性土流动性差、砂土摩擦力大、渗透系数高、地下水丰富等原因，土仓内压力不易稳定，须进行渣土改良。

根据以上，土压平衡盾构主要分为两种，一种是适用于含水率和粒度组成比较适中，开挖面土砂可直接流入土仓及螺旋输送机内，从而维持开挖面稳定的土压平衡盾构；另一种是对应于砂粒含量较多而不具有流动性的土质，需通过水、泡沫、泥浆等添加材料，使泥土压力可以很好地传递到开挖面的加泥式土压平衡盾构。

土压平衡盾构根据土压力的状况进行开挖和推进，通过检查土仓压力，不但可以控制开挖面的稳定性，还可以减少对周围地基的影响。土压平衡盾构一般不需要实施辅助工法。

地铁盾构施工技术

表 3-1　盾构与适用土质、辅助施工法的关系

地质条件				手掘式盾构			半机械式盾构			机械式盾构			网格式盾构			泥水式盾构			土压式盾构			泥土盾构		
分类	土质	N值	含水率/%	无	有	种类	无	有	种类	无	有	种类	无	有	种类	无	有	种类	无	有	种类	无	有	种类
冲积性黏土	腐植土	0	>300	×	×		×	×		×	×		×	△		×	△	A	×	△		×	△	A
	淤泥黏土	0~2	100~300	×	△	A	×	—		×	—		○○	—		○	—		○	—		○	—	
	砂质淤泥黏土	0~5	>80	×	△		×	—		×	—		△	—		○	—		○	—		○	—	
	砂质淤泥黏土	5~10	>50	△	△		○	—		○	—		×	×		△	—	A	△	—		△	—	
洪积性黏土	护姆黏土	10~20	>50	○	○		○	—		△	—		×	×		○	—		○	△		○	—	
	砂质护姆黏土	15~25	>50	○	△		○	—		△	—		×	×		○	—		○	△		○	—	
	砂质护姆黏土	>20	>20	×	△		○	—		△	—		×	×		△	—		△	—		△	—	
软岩	风化页岩、泥岩	>50	<20	×	—		△	—		△	—	A	×	×		○	○	A	○	△	A	○	—	
砂质土	混杂淤泥土的砂	10~15	<20	△	○	A	△	○	A·B	×	△	A·B	×	×		×	△		×	△	A	×	○	
	松散砂	10~30	<20	△	△	A·B	×	△	A·B	×	△	A·B	×	×		△	○	A	△	△	A	○	○	
	密实砂	>30	<20	×	○	A·B	△	○	A·B	△	△	A·B	×	×		△	—	A	△	△	A	○	○	
砂砾	松散砂砾	10~40	—	△	△	A·B	△	△	A·B	△	○	A·B	×	×		△	△	A	△	△	A	○	—	
	固结砂	>40	—	×	○	A·B	△	○	A·B	△	○	A·B	×	×		△	—	A	△	△	A	○	—	
大卵石	混有大卵石的砂砾			×	△		△	△	A·B	×	△	A·B	×	×		△	△	A	△	△	A	○	—	
	大卵石层			×	×		×	×		×	×		×	×		×	△	A	△	△	A	○	—	

注：1. 手掘式盾构、半机械式盾构、机械式盾构、网格式盾构，原则上不适合的条件；×：原则上不适合的条件；○：原则上适合条件；△：使用时须加讨论；B：降水法；—：特殊情况下也可以使用。工法，但是也包括部分土质不适合的不得不采用的情形。

2. ○主要表示希望选定的施工法。

42

加泥式土压平衡盾构可以适用于冲积砂砾、砂、粉土、黏土等固结度比较低的软弱地层、洪积地层以及软硬不均地层，在土质方面的适用性最为广泛。但在高水压下（>0.3MPa），仅用螺旋输送机排土难以保持开挖面的稳定性，还需安装保压泵或进行切削土的改良（图3-3）。

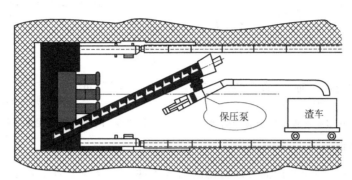

图3-3 在高压水地层防喷涌的保压泵

2. 泥水盾构

泥水盾构通过施加略高于开挖面水土压力的泥浆压力来维持开挖的稳定。除泥浆压力外，合理选择泥浆的状态也可增加开挖面的稳定性。泥水盾构比较适合于河底、江底、海底等高水压条件下的隧道施工。泥水盾构使用送排泥泵通过管道从地面直接向开挖面进行送排泥，开挖面完全封闭，具有高安全性和良好的施工环境，既不对围岩产生过大的压力，也不会受到围岩压力的反压，对周围地基影响较小，一般不需辅助施工，特别是在开挖断面较大时，控制地表沉降方面优于土压平衡盾构。

泥水盾构适用于冲积形成的砂砾、砂、粉砂、黏土层、弱固结的互层，以及含水率高开挖面不稳定的地层；洪积形成的砂砾、砂、粉砂、黏土层，以及含水率很高、固结松散、易于发生涌水破坏的地层；但对于难以维持开挖面稳定性的高透水地层、砾石地层，有时也要考虑采用辅助工法。

根据控制开挖面泥浆压力方式的不同，泥水盾构主要有两种：一种是日本体系的直接控制型，另一种是德国体系的间接控制型（即气压复合控制型）。直接控制型的泥水仓为单仓结构形式；间接控制型的泥水仓为双仓结构，前仓称为开挖仓，后仓称为气垫调压仓。开挖仓内完全充满受压的泥浆后，平衡外部水土压力，开挖仓内的受压泥浆通过沉浸墙的下面与气垫调压仓相连。隧道开挖过程中，直接控制型泥水盾构开挖仓内的泥水压力波动较大，范围为0.05~0.1MPa，见图3-4。

间接控制型泥水盾构的气垫调压仓通过压缩空气系统精确进行控制和调节压力，开挖仓内的压力波动较小，一般为0.01~0.02MPa，泥浆管路内的浮动变化将被准确、迅速平衡，减少了外界压力的变化对开挖面稳定造成的影响，见图3-5。

3. 手掘式盾构

手掘式盾构由于头部敞开，因此比较适用于软硬不均的开挖面，以及砾石、卵石等地层。手掘式盾构是以开挖而能够长时间自稳为基本条件，在开挖面不够稳定时，需通过注浆进行地基加固；在地下水较高会有涌水而影响开挖面稳定性时，需采取降水等辅助措施。

一般来说，洪积形成的砂砾、砂、固结粉砂、黏土层易于自稳，最适于使用手掘式盾构。冲积形成的松散砂、粉砂、黏土层，开挖面不能自稳，需采用辅助措施。手掘式盾构直到20世纪70年代末期一直得到较广泛应用。由于后期闭胸式盾构具有不依靠辅助施工的使用优势,现在手掘式盾构已基本被淘汰。

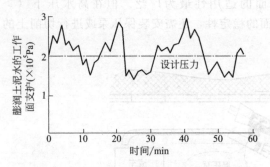
图 3-4 直接控制型泥水盾构压力波动曲线

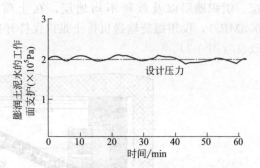
图 3-5 间接控制型泥水盾构压力波动曲线

4. 半机械式盾构

半机械式盾构适用于开挖面可以自稳的围岩条件。适合的土质主要是洪积形成的砂砾、砂、固结粉土及黏土,对于软弱的冲积层是不适用的。在使用辅助工法方面同手掘式盾构,目前已基本被淘汰。

5. 机械式盾构

机械式盾构的刀盘有面板式和辐条式两种。面板式刀盘的机械式盾构是通过面板来维持开挖面稳定的,并通过开口率解决块石、卵石的排出问题;辐条式刀盘的机械式盾构一般用于开挖面易于稳定的小断面,针对块石、卵石使用。机械式盾构与手掘式、半机械式盾构相同,主要用于开挖面易自稳的洪积地层中。对开挖不易自稳的冲积地层应结合压气施工、地下降水、注浆加固等辅助工法使用。由于需使用辅助工法,目前已基本被淘汰。

6. 挤压式盾构

挤压式盾构适用于非常软弱的地层,最适合冲积形成的粉质砂土层。由于是从开口部排出土砂,所以不能用于硬质地层。另外,砂粒含量如果太大,会出现土砂压缩而造成堵塞。相反,如果地层的液性指数太高,则很难控制土砂的流入,会出现过量取土的现象。由于适用地层有限,近年已不采用。

三、盾构施工法的选定流程

根据土质条件选择盾构施工法的流程如图 3-6 所示。

四、盾构选型实例

这里给出一些被实际工程证实过的成功的选择盾构施工法的实例。这些实例对类似的工程设计有一定借鉴价值。有的实例设计甚至可以直接套用。

① 掘削地层是工作面自立性好的黏土层,或者间隙水压 0.1MPa 以下的砂、砂砾层,上部覆盖层是不透气的黏土层,且厚度一般不低于 10m 的情形下,可选用开放式压气盾构,为了提高工作效率宜选用半机械式盾构。

② 掘削地层具自立性,上部存在连续的黏土层,地下水位较低,这种情形可选用压气的手掘式盾构。若地层中存在直径较大的漂砾(最大直径 800mm)时,可不装反铲设备。

③ 某供水隧道工程的掘进地层是高水压的砂砾层(砾径 300mm 以下)和洪积黏土层的互交层,工区内存在铁路、河流及邻近构筑物,但有可确保泥水处理设备的场地,故选用泥

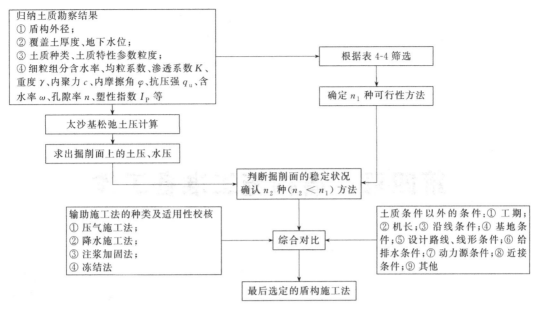

图 3-6　盾构施工法选定流程

水式盾构。

④ 某供水隧道工程的掘进地层以黏土为主，间隙水压较高，地层中存在甲烷气体，工区内存在铁道、高速公路，施工可选用泥土式盾构。掘削地层是间隙水压高的砂砾和洪积黏土的互交层时，也可选用泥土式盾构，但对这种情形应选用合适的泥材，并对工作面进行认真的监测管理。

⑤ 掘削地层是含大漂砾的含水粉砂层、洪积黏土层的互交层，且间隙水压高，施工路线须横穿铁道、河流、道路，这种情形应考虑采用泥土式盾构。作为应付含大漂砾的砂砾层的措施，可在面板前安装盘形滚刀破碎漂砾，用旋转排土装置防止地下水剧涨造成的螺旋输送机内的掘削土的喷射，以此确保工作面的稳定。另外，途中可设立中间竖井对切削刀头和面板进行检修。

⑥ 掘削地层是砂砾层、砂层、洪积黏土层的互交层，间隙水压高，盾构机须横穿铁道、河流，故选用泥土式盾构。对漂砾的处理措施同前。

思考题

1. 简述盾构选型的原则和依据。
2. 简述盾构选型的方法。
3. 简述盾构选型的步骤。

第四章 盾构施工准备工作

第一节 施工前准备工作

在盾构施工前，应做好施工调查准备工作，全面准确地掌握施工前期的第一手资料，才能选择合理的施工方法，因此在施工前必须详细调查场地条件、工程地质条件、周边环境等，并将调查内容汇总表述在工程纵剖面总体图上。施工总平面图是拟建项目施工的总体布置图。它按照施工方案和施工进度的要求，在业主提供的施工用地范围内，对施工现场的道路交通、材料仓库、材料堆场、临时房屋、大型施工设备、集土坑、拌浆系统、临时水电管线、消防器材等做出合理的规划布置，从而确定施工区域内正确处理施工期间所需各项设施之间的空间关系。

施工前准备工作

一、施工调查

施工前的调查内容如下。

① 具备施工沿线的环境、地下管线、障碍物和地面构筑物的调查报告。

② 当地沿线交通情况。可使用的运输、施工机械的类型、数量、能力、租赁条件和费用；沿线交通运输以及收费情况，特别是关键道路的运输及装卸设备的能力。

③ 施工区段（地点）、地形、气象、水文、劳动力资源情况。长大隧道、高架桥、车站、桥隧群等重点工程的分布情况；当地的降雨、降雪量、冰冻期，风向和风速，年气温的变化情况；可利用的地方劳动力的工种、数量、工效、工资水平等。

④ 拟定项目部所在地，可租用的房屋面积，租赁条件和费用，当地民风习惯等。

⑤ 具备详细的工程地质和水文地质勘察报告，对描述不清晰或者特殊地段的地质和水文补充勘察（方法与详细勘察一致），孔位布设在已有地勘孔位之间，必要时加密布设。

⑥ 在施工前详细调查场地条件、地形地质条件、环境影响、水文地质、地下管线、暗渠、古河道以及邻近建筑等。

⑦ 包含全部施工调查内容汇总的工程平面、纵剖面总体图，配有针对性的问题分析及

技术措施，以及措施对周边环境的影响评估报告。

二、施工用地规划及部署

1. 平面用地范围确定

对业主提供的施工用地，应先进行现场实测实量。根据实测数据绘制出准确的平面用地范围图，然后根据隧道施工的要求，在确定的有限的平面空间内进行施工现场的规划和布置。

2. 施工用地规划

在业主提供的施工场地中，划分出施工用地区域和生活用地区域。考虑到隧道施工属土建工程项目，施工区域扬尘较多，环境不是很好，因此，生活区域与施工区域间最好相隔一定距离，并采取一定分离措施，同时，生活区域尽可能布置在上风口。

（1）施工区域部署

① 施工区域布置依据　包括施工平面图及建筑范围内有关已有的或拟建的各种设施（位置、方式）的设计资料；建设地区的自然条件；建设项目的工程概况、施工方案、施工进度计划，便于合理规划特殊施工机具及材料、构件堆放（储存量）施工场地；各种建筑材料、管片、施工机械、拌浆系统和运输工具需求量一览表，以便规划工地内部储放场地和运输线路等。

② 施工区域布置原则　施工区域的布置应符合施工流程要求，尽量减少各工序之间的干扰；场内施工便道满足车辆行驶要求，运输方便通畅，出入口方便、安全；行车吨位满足施工要求，跨距在场地允许范围内，且管片驳运，材料、土箱的垂直运输便捷，满足基础承载要求，施工费用经济；施工现场用房满足施工需求，且不影响其他施工场地布置；满足安全、防火、劳动保护要求，易燃易爆仓库设置安全，氧气、乙炔分开放置；各类施工材料堆放整齐，取用方便，管片堆场内管片便于调运，场地容量满足施工进度要求；集土坑位置要方便出土和运土，少污染、易清洁；近井点测量标志安全，通视性好；各种生产设施应便于工人生产施工。

（2）生活区域部署　生活区域临时设施包括办公室、车棚（或小型停车场地）、休息室、浴室、厕所、水电配套设施等。生活区域原则上应设置在施工区域以外的地方，如受用地范围的局限，也可采取搭建隔墙等措施进行隔离。

三、现场施工用电及一般要求

隧道施工工地临时供电工作主要包括：计算用电总量、确定电压等级，以及确定导线截面面积、电柜、电箱容量，并进行供电线路设计。

1. 施工用电总量

用电总量一般根据盾构设备负荷与盾构掘进辅助施工设备负荷及生活办公区负荷累加计算而得。表 4-1 是各用电设备视在负荷计算表，表 4-2 是整个施工场地用电总量汇总表。按实际情况填入并计算即可。

表 4-1　各用电设备视在负荷计算表

序号	用电设备名称	设备负荷/kW	同时利用系数	功率因素	视在负荷/(kV·A)
合计			合计		

表 4-2　整个施工场地用电总量汇总表

序号	项目	用电量/(kV·A)
合计		

2. 确定电压等级

① 隧道盾构掘进设备采用高压供电，一般电压等级为10kV。

② 盾构辅助施工设备采用低压供电，一般电压等级为0.4kV、50Hz，三相五线制。其中，盾构掘进机和隧道照明为一级负荷，其他用电设备归为三级负荷。

3. 供电方案

（1）高压部分

① 为确保隧道施工的连续性，盾构高压电源实施双电源配置，分甲、乙两路高压提供，手动切换，在两路电源中任一电源断电应首先保障盾构用电。

② 高配间内的高压开关柜供盾构推进施工用电，用高压电缆从配电间引至盾构掘进机配有的变压器。

（2）低压部分 工地现场的盾构辅助施工设备和隧道内照明和动力由配电间的变压器系统提供。整个施工区域的低压供电系统采用TN-S系统，用电缆从箱式变配电间引至施工场地上使用。

4. 供电线路安排

（1）导线截面的选择

① 选用分相屏蔽高压电缆，应根据盾构掘进机变压器容量及线路载流量和电压损失情况来确定；

② 选用低压电缆，应根据用电设备功率、线路载流量和电压损失来确定。

（2）其他选择与布置 根据现场施工用电设备的分布情况及其功率，进行电柜、电箱的容量、分布及数量的选择与布置。

四、给排水、消防设计

1. 施工现场给水

① 工地供水类型。隧道施工临时供水主要包括生产用水、生活用水和消防用水。

② 工地供水规划。生产用水包括隧道井下施工用水、浆液拌浆用水等。生活用水包括施工现场生活用水和生活区生活用水。一般供水源由业主提供至施工用地边缘，施工单位再根据施工场地布置图中有关用水机械或区域，将水通过管路从供水源输送至用水处。管路的粗细根据用水机械或用水区域用水量来确定。在危险品仓库附近必须设置消防供水管，以备火灾时急用。

2. 施工现场排水

排水类型主要有施工污水排放和生活废水排放。根据有关环境保护条例，施工企业生产废水必须进行处理后才能排入下水管道。由于隧道施工排放水中含泥或含油较多，在排放过程中必须经过沉淀处理和漂浮处理后才能排放。因此，在隧道端头进出井旁应设置明沟，明沟内设置数道沉淀槽和收集浮油装置，确保施工现场排水符合环保要求。同时，在施工区域和生活区域设置地面排水系统，以及时排泄持续下雨或暴雨造成的地面积水，确保施工正常进行。

五、盾构施工的前期准备

1. 始发井土建结构完成

盾构的始发井土建结构完成后方可进行盾构施工，始发井内需预留盾构出洞的洞门，洞圈一般为钢结构，以便安装盾构出洞的止水装置。盾构出洞前洞门应以钢板、钢板桩或地下连续墙围护。

2. 盾构选型

根据隧道所经过的地层、地质及地面构筑物情况、施工进度、经济性等条件进行盾构选型，确定所用的盾构类型（详见第三章）。

3. 管片生产

根据管片设计图纸及技术要求，设计出制造管片钢模的图纸，加工钢模，然后进行管片生产。由于管片钢模加工工艺复杂，故加工周期较长。在盾构出洞之前，必须生产一定数量的管片，以满足施工需要。

第二节　技术准备工作

一、工程概述

工程概况是对拟建工程整体的一个简要、突出重点的文字描述。其主要内容包括工程项目的地理位置、主要的工程量、工程主体结构的形式（包括连接形式）、防水防腐材料的性能、隧道的轴线状况、沿线的主要构筑物（包括管线）及道路交通状况、主要的施工进度及工程节点等。为弥补文字叙述的不足，一般需辅以工程的平、剖面简图，图中注明隧道长度、经过的道路、重要构筑物和盾构掘进机进出洞的时间等。

1. 工程信息的来源

工程概况的描述必须简洁、明了，信息来源必须真实、可靠，一般工程信息主要从以下几方面取得。

（1）文件资料　主要有招投标文件和其他相关资料（包括招标文件地质勘探报告管线勘探报告、技术指标书、前期的工程商洽记录和设计变更等）。

（2）施工现场详勘　通过施工现场的详细探勘、测量，掌握施工现场的具体情况，包括施工现场的用地范围、四周的交通状况、施工用电、用水的接驳点，隧道所经区域的地面道路、管线、建筑物的结构和走向，以及与隧道的相互几何位置关系等。

现场详勘结合有关工程文件资料，使工程总体筹划，特别在施工总平面设计等方面更具真实性和实用性。

2. 工程概况主要描述对象

① 工程量。工程量是指项目施工的主要工作量。隧道施工项目的工程量一般包括隧道推进长度、出土量和注浆量等。有的工程项目还有相关附属工程，如旁通道、风井等。

在项目工程总体筹划中，必须对工程的主要工程量进行简要明确的描述。

a. 隧道推进长度：主要根据招投标文件的描述或隧道剖面图、隧道管片排片图、隧道设计轴线中注明的隧道进出洞里程差，推算单线隧道的推进长度。总推进长度就是所有隧道推进长度的总和。

b. 出土量：在盾构推进工程中每环掘进所产生的土量及整项工程所产生的土量总和。

c. 注浆量：根据盾构掘进与管片之间的空隙及土体对浆液的吸收和流失所确定的每环和整个工程所需的浆液量。主要是指同步注浆和壁后注浆，一般同步浆液量按建筑空隙的140%～250%计算；壁后注浆量按实际情况确定。

d. 旁通道：旁通道的断面尺寸、长度，有无泵房及地基加固形式等。

e. 风井：风井的平面尺寸、深度、壁厚等。

　　② 工程主体结构形式。主要指隧道的断面尺寸、隧道的壁厚、单环管片的宽度、连接件的数量、橡胶密封垫的形式和管片的拼装方式等。

　　③ 隧道轴线。主要指隧道的平面和竖面线路的组成和走向。包括平面线路的直线段、缓和曲线段、E 曲线段；竖面线路的直线段与竖曲线段，及各自长度、曲线曲率半径等。

　　④ 沿线主要构筑物。主要指盾构推进过程中，在影响范围内所涉及的有关地面建筑物、管线、道路及其他构筑物。

　　⑤ 主要施工进度。指根据业主对施工进度的有关要求和投标文件对施工进度的有关承诺，结合工程现状条件，对主要施工节点进行的描述。

　　⑥ 除上述需描述的工程量外，还需对选用的盾构类型等进行描述。

二、工程地质及分析

　　地下工程，特别是隧道施工，整项工程都在地下进行，具有非常大的不可预见性和风险性。盾构在地层中运动，必定受到各土层物理性质的制约和影响。因此，对于盾构工作区域内的地质状况的了解和分析，是确保工程项目顺利进行的有力保证。

　　由于每项工程所穿越的地层都不一样，各层土层的特征和物理指标也都大不一样，对盾构施工的影响也各不相同，在施工过程中所采取的技术措施也应有所不同。在工程总体筹划中必须根据隧道沿线的地质勘探报告，明确隧道覆土状况，罗列所经区域的各土层特性（按要求填入表 4-3）和物理指标（表 4-4），并加以整理、分析。对有关影响盾构施工的土层应制订详细有针对性的技术措施，确保盾构能在该土层中穿越。

表 4-3　盾构穿越的各土层特性

层号	土层名称	层厚/m 最小值～最大值	层底高程/m	颜色	湿度	状态	密实度	压缩性	土层特征

　　对于软土隧道施工，盾构遇到以下情况时应提高警惕，在施工中应采取一定的技术措施，确保施工质量和施工安全。如盾构在砂性土（砂质粉土）中施工，特别是盾构在全断面砂性粉土中施工时，若使用土压平衡盾构，必须采取加泡沫或膨润土等土体改良技术措施保障体系，以确保员工的生命安全和财物安全。

　　安全目标制订后，必须自上而下层层分解，明确到项目组、各个部门、各个岗位，认真贯彻"专管成线，群管成片，纵向到底，横向到边"，确保每个员工正确理解，并明确目标要求，使每个施工人员树立以"预防为主"的安全生产意识。

表 4-4　盾构穿越土层的各土层主要物理指标

土层名称	颗粒组成						含水率 ω /%	湿密度 ρ /(g/cm³)	相对密度 G
	0.25～0.5 mm /%	0.075～0.25 mm /%	0.05～0.075 mm /%	0.01～0.05 mm /%	0.005～0.01 mm /%	<0.05 mm /%			

土层名称	孔隙比 e	液限 ω_L /%	塑限 ω_P /%	塑性指数 I_P	液性指数 I_L	直剪固块峰值		压缩系数 $\alpha_{0.1\sim0.2}$ /MPa⁻¹	压缩模量 $Es_{0.1\sim0.2}$ /MPa	标贯击数 $N_{63.5}$ /(次)	比贯入阻力 Ps /MPa
						内聚力 c /kPa	内摩擦角 φ /(°)				

续表

土层名称	无侧限抗压强度		灵敏度 S_t	静止侧压力系数 K_0	直剪块剪		三轴不固结不排水剪		十字板试验	
	原状土 q_u /kPa	重塑土 q_u' /kPa			内聚力 c /kPa	内摩擦角 φ /(°)	内聚力 c_u /kPa	内摩擦角 φ_u /(°)	峰值强度 $(C_u)_v$ /kPa	剩余强度 $(C_u)_v'$ /kPa

三、工程进度目标

制订切实可行的施工进度目标是工程控制管理的又一重点。在项目开展前，必须了解整项工程的工程概况、工程量及工程特点，结合隧道施工工艺和工期的总体要求，制订合理、有效、可行的施工总体计划。在施工过程中，努力实现合理筹划、组织施工劳动力，合理调配工程材料和施工材料，在工程环境允许的情况下，进行施工工序的合理搭配，采取先进、有效的施工技术，控制施工进度。

隧道施工控制的主要进度节点为项目开工日期、盾构出洞日期、隧道贯通日期、施工竣工日期等。

1. 施工前期合理组织、精心准备

施工进度计划中最主要、最重要的是盾构出洞日期和隧道贯通日期。为确保盾构如期安全、顺利出洞，在施工前期应精心组织施工力量，充分做好前期施工准备工作。

① 各类施工用电、用水配置到位；
② 盾构基座设计合理，及时安装，准确定位；
③ 盾构掘进机全面调试，确保机械运转状态良好；
④ 选择合适的地基加固方法，满足盾构出洞要求；
⑤ 建立完善的满足施工运输要求的运输系统等。

2. 材料的合理调配

材料的合理调配也是确保工期的有效手段。材料进场要严格按计划执行，且应确保质量；制订严密的施工计划并进行及时调整，最大限度发挥人员、材料、设备等的作用。

3. 材料的选定应符合工程的实际情况

所有进场工程材料的性能指标均应满足设计或甲方要求。为避免发生因工程材料的材质或加工的质量问题而导致工程返工的现象，应定期组织技术人员对管片、连接件、防水材料、注浆材料等生产厂家进行相关材料的质量抽检，根据有关复试要求，送当地有检测资质的部门进行复试；同时，反馈相关材料在工程中使用的情况，及时处理相关材料在施工中易出现的问题。

4. 制订高效、合理的工作流程，严格控制各关键点的施工周期

根据工程的特点，制订严谨、切实可行的施工计划，并根据实际完成的情况及时调整施工节点计划和要求，为实现工程最终的总进度计划服务。

5. 上、下道工序衔接和协调

上、下道工序衔接做到紧密联系，上道工序的施工应为下道工序的施工创造条件，协调并促使施工中上、下道工序良好合作，良性循环，使各工序之间起到承上启下的相互促进作用，从而进一步使施工工期得到有效保障。

四、施工进度计划内容

施工现场各项施工活动是施工总进度筹划在实践上的体现。编制施工总进度计划就要根据施工方案和工程项目的开展程序,对工程项目作出时间上的安排。

施工总进度筹划的作用在于确定各项工序施工项目、准备工作、工程的施工期限及其开工、盾构进出洞和竣工日期,从而确定劳动力、材料、施工机械等的需求数量和调配情况,以及现场临时设施的数量、水电供应数量等。因此,正确地编制施工总进度计划是保证各项目及其整个建设工程如期交付使用,充分发挥投资效益,降低施工成本的重要条件。编制施工总进度计划的基本要求是:保证拟建工程在规定的期限内完成,确保施工的连续性和均衡性,节约施工费用。

五、施工总进度计划编制

隧道施工总进度计划编制的步骤如下:

(1) 确定施工程序并列出工程项目一览表 施工总进度计划主要起控制总工期的作用,因此,必须先确定施工程序,再按工程进展顺序列出,并突出各重点工序。一些附属项目及临时设施可以合并或穿插列入工程项目一览表。

(2) 确定工程项目施工期限 盾构隧道工程由于其特殊的施工环境和施工要求,必须对盾构施工区域的地质水文条件、地下管线、地面构(建)筑物、现场施工条件等影响施工进度的因素加以考虑和确定,依此来确定施工机械的类型、施工设备的配置等。此外,可参考类似施工经验确定盾构推进速度,结合拟建工程确定施工期限。

(3) 安排施工进度 施工中进度计划以前常用横道图和网络图表达。近年来,随着计算机技术不断推广与普及,计划编制软件不断更新,采用 Project 软件编制施工进度计划(可以是总进度计划,也可以是分项工程施工进度计划)已经较为普遍。用有施工层次与时间标注的 Project 软件编制施工进度计划,比横道图和网络图更加直观、明了和方便,也可以表达出各工序间的依属关系和逻辑关系。同时,由于可以应用计算机计算、输出和传输,更便于对施工进度计划进行调整、优化,甚至编制详细的分项工程的施工进度计划。

六、施工总进度计划调整与修正

施工总进度计划编制完后,当由于开竣工日期的变更或工作量变更,或在施工过程中遇到其他施工前不可预见的施工风险或分析偏差(实际施工进度快或慢)而对后续作业和总工期产生影响时,需对编制的施工总进度计划进行调整与修改。

七、技术资料准备

(1) 熟悉施工图纸和有关的设计资料 学习工程建设单位提供的工程设计图纸和有关的地质资料、施工验收规范和有关的技术规定,充分了解和掌握设计意图、结构特点和技术要求,在开工前或分项工程实施前应有设计单位进行设计交底。

(2) 编制施工组织设计 编制施工组织设计是施工准备工作的重要组成部分,要根据隧道施工的特点,确定各个关键工序的施工技术,合理地布置施工场地,科学地制订施工方案。在隧道施工组织设计中,必须明确以下工序:

① 施工现场总平面布置;

② 盾构基座及后靠布置形式；
③ 盾构出洞时洞门密封的方式；
④ 盾构出洞地基加固方式；
⑤ 材料垂直、水平运输的方式及隧道断面布置；
⑥ 盾构推进的方案、工艺流程；
⑦ 隧道注浆方法及控制地面沉降的技术措施；
⑧ 经过特殊路段的施工技术措施；
⑨ 盾构进洞地基加固方案及盾构进洞方案；
⑩ 测量方法等。

编写规范的施工组织设计还应包括以下内容：
① 组织管理体系；
② 质量标准及质量保证措施；
③ 安全生产措施；
④ 文明施工措施；
⑤ 工程用料及施工用料使用计划；
⑥ 劳动力使用计划；
⑦ 施工进度计划。

第三节　设备材料准备工作

通过对工程前期的了解，结合项目工程的特点，制订出工程总进度计划后，就可着手编制各种主要资源的需求计划。

设备材料
准备工作

一、综合劳动力和主要工种劳动力计划

综合劳动力需求计划是确定工程规模和组织劳动力进场的依据。编制时应根据工程的工艺流程和相应各工序施工所需专业工种劳动力数量，及各工序施工的持续时间，得到工程施工主要工种的劳动量及各阶段施工所需专业工种的劳动力数量。对于附带、附属工程，应将工程施工的专业工种人员在该施工段时间内与隧道施工专业工种人员数叠加。劳动力需求计划按实际填入表 4-5。

表 4-5　劳动力需求计划　　　　　　　　　　　　　　　　（人）

工种	20××年											
	1月	2月	3月	4月	5月	6月	7月	8月	9月	10月	11月	12月
总计												

二、施工机械需求计划

根据隧道长度、盾构直径、管片长度、单次运输量等确定施工机械的规格，结合施工速度计划编制施工机械需求计划。施工机械需求计划可填入表 4-6。

表 4-6　施工机械需求计划

序号	机具设备名称	规格型号	数量	来源			使用时间	备注
				自备	租赁	新购		

注：机具设备名称可按掘进机械、垂直运输水平区域、土方、金属加工、消防、测量等机具设备分类填写。

三、构件、材料需求计划

根据工程总量确定构件、材料的需求量，然后结合施工进度计划及单环施工用料确定每月构件、材料的需求量。工程用料及使用计划可填入表 4-7。

表 4-7　工程用料及使用计划

材料名称	单位	每环用料	使用计划(20××年)												合计
			1月	2月	3月	4月	5月	6月	7月	8月	9月	10月	11月	12月	

四、生产物资的准备

生产物资主要包括材料、构件、施工机械。

① 材料的准备主要是根据图纸和施工组织设计的有关要求，按施工进度、材料名称、规格、数量、使用时间、消耗量编制出材料需求计划，组织货源、运输、存储、现场堆放，保证施工顺利进行。

② 构件的准备主要指管片的预生产，并落实运输、堆放，保证按时按量供应。

③ 施工机械的准备，根据所采用的施工方案、施工进度，确定施工机械的类型、数量、进场时间、运输及安装方式、放置的位置等，编制施工机械的需求计划，保证施工顺利进行。

五、劳动力的准备

根据施工组织设计中所确定的劳动力使用计划，组织劳动力进场，根据需要对施工人员进行相关的技术培训，同时进行安全、消防和文明施工等方面的教育，安排好职工的生活，向施工人员进行技术交底和质量交底，保证施工质量和进度。

六、施工现场准备

1. 拼装式盾构工作井

作为拼装式盾构的工作井，其建筑尺寸应满足盾构拼装、拆除的施工工艺要求，一般井宽应大于盾构直径 1.6～2.0m，井的长度（盾构推进方向）要考虑到盾构设备安装余地，以及盾构出洞施工所需最小尺寸。

2. 盾构基座

盾构基座设置于工作井的底板上，用作安装及搁置盾构，更重要的是通过设在基座上的导轨，使盾构在出洞前就有正确的导向。因此，导轨要根据隧道设计轴线及施工要求定出平面、高程、坡度来进行测量定位。

盾构基座可采用钢筋混凝土结构（现浇或预制）或钢结构。导轨夹角一般为 60°～90°，

图 4-1 所示为常用的钢结构基座。盾构基座除承受盾构自重外，还应考虑盾构切入土层后，进行纠偏时产生的集中荷载。

3. 反力架（后盾）

在工作井中盾构向前推进时的反力要靠工作井后井壁来承担，因此在盾构与后井壁之间要有传力设施，此设施称为后座。后座通常由隧道衬砌、专用顶块、顶撑等组成。

后座不仅是盾构推进反力的承载构件，还是垂直水平运输的转折点，所以后座不能是整

图 4-1 钢结构基座

环，应有开口以作垂直运输通道，开口尺寸需按盾构施工时进出设备、材料最大尺寸决定。第一环为闭口环，在其上部要加后盾支撑，以保证盾构推进力传至后井壁。

由于工作井平面位置的施工误差将影响到隧道轴线与后井壁的垂直度，为了调整洞口第一环管片与井壁洞口的相交尺寸，所以后盾管片与后井壁之间需留有一定间隙，待位置调准后再采用混凝土填充间隙，以使盾构推进力均匀地传给后井壁，也为拆除后盾管片提供方便。

4. 人行楼梯和井内工作平台搭设

在盾构出洞阶段施工期内，因还没有形成长隧道，盾构设备无法按正常布置，需有一个施工转换过程，在此过程中设备放在井内，需在井内设置施工平台以放置各种设备，并应在合理位置安装上下楼梯，以供施工人员进出作业面工作。

5. 盾构施工地面辅助设施

为了确保盾构正常施工，根据盾构的类型和具体施工方法，配备必要的地面辅助设施，具体如下。

① 做好施工场地的控制网测量，保证施工质量。

② 做好"三通一平"，根据施工组织设计中的平面布置，设计施工围墙、场区道路、管片堆场，铺设水管、电缆、排水设施，布置场地照明等。

③ 要有一定数量管片堆放场地，场内应设置行车或其他起吊和运输设备，以便进行管片防水处理，并能安全迅速地运到工作面。还可根据工程或施工条件，搭设大型工棚或移动式遮雨棚，还应设置防水材料仓库和烘箱。

④ 拌浆间用于拌制管片壁后注浆的浆体，并配有堆放原材料的仓库。

⑤ 配电间应有两个电源的变电所供盾构施工用电，且两路电源能互相迅速切换，以免电源发生故障而造成安全事故。

⑥ 充电间用于井下电机车的蓄电池充电，应配备电瓶箱吊装设备，充电量要满足井下运输电箱更换所需，对充电间地坪等设施应作防硫酸处理。

⑦ 空压机房。若采用气压施工，应设置提供必要用气量的空气压缩机和储气筒，管路系统要安置有符合卫生要求的滤气器、油水分离器等设备，并有两路电源以保证工作面安全。

⑧ 水泵房。若采用水力机械掘进、水力管道运土或进行井点降水措施的工程，应于水源丰富处设水泵房。

⑨ 地面运输系统主要通过水平、垂直运输设备将盾构施工所需材料、设备、器具运入工作井的井底车场。运输系统的组成形式较多，如垂直运输可采用桁车、大吊车、电动葫芦

等起重设备，水平运输由铲车、汽车、电瓶车及其行驶道路等构成。根据施工现场的实际条件，结合所配备的起吊机械、运输设备组成较理想的盾构施工地面运输系统，将工作井、管片防水制作场地、拌浆间、充电间等连成一线，并合理确定行车的数量，实现水平和垂直运输互为一体的系统。

⑩ 盾构出土配套设备。盾构施工掘进是主要工序之一，所以出土设施对盾构施工是至关重要的。干出土可采用汽车运输，只要配有一定空间的集土坑来堆放土体即可，以不影响井下盾构施工为度。水力机械掘进运土，需要有合适容量的沉淀池。对泥水盾构还应考虑泥浆拌制及泥水分离等设施。

⑪ 其他生产设备一般包括油库、危险品仓库、设备料具间、机械维修间等设施。

⑫ 通信设备。隧道施工工作线较长，所以各作业点之间通信必不可少。目前通信多采用电话。井下使用的电话必须是防潮、防爆的，在气压施工闸墙内外还需有信号联系。

⑬ 隧道断面布置主要考虑隧道施工时的水平运输，按车架及载行的管片、土箱等净空要求，以及轨枕的高度、轨道的轨距等主要尺寸，进行横断面布置。对于水力机械出土的盾构来说，隧道断面布置还必须考虑进出水管的布置及接力泵的安装部位，方便管路接头，便于搬运和固定。上述所有装置不得侵入轨道运输的界限。人行通道所用的走道板宽度要大于50cm，与电机车的安全距离大于30cm，净空高度大于1.8m。隧道断面还要布置隧道的照明及其供电盾构动力电缆、通风管路及接力风机、隧道内清洗及排污的管路等。

⑭ 车架转换。由于工作井空间较小，车架不能一次到位，需要采取车架转换措施，即盾构出洞阶段车架与盾构的分离，通过转换油管、电缆等连接车架与盾构，待盾构推进一段距离，隧道内能容纳车架长度时，再拆除转换管路，将车架吊入隧道与盾构相连，达到正常施工的状态。

⑮ 井底车场的布置。待盾构出洞，推进一定距离后，当管片与土体的摩擦力能平衡盾构的推进反作用力时，即可拆除后盾支撑和后盾管片，利用井内的空间在井底形成一个井底车场，通过搭建平台、铺设双轨等措施来提高水平运输的能力，加快施工进度。

思考题

1. 简述盾构施工前准备工作内容。
2. 简述盾构施工的技术准备工作内容。
3. 简述盾构施工的设备材料准备工作内容。

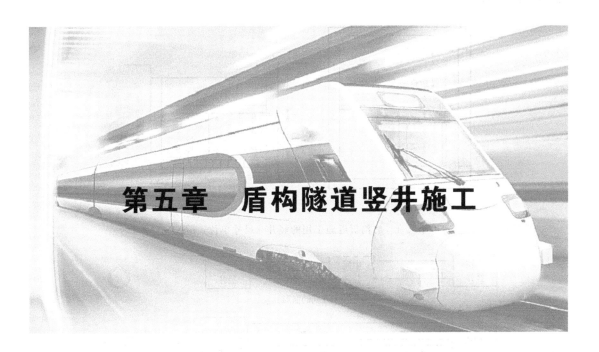

第五章 盾构隧道竖井施工

第一节 盾构竖井的分类

盾构竖井
的分类

一、竖井的一般要求

采用盾构施工时，一般需在盾构掘进的始端和终端设置工作井（又称为竖井），在隧道竣工后，井多被用作地铁车站、排水、通风等永久性结构。竖井一般都设在隧道轴线上，施工方法多种多样。

竖井的平面净尺寸必须满足下述各项要求。一般情况下在盾构两侧各留 1.5m 作为盾构安装作业的空间。盾构的前后应留出洞口封门拆除、初期推进时出渣、管片运输和其他作业时所需的空间，始发竖井的长度应大于盾构主机长度 3.0m。接收竖井宽度应大于盾构宽度 1.5m，长度应大于盾构主机长度 2.0m。

根据盾构的安装、拆除作业以及洞口与隧道的接头处理作业等需要，确定洞口底至竖井底板顶面的最小高度。

从理论上来说，井壁预留洞口大小略比盾构的外径大一些即可（盾构外径含外壳凸出部分），但考虑到井壁洞口的施工误差、隧道设计轴线与洞口轴线间的夹角、密封装置的需要，需留出足够的余量。

采用 1 台盾构施工的双线隧道，其始发竖井、接收竖井可以为同一个竖井，如图 5-1 所示。

二、竖井分类

1. 按竖井的使用目的分类

从起点向终点用盾构施工或者 NATM 施工掘进隧道的场合下，竖井有如图 5-2 所示的两种形式。竖井按其使用目的可分为始发竖井（也称进洞竖井）、接收竖井（出洞竖井或到达竖井）、中间竖井（包括变向竖井、换刀检修竖井等）。

（1）始发竖井　始发竖井即始发盾构的竖井，需从地表把盾构的分解件及附属设备搬入

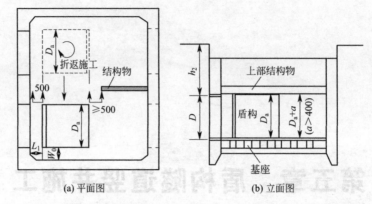

图 5-1 盾构折返施工用的竖井（尺寸单位：mm）

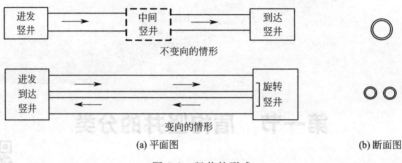

图 5-2 竖井的形式

进发竖井，然后在井内组装盾构，设置反力装置和盾构进发导口。始发竖井的另一个功能是作为运输存放盾构在始发掘削中需要的各种器械及材料的基地。也可以说，始发竖井及其周围的场地是一个停放出土设备、起吊设备、管片编组、各种机电设备、背后注浆设备、原材料等的场地。

在用地无限制的情况下，从功能上讲，始发竖井越大越好。但是，竖井越大其成本也越高，故通常以满足所需最小功能为条件确定其内空尺寸。但是，也不能机械地按上述功能条件的计算结果确定尺寸，还必须考虑作业人员的作业空间的余度和作业安全、盾构隧道覆盖土层的厚度、进发方法等多种因素。通常确定始发竖井尺寸的方式如图 5-3 所示。

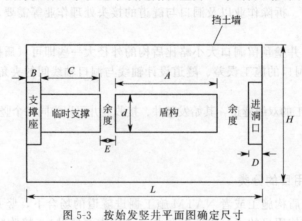

图 5-3 按始发竖井平面图确定尺寸

$$L=A+B+C+D+E=A+(3.5\sim5)\text{m} \tag{5-1}$$
$$H=d+\Delta d=d+2\text{m} \tag{5-2}$$

式中　　L——始发竖井的长度，m；

　　　　A——盾构的长度，m；

　　　　B——反力支撑座的厚度，m；

　　　　C——临时支撑的宽度，m；

　　　　D——进发导口的厚度，m；

　　　　E——作业余度，m；

　　　　H——进发竖井的宽度，m；

　　　　d——盾构的宽度，对圆形盾构而言为外径，m；

　　　　Δd——宽度余度，m。

在用地有限制时，若用地尺寸刚刚满足最小功能条件，即满足式(5-1)和式(5-2)的条件时，可考虑把竖井内空竖向分成 n（2 或 3）层，以便满足存放设备、材料场地的需求。

（2）接收竖井　两条盾构隧道的连接方式，有接收竖井连接方式和两台盾构彼此地下对接两种。其中，地下对接方式仅在对接部位处于水中（水中筑造竖井难度大）或地表无法安排竖井用地的特殊情形下选用，通常是采用接收竖井的连接方式。

通常盾构的布设间隔多定在 1000m 左右，该距离不仅适用于盾构的掘削能力（刀具寿命），隧道和地表的连通（例如：人孔、通风孔、阀箱、站等的设置距离），也多选用该距离。因此，盾构的接收竖井不仅起盾构洞道的连接作用，同时还可在该竖井中设置上述设施，这种一井多用的情况很多。到达竖井的大小，不仅要考虑接收盾构的场地大小，还应考虑安装上述各种设施的空间，选取两者中较大的数据。另外，还必须满足到达竖井的内空宽度（即与盾构轴线垂直的方向）比盾构的外径大的条件。

（3）中间竖井　对路线中途改变掘进方向的竖井称为中间竖井或旋转竖井，其功能是用来改变隧道的方向。随着近年来小曲率半径急弯施工技术的进步，中间竖井的需求正在减少。

由于盾构要在旋转竖井内实现到达、始发，所以到达方向的内空尺寸及进发方向的内空尺寸均应满足图 5-3 中的尺寸要求。当不能用吊车旋转大口径盾构时，需在竖井内用千斤顶旋转盾构，所以必须充分地考虑盾构旋转的空间。通常，旋转竖井的长度定为盾构对角线的长度＋余度（1m）。

此外，一些下水道的合流点、电力线的接合点等位置均需设置中间竖井，但是这些设施竖井的大小完全取决于设施的大小。

2. 按竖井断面形状分类

竖井断面形状是指水平断面形状和竖直断面形状，大致有图 5-4 所示的几种。竖井的形状与竖井的深度、大小、挡土墙的形式及支撑挡土墙的方式等因素有关。从内空利用率方面看，圆形最差，矩形最好；而从构筑物的刚性方面看，圆形最好（表 5-1）。例如，深井的情形下，首先考虑的就是竖井总体构造的刚性，显然圆形最有利。如把挡土墙做成刚性好的混凝土地下连续墙，且使用圆形支撑，则井的内空稳定性最好。有时为了节约用地可把几个进发、到达工序安排在一个竖井内，此时竖井的形状多为矩形或非圆形的其他形状。总之，竖井的形状应根据使用目的确定。

3. 按构筑工法分类

竖井的构筑工法如图 5-5 所示，大致上可分为挡土墙开挖工法、沉井沉箱工法、球体盾构工法三大类。

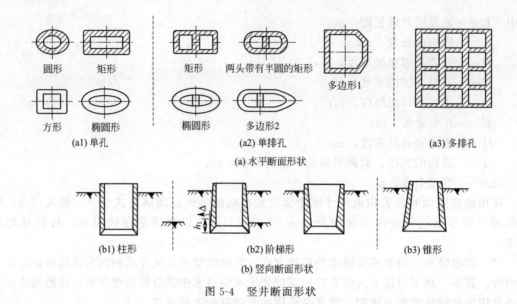

图 5-4 竖井断面形状

表 5-1 竖井平面形状的优缺点

平面形状	优缺点
圆形	内空利用率差,刚性好,适用于大深度,大口径
正多边形	内空利用率差,刚性好,适用于大深度,大口径
矩形	内空利用率好,成本低,刚性差,适用于浅井,小口径
其他多边形	可把几个井合并为一个井,节约用地,降低成本

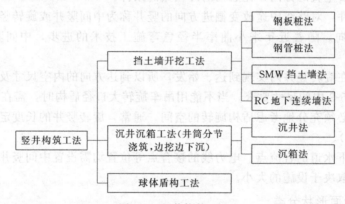

图 5-5 竖井构筑工法

(1) 挡土墙 作为竖井的挡土墙,因竖井属深开挖大型构筑物,故多数情况下使用地下连续墙和钢管桩等刚性高的墙体。近年来 SMW 墙因成本低,应用实例也在增加。因地层状况、地下水等因素的不同,通常按地下 30m 处可以确定其止水性的要求选用挡土墙。另外,因竖井属深开挖工程,所以必须确保预定竖直精度问题。同时,市区施工时,作业用地受到限制,为此,施工前必须充分研讨使用的机械、施工顺序,选定满足施工条件的挡土墙。

(2) 支承 为了确保作业空间,挡土墙支撑的水平、竖直间隔都较大。支撑构造的配置必须同时满足施工性和安全性的要求。

(3) 开挖 竖井的开挖与一般的开挖工程不同,它是在狭窄的筒形空间内的独立的深开挖。因此,周围的地下水向井内集中是必然的,所以开挖前必须制订好防止涌水的措施,开挖中容易出现的现象见图 5-6。

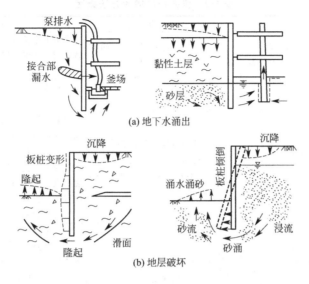

图 5-6 开挖中容易出现的现象

（4）井筒构筑　在把竖井作为盾构水平推进的作业基地利用时，作为永久构筑物必需的隔板和承柱，必须在盾构进发后构筑。构筑时也必须把作业空间控制到最小，其余构件应在盾构掘进的同时进行构筑。

第二节　盾构竖井构筑

一、竖井构筑中的地层加固

盾构竖井构筑

1. 需要加固的部位

（1）井底地层加固　由于竖井底面地层承受地下水的上拱压力作用，故当开挖深度较深、地下水位较高时，竖井底面地层可能出现隆起（对砂地层来说会出现涌水、涌砂；对黏土地层来说会出现隆起），给施工带来麻烦或者根本无法进行施工。为此必须对该部位进行加固，提高地层的抗剪强度和止水能力，以防隆起现象的发生。

（2）盾构始发口、接收口井壁外侧地层加固　当竖井对应盾构始发口、接收口部位的壁材为盾构刀具不可直接掘削时，盾构进洞、出洞前必须把该部位的壁体拆除。由于构筑竖井时井壁外侧土体已经受损松动，加上拆除作业中的震动，井壁外侧土层松动加重。且拆除后到盾构大刀盘贴到土层尚需一段时间（一般为几天），这段时间内，外侧土层失去支撑，仅靠土体自身的部分黏聚力维持平衡。若井壁外侧的水平作用水压、土压大于土体自身的抗剪强度（对软土地层来说容易出现这种现象）时，即刻出现塌方和涌水，进而导致周围地层变形、地表沉降、地中构筑物与埋设物受损，严重时使其抗剪强度和止水能力丧失，所以必须对其进行加固。

2. 加固方法

竖井构筑中的地层加固方法如表 5-2 所示。可根据地层状况、地下水位的高低及竖井形状、尺寸、开挖深度和开挖方法等要求，切实地选择加固方法（图 5-7）。

表 5-2 竖井地层加固方法概括

工法			作用	适用状况	注意事项
降低地下水位法	集水排水法；井点地下水位降低法；深井地下水位降低法		降低地下水位	开挖稳定，作业空间充裕，适应深度几米到十几米；地下水位降低，地表沉降	①地下水位降低法适应地层范围较宽，从砂层到砂质淤泥层均可使用；②深井地下水位降低法适于渗水性好的地层（砂、砾层）使用；③利用观测井观测周围地下水位下降状态
固结工法	化学注浆法	单液型双重过滤管法；双液型双重过滤管法；双层管双栓塞法	止水；提高地层的强度；防止地层变化	简便，成本低；适用于中小竖井，可靠性差，加固强度不高，深度不宜太深，20m 左右	①必须根据注入地层选择适合注入的工法和注入材料，并制订注入计划；②必须进行效果检查，特别是范围检查；③为了防止发生原有构物的隆起、移动、裂纹流入注入材料等事故，必须认真调查和进行施工管理；④必须时刻注意对周围环境的影响程度
	深层混合处理法	机械搅拌法		与化注法相比，可靠性好，适用深度可达 30m	①在采用底层止水加固和先期地中梁的场合下，应特别留心底板与挡土墙、地中梁与挡土墙的密实性，以及加固体的连续性；②因为伴随固化材的输入，可能对周围的地层带来影响，故必须对施工方法和具体施工进行讨论；③因为加固体的强度及起伏取决于固化材供给量和搅拌混合程度，所以，必须加强施工管理；④因为喷射搅拌工法是利用切削向空隙中填充固化材的方法，所以必须设置排泥处理设备，并做副产品处理
		JST 工法；DJM 工法；CDM 工法；其他工法			
		喷射搅拌法		可靠性好，深度可达 70m 以上；成本高	
		JSG 工法；CJG 工法；RJP 工法			
防渗墙法	地下连续墙法（壁式、排柱式）；板桩法（钢板桩、钢管桩）；其他工法		止水	可靠性好，成本低	①对挖槽工序实施画面监控；②选用低热水泥，防止墙出现裂纹；③接头部位使用膨胀水泥；④拔桩后进行化学注浆
冻结法			临时性止水，提高地层的高度	加固效果（防渗、强度）快、好，加固均匀性好；工序复杂成本高，解冻后沉降大	①用测温法、热电偶法、超声波法测定冻土厚度；②就淤泥层和黏土层来说，地层冻结时，容易出现地表冻结隆起及解冻沉降，应钻孔把冻土上面的土抽出，防止冻胀，解冻后进行化学注浆填充，防止沉降

当要求确保开挖稳定及底面上的作业空间充裕时，多选用降低地下水位的方法。但是该方法适用的深度不深，通常约为几米到十几米；对加固深度 20m 左右的中小型竖井而言，从施工性和加固强度方面考虑，多采用化学注浆法和深层混合处理法。对化学注浆法来说，存在注入范围的可靠性差、均匀性差、加固强度不高的问题，若加固深度较深时加固效果更差，且存在污染环境的可能性，故近年来较少使用。深层混合处理法虽然加固深度也不能过深（一般在 30m 以内），但加固范围、加固效果的可靠性较化学注浆法要高得多，且固结强度较高（一般在 1MPa 以上），所以目前施工应用较多。冻结法适用于大深度（可达 30m）、大水压的止水、防坝加固，加固范围均匀，可靠性好，特别适于始发口、到达口部位的加固。其缺点是工序操作复杂，成本高，解冻时地层沉降大。

3. 加固范围的确定

（1）井底加固范围 当井底预定挖掘线以下的地层为砂质土时，应先按太沙基法对未加固的地层进行讨论，看其是否会出现涌砂，若是，则应对井底地层进行加固。为防止涌水、

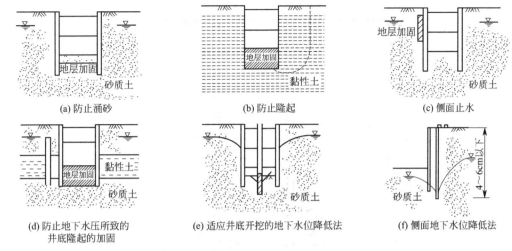

图 5-7 构筑竖井的地层加固

涌砂事故，加固需全面铺开，若加固体形状为柱体，水平断面与竖井水平断面形状相同，柱体的厚度即为加固厚度。这里就以下三个方面求取加固厚度，并把其中的最大值记作真正的加固厚度。

① 降起力决定的地层的加固厚度；
② 剪切应力决定的地层的加固厚度；
③ 抗弯应力决定的地层的加固厚度。

井底下方地层为黏土时，可用对应隆起的各种公式进行计算，以确定加固厚度。

（2）盾构始发、到达口外侧加固的范围　砂质土中，要求加固体在竖井壁被掘开后能自立和止水，可把加固体看成是周围自由支撑的硬质盘体。盘体的中央部位是一个与盾构直径相等的圆盘，称为中央圆盘。加固体竖向高度等于圆盘上拱顶点到加固盘体上拱顶点的距离与圆盘下拱腹点到加固盘体下拱腹点的距离之和。

二、工程实例

1. 工程概况

某竖井是直径 6.5m 和直径 3.5m 两条下水道干线盾构隧道到达竖井。竖井参数如下：圆形断面内径 11.8m、壁厚 1.2m、深 42m。采用钢制地下连续墙法构筑。墙体的挖掘深度 52m，墙面面积 2131m^2，NS-BOX 高 900mm，NS-BOX 的用量为 1067t。竖井的尺寸构造示意图见图 5-8。该竖井位于居民区内，其中道路宽 11m，外加一个约 33m 的正方形作业场地。作业场地平面图如图 5-9 所示。

2. 结果对比

这里的结果对比是指钢制地下连续墙与 RC 连续墙的对比。

（1）薄壁化　挡土墙上作用的扭矩为 4200kN·m，若采用 RC 连续墙，则壁厚不得小于 2.2m；采用钢制地下连续墙，则壁厚仅为 1.2m，这样竖井外径可缩小 2m，为此，征地费用大为降低。

（2）施工场地缩小化　若选用 RC 连续墙工法，则作业场地面积不得小于 2400m^2，选用钢制地下连续墙时作业场地仅为 1000m^2，显然场地面积缩减了 58%。由于场地面积的缩

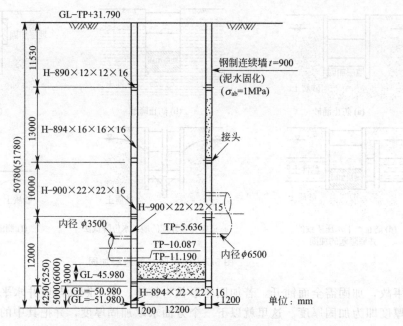

图 5-8 钢制连续墙竖井尺寸构造

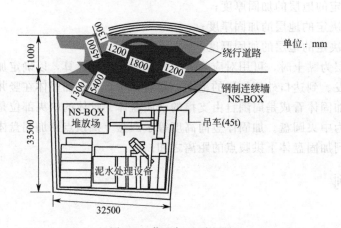

图 5-9 作业场地平面图

减,从而确保了绕行道路的用地,把对交通的影响控制到最小。

(3) 省力化 当选用 RC 连续墙工法时,因为断面是圆形,所以要想使钢筋笼的曲率与沟槽的曲率完全重合极其困难,故断面多为多边形。而选用钢制地下连续墙工法时,因为芯材接头的长度内外两侧均可调节,较易做成圆形断面。另外,给原位搅拌加固井壁接头保护板等端部处理工作也带来方便。

三、竖井的构筑方法

盾构竖井施工多采用沉井和挡土墙围护。沉井施工有排水下沉、不排水下沉和气压沉箱等工法。挡土墙围护有钢板桩、柱列桩和地下连续墙工法。

由于沉井的工程造价较低,当附近的地表沉降控制要求不很高、开挖深度较浅时,竖井应尽量采用沉井方案。适宜采用沉井法施工的竖井开挖深度 H,应视地质条件而定。如为容易产生流沙的砂质粉土、粉砂、黏质粉土，或者在坑底难以稳定的淤泥质黏性土，在实施井点降水及其他辅助施工条件后的 H 在 15m 以内，采用不排水下沉的沉井宜控制在 25m 以内，气压沉井工法可施工更深的竖井。

挡土墙工法分为钢板桩、SMW、地下连续墙等。其中，钢板桩、SMW 工法均是辅以横梁支撑的组合工法；对地下连续墙矩形竖井而言，为横梁支撑；圆形竖井为圆形支撑或无支撑；球体盾构构筑竖井的工法是近年问世的一种新工法，其特点是用预制管片现场拼接井筒下沉，竖井隧道一体化施工，具有井壁薄、工期短、成本低等优点。

第三节　地下连续墙竖井施工

一、地下连续墙施工方法概述

地下连续墙施工方法包括导墙构筑、挖掘槽、钢筋笼的放入、混凝土的浇筑。在连续墙竖井中使用重叠的水平钢筋做接头，把槽段做成可以刚接的形式。地下连续墙竖井中使用的刚性接头的示例如图 5-10 所示。地下连续墙竖井施工中，其槽段接头的位置（即槽段的定位）最重要，如果不正确则不能施工。

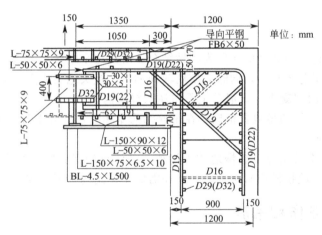

图 5-10　地下连续墙竖井刚性接头示例

二、挖槽的稳定

地下连续墙竖井施工中的挖槽工作由挖槽机完成。连续墙挖槽机有抓斗式和旋转式两种。选择挖槽机时应考虑的因素是槽段的形状、深度、土质、壁厚等。当槽段不是直线时，在设计阶段就必须慎重考虑挖槽机的机种。挖槽要点如下：

1. 确保竖直精度

在挖槽和挖槽结束后均要确认竖直精度。竖直精度达不到要求时，应进行修正。在连续墙竖井中，因槽段接头为刚接点，要求精度高，为此，应选用挖掘机上装有精度检测装置的机种。沟槽的形状精度可使用超声波沟槽测定器测量记录。

2. 防止槽壁坍塌

如果挖掘中和钢筋笼插入时槽壁坍塌，则沟槽修复需要消耗大量的劳力和时间，同时施工的连续性也遭到破坏。挖掘出来的沟槽是否稳定或是否会坍塌取决于下列因素：
① 地下水位高度及地质状况；
② 挖掘槽段的形状、尺寸；
③ 施工机械运输车辆等重物与槽段的接近程度；
④ 护壁泥浆的质量、用量等。

3. 护壁泥浆的管理

护壁泥浆的作用是防止槽壁坍塌，同时还能保证混凝土的良好浇筑。为了防止坍塌，泥浆浓度不能太大，黏度也不能太高。护壁泥浆有膨润土类泥浆和聚合物泥浆两种，应根据土质条件和挖槽机的种类决定泥浆的种类及配比。地下连续墙竖井使用聚合物泥浆的情形较多。如果沟槽内的泥浆发生渗流，则对槽壁的稳定影响最大，特别是渗透系数大的土层，这一点较为突出。总之，护壁泥浆的质量及用量直接关系到槽壁的稳定和浇筑混凝土的质量。

4. 沉渣处理

挖槽当中或挖槽完毕后，悬浮于泥浆中的土颗粒会缓慢下沉形成沉渣。初期沉落的是大颗粒的沉渣，数量较大，通常由挖槽机挖除。其次是粒径小的土颗粒下沉，这种沉渣有时也按渣土处理，但这种处理需使用专用机械。对连续墙竖井而言，要求这种处理必须确实可靠。

三、接头施工

因标准的地下连续墙竖井的槽段为刚性结合，所以这个刚接头的施工比一般的联锁式钢管接头和切削接头工艺要复杂，同时需使用辅助钢材。接头施工要点如下：
① 浇筑先期槽段混凝土时，混凝土不得注入接头内。
② 后面槽段钢筋笼的吊放要精确，在吊放钢筋笼和浇筑混凝土时，均应使用辅助钢材，确保接头钢材不变形。
③ 钢筋笼应在下吊状态下缓慢地放入沟槽，并注意确保其竖直精度。因为钢筋笼稍有弯曲就会碰撞槽壁，故挖槽应有余度，并且还需满足一定的精度要求。

四、钢筋笼的制作和吊放

地下连续墙竖井的槽段有先、后之分。先期槽段的钢筋笼端部装有接头用的钢材，一般呈直线形状。后面槽段从先期槽段的端部插入，拐角和隔墙的连接部位、交点等部位呈L形、T形和十字形形状。钢筋笼用吊车吊入，高度一般为8～15m。钢筋笼在组装台上的组装精度必须符合设计要求，否则会给插入带来麻烦，严重时甚至无法插入。特别是先期槽段上的接头钢材，必须顺直，不得有弯折，所以需在专用的组装台上组装。

五、混凝土浇筑

地下连续墙竖井的钢筋，因接头部位为双层，拐角部位配置斜钢筋，故配筋要比一般部位的配筋密，所以浇筑混凝土的充填性差。另外，因连续墙是竖井墙体的一部分，所以混凝土的浇筑质量的好坏是保证竖井质量的前提。再有，先期槽段上装有接头钢材，故希望浇筑混凝土时钢材不要发生变形，混凝土也不能从接头处流出。因此，浇筑时必须注意以下几点：
① 导管应设置在拐角和接头部位，每3m设置1条；

② 选用流动性好、水中不分离的混凝土，使用 AE 减水剂保证混凝土的密实性；
③ 按多条导管浇筑高度相同的形式进行浇筑管理；
④ 在保证先期槽段接头钢材不变形的前提下，把浇筑速度定在 5～6m/h 为好；
⑤ 在确认混凝土没有从接头内流出的条件下，浇筑先期槽段。

六、工程实例

1. 案例一

这里介绍某污水排放管道（盾构隧道）工程中的始发竖井工程。盾构始发部位覆盖土层的厚度为 52m，井底深度 63m，是利用连续墙作主体结构的连续墙竖井，连续墙深度 99m。竖井位于飞机场的滑行跑道的延长线上，离开跑道的距离为 1200m，故施工机械的空中高度受限，不得超过 24m。

(1) 土质概况　始发竖井施工区域的土质和竖井断面如图 5-11 所示。上部为 N 值较低的砂质土和极软的淤泥土层；其下方为 $N>50$ 的密实的细砂层；井底下端为最大粒径 150mm 的砂砾层。再往下依次是固结黏土、砂砾、泥岩层。考虑到竖井内部开挖时的基底隆起，故把连续墙的入土深度确定在 TP－93m 以下的不渗水层上。

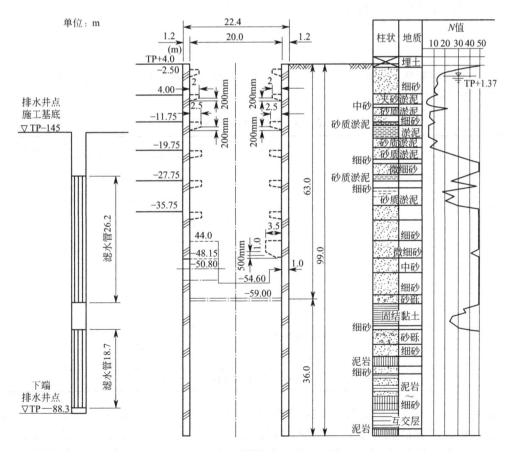

图 5-11　竖井断面和土质柱状图

竖井为内径 20m、墙厚 1.2m、深度 99m 的正四边形，开挖时井内侧设置 7 个间隔 8m 的 RC 圆形支撑。

(2) 地下连续墙的施工 施工之前先用"三维圆筒滑动计算法"进行槽壁的稳定性讨论。讨论认为，断面上部土层滑动安全系数不够，为此把作业基础层扩深1m，即实际的开挖深度为100m。

① 挖掘槽段的划分 竖井平面图如图5-12所示，是一个以挖掘单元为一个槽段、两槽段为一边的正四边形。因后续槽段的余度小，所以要求挖槽精度一定要控制在1/1000以内。另外，为了防止墙角部位出现未挖到的残余，特在BW挖掘机钻具的两面安装水平滚刀。

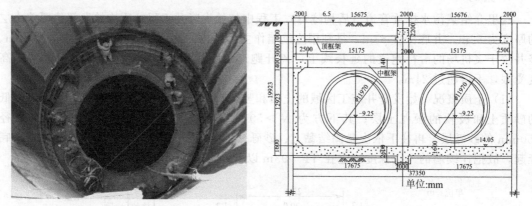

图 5-12 竖井平面图

② 标准挖槽周期和挖槽精度 表5-3为各项挖槽工序的实际标准用时。真正的挖掘时间仅占挖槽时间的50%～60%。

表 5-3 平均开挖时间统计

幅段	工序	时间/h	合计/h
先期幅段	纯挖掘	71	119
	BW机上提下降	20	
	超声波测量	8	
	其他（准备、修理）	10	
	残泥清除，新配制的护壁泥浆的置换	10	
后期幅段	纯挖掘	56	108
	BW机上提下降	20	
	超声波测量	8	
	其他（准备、修理）	12	
	接头清洗	5	
	残泥清除，新配制的护壁泥浆的置换	7	

通常用超声波槽壁测定器测定沟槽槽壁的形状。但大深度情况下，精度下降、可靠性变差。作为改进措施除了增加测量次数、测量位置和反复核对之外，还需改变测量头的下降速度，以提高其可靠性。采用这种措施后的测量结果表明，所有槽段均可确保1/1000的精度。

③ 护壁泥浆 护壁泥浆的标准配比如表5-4所示。要求使用的护壁泥浆是易被混凝土置换的凝胶少的、以CMC为主体的聚合物类泥浆。

表 5-4 护壁泥浆标准配比

材料	基本配比		材料	基本配比	
	初期	标准		初期	标准
清水/L	1.0	1.0	扩散剂/kg	1	2
膨润土/kg	60	20	保质剂/kg	2	2
增黏剂/kg	1.5	3			

④ 钢筋笼的吊放 因本工程的特点是大深度，为防止浇筑混凝土时同步导管引拔困难，将先期槽段钢筋笼接头做成钢板结合式接头。槽段详细构造见图 5-13。由于现场空间及吊车起吊能力的限制，故每节钢筋笼的长度不得超过 12m。

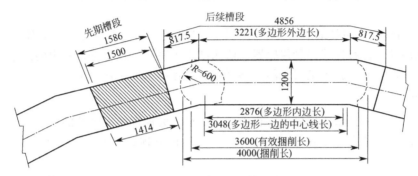

图 5-13 槽段详细构造（尺寸单位：mm）

接头、补强机构平面图如图 5-14 所示。因先期槽段钢筋笼的吊放精度对后续槽段的挖槽影响较大，故各槽段竖直性的测定极为重要。吊放精度可用起重器调整。测量结果表明，本次施工中钢筋笼的吊放精度可做到 1/5000～1/2000。

⑤ 混凝土的浇筑 对先期槽段而言，使用一条导管浇筑混凝土，后续槽段使用两条导管浇筑。为了确保大深度施工中的混凝土的浇筑质量，钢筋笼吊放前需把陈旧泥浆置换成新制泥浆，同时必须把沟槽底部的残泥清除干净。此外，为了提高混凝土的填充性，上部 20m 使用水中振捣器。

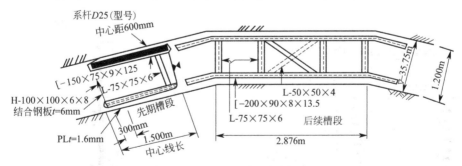

图 5-14 接头、补强机构平面图

(3) 始发竖井的开挖

① 开挖 开挖用油压单斗挖掘机（0.4m²）进行。开挖出来的土砂用抓斗（2m³、1m²）运出，30～63m（基底）处挖出来的土砂用排土容器（4m³）运出。无论什么深度，其地面机械都使用 500kN 的履带式吊车。

② 补强混凝土环 伴随开挖在连续墙内侧依次设置补强混凝土环（7 节），补强混凝土环与连续墙通过化学锚杆及黏结剂黏结在一起。

③ 减压井　开挖第3节补强环下部之前先建减压井。建减压井的目的是释放连续墙包围的竖井内的承压水的压力，以便适应开挖的需要。为了调查竖井内排水对周围环境的影响，用两个水位观测井进行水位监测。监测结果表明开挖过程中两个井的水位均无明显变化。

④ 地下连续墙抗渗、止水性能的确认　因为是大深度竖井开挖工程，所以应避免出现连续墙竣工质量不良引起高压地下水喷出的现象。出现喷水现象的原因多数是墙体各槽段之间的接头不良，与墙壁质量的关系不大。由于本工程连续墙施工阶段把墙体各槽段间的接头质量列为重点的质量管理项目进行精心管理，所以接头的质量良好，开挖过程中观测到的连续墙的防渗、止水性能极佳。该结果还表明新制护壁泥浆的置换效果及接头清洗器的清洗效果也较好。

⑤ 连续墙形变的测量结果　为了监测开挖时连续墙的变形状况，在墙体上设置混凝土应力计、钢筋计、位移计等测量传感器。监测结果表明，上述传感器示出的测量值均小于设计值，这充分说明开挖施工是安全的，整个施工过程中未发生任何事故。

2. 案例二

本节介绍某外环排水盾构隧道工程中的大口径、大深度始发竖井的设计、施工概况。该竖井深度73.5m、直径36.6m、壁厚4.6m，采用地下连续墙作挡土墙，连续墙深140m、墙厚2.1m。

(1) 地下连续墙的设计　因竖井的外径为36.6m，井深73.5m，属大型大深度竖井，考虑到挡土墙的止水措施、防止隆胀和对周围地层的影响，以及大型井的施工实践和成本等因素，最后决定本工程竖井的挡土墙采用地下连续墙法施工。

地下连续墙的设计计算中的横向、竖向断面力的计算分别采用环形计算模型和弹塑性计算模型，见图5-15和图5-16。出于对盾构的尺寸、土压及地下水压及成本的考虑，把连续墙最终水平断面定为外径36.6m的圆形，根据构造计算得出的有效墙厚及施工误差、泥膜劣化等因素，把连续墙定为墙厚2.1m、墙深140m（持力层为不渗水地层）。墙壁上部110m因受土压、水压作用，故定为钢筋混凝土构造；下部30m因只起防止隆胀和止水的作用，故定为无筋混凝土构造。图5-17为连续墙的平面图，图5-18为槽段构造图。

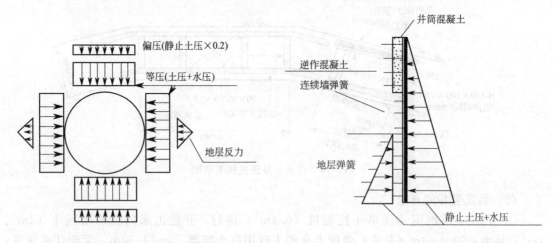

图5-15　横断面环形计算模型　　图5-16　竖向弹塑性计算模型

逆作混凝土和连续墙弹性常数按下式计算：

$$K_1 = E_1 t_1 / r_1$$

式中 K_1——逆作混凝土弹性常数，N/m^2；
E_1——连续墙弹性常数，N/m^2；
t_1——混凝土厚度，m；
r_1——竖井横断面半径，m。

(2) 竖井设计　竖井设计应考虑如下因素：

① 因竖井下部为连接隧道的开口，该部位的应力状态复杂，故用有限法解析该三维薄壳，并决定其结构。

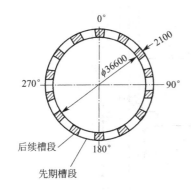

图 5-17　连续墙平面图（尺寸单位：mm）　　　图 5-18　槽段构造图（尺寸单位：mm）

② 按响应变位法进行抗震设计。

③ 根据竖井周向土压、水压，竖向基底地层反力与作用于底板上的水压的组合压力，按三维薄壳模型由有限元法进行应力解析，决定井体构造及厚度。

④ 按连续墙的重力＋竖井井筒的重力＋竖井底板的重力的合力抵消竖井上浮力的原则，决定竖井底板的厚度。本实例的计算结果把底板的厚度定为6m。

按上述考虑确定的竖井的断面构造及尺寸，如图 5-19 所示。

(3) 地下连续墙施工　因该地下连续墙深140m，属大深度，且墙厚2.1m，故选用水平多轴旋转掘削式连续挖槽机（FMX-240M）挖槽，并用挖槽管理系统实时监测器对挖槽精度进行监控。先期槽段的施工采用3个挖掘单元为1幅槽段的方式施工，后续槽段采用1个挖掘单元为1幅槽段的方式施工。井筒断面形状为多边形，施工步骤如表 5-5 所示。

表 5-5　施工步骤及操作说明

施工步骤	操作说明
挖槽	先期槽段：3个挖掘单元为1幅槽段方式挖掘；后续槽段：台形混凝土掘削，1个挖掘单元为1幅槽段的方式挖掘
沉渣处理	1次沉渣处理后把槽内泥浆置换成优质泥浆，进行2次沉渣处理
超声波测定器测定槽壁的形状	用超声波测定槽壁的形状
钢筋笼吊入	把全长97.55m分成9节的框式地面组装的钢筋笼，用3000kN的履带式吊车吊入
水中浇筑混凝土	用3条导管（$\varphi250$）浇筑混凝土；用1条导管（$\varphi250$）浇筑混凝土

(4) 竖井施工　从顶部到环梁的大约六成深度的上段采用逆作法施工；剩下的四成深度的下段分两次按顺作法施工。

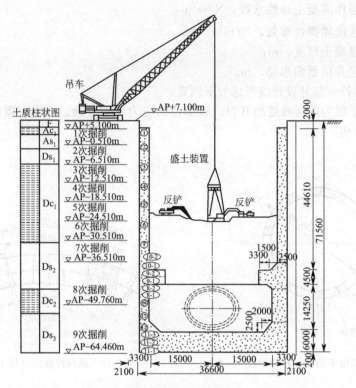

图 5-19 竖井的断面构造及尺寸(单位尺寸：mm)

(5) 施工中采取的一些主要措施

① 利用实时监测器对挖槽工序实施画面监控。

② 为防止导管发生堵塞、钢筋笼上浮及提高墙体的密实性，使用加 AE 减水剂的流动性好、水中不分离的优质混凝土。

③ 为防止墙体出现裂纹导致墙体抗渗性下降，特选用低热水泥。

④ 采用逆作法施工。

第四节 挡土围护竖井施工

挡土围护竖井施工

一、钢板桩围护竖井施工

钢板桩围护竖井施工方法是用锤击或者振动打桩机把钢板桩插入地中，再用振动打桩机引拔，不仅效率高，而且成本低。但是由于噪声、振动等环境污染的问题，致使这些方法在都市中很少使用。作为替代方法，可使用螺旋钻、油压千斤顶等器械将钢板桩压入地中。引拔工法提出过多种方案，但均存在效率低、成本高的弊端。另外，该工法的打入深度、引拔高度均受限制。钢板桩做挡土围护具有更好的刚度，其截面形状有 U 形、H 形、Z 形等，如图 5-20 所示。

钢板桩围护竖井施工中最棘手的问题就是伴随开挖竖井出现的变形。有时钢板桩的接头选择为铰接，与其他挡土墙材料相比，刚性小，钢板桩竖井施工构筑的竖井的深度适用范围在 15m 以内。

图 5-20 钢板桩截面形状

二、柱列桩围护竖井施工

围护用柱列桩有钻孔灌注桩、SMW 桩等。一般的钻孔灌注桩呈一字形排列时易发生桩间渗漏水，故多采用咬合形式解决，或在外排采用水泥土搅拌桩做防渗墙。

SMW 桩的特点是噪声小、振动小、效率高、土质适用范围宽，所以近年来施工实例急剧增加。该方法是向地中注入水泥浆，并用搅拌机械在原位使水泥浆与土体拌和，然后在中心位置上插入 H 形钢，进而形成定宽度的排柱形固化墙，即挡土墙，施工流程见图 5-21。

SMW 围护桩一般采用三轴深层搅拌机施工，桩径有 650mm 和 850mm，施工桩深 30m，水泥掺入量大于 15%。型钢插入按计算选择全孔、隔孔等形式，见图 5-22。SMW 围护桩适用于开挖深度 20m 以内的竖井，在竖井内衬结构完成后，可拔出型钢。盾构进出洞口处的型钢应在盾构靠上 SMW 围护桩后拔除。

SMW 围护桩施工中值得注意的一些要点如下。

(1) 钻孔施工要点

① 钻孔的垂直性要好；

② 水泥浆和土体的拌和要均匀；

③ 插入芯材的垂直精度和插入深度应满足设计规定。

(2) 竖井开挖要点

① 当现场场地狭窄时，应特别注意 SMW 墙体施工结束后，重型施工机械、导墙等集中荷载不能撞击 SMW 固化墙，以免破坏墙体或使墙体产生裂纹；

② 在向水平横梁和芯材间隙填充砂浆成混凝土之前，固定好芯材，以防填充时芯材错位。

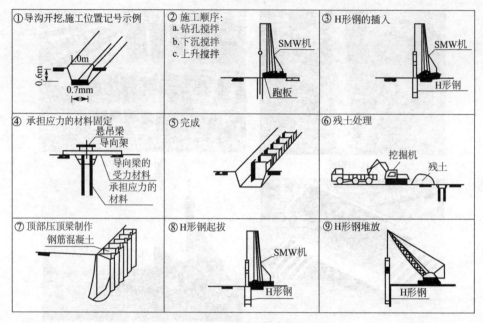

图 5-21 SMW 围护桩施工流程

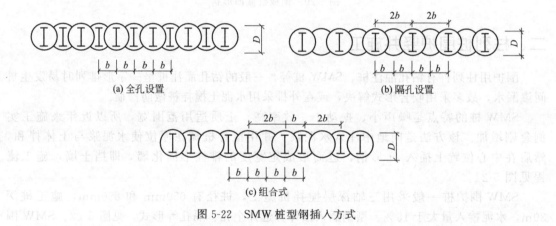

图 5-22 SMW 桩型钢插入方式

三、SMW 与钢制连续墙竖井的施工

1. 工程概况

日本青梅都市隧道始发竖井构筑采用新奥法,这是一种新颖的工法。这里介绍始发竖井的设计、施工概况。竖井位置的地层为混有巨砾的砾层,地下水位 $(CL)-12.8m$。

竖井的平面图如图 5-23 所示,竖井长度为 33m、宽 22m、深 $-26m$。

由于客观尺寸的限制,竖井的一个侧壁采用薄型钢制地下连续墙,兼作主体构造,另外 3 个侧壁采用 SMW 墙体。此外,各墙体的根基深度均为 $-39m$。墙体均用地锚拉撑,开挖深度 $-26m$(即井深)。

挡土墙的施工受混有巨砾的砾层的影响较大。钢制连续墙施工时,应加强护壁泥浆的溢流措施。SMW 施工时为了防止卡钻及确保精度,必须采取预先钻孔的措施。另外,地锚施工时,由于地层单轴抗压强度超过 300MPa,故施工效率极低。

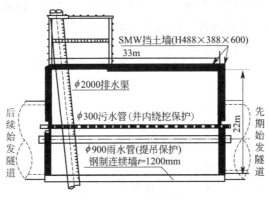

图 5-23 竖井平面图

2. 钢制连续墙的施工

利用 MHL 铲斗方式进行钢制连续墙的挖掘。在挖掘到 $-4\mathrm{m}$ 附近时,发生 $Q=50\sim 60\mathrm{m}^3/\mathrm{h}$ 的异常涌水。追加调查钻孔的结果表明,砾石层中的细粒组分较多,到 $-15\mathrm{m}$ 为止整个层面都有漏水的倾向。

作为防止溢水措施的工法,有地层加固工法和使用防止溢流的稳定泥浆工法。对比结果表明:后者工期长,工程费用高,事前无法掌握溢流量,利用超声波的测定结果管理槽壁时需要再次置换泥浆,及预想不到的危险性较大,故采用地层加固工法。就地层加固工法而言,比较的结果决定选用环套式螺旋钻钻孔,灌入水泥膨润土(CB 液)的方式。

填充 CB 液工法的施工顺序如图 5-24 所示,填充液填充时的水位管理状况如图 5-25 所示。由于实施水位管理,在连续墙挖掘时没有出现泥浆溢流的情况。

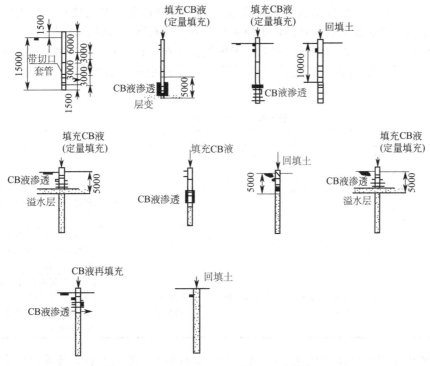

图 5-24 填充 CB 液工法施工顺序(尺寸单位:mm)

① 钻孔，用环套式螺旋钻钻孔到－15m（把钻尖到4.5m一段加工成长条切口）。
② CB液渗透填充，CB液搁置，填充CB液（定量填充）。
③ 再次填充CB液，确认溢流量，填充CB液（定量填充）。
④ 确认溢流量减少后，拔出至－10m的套管，同时填充回填土。
⑤ 渗透CB液，填充CB液搁置。
⑥ 再次填充CB液，确认溢流量。
⑦ 确认溢流量减少后，拔出到－5m的套管，同时填充回填土。
⑧ 渗透CB液，填充CB液，搁置填充CB液（定量填充）。
⑨ 再次填充CB液，确认溢流量。
⑩ 确认道流量减少后，拔出套管，填充回填土。

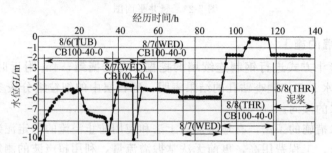

图5-25　填充CB液时的水位管理状况

3. SMW的施工

SMW施工前先进行试验施工，并归纳出施工中易出现的问题。试验施工的结果表明，易出现的问题有：卡钻；芯材插不进去；芯材插入精度低。这些问题与钢制连续墙施工中出现的溢水现象一样，由于泥浆溢流致使孔壁上的巨砾的稳定性遭受破坏，又因巨砾的粒径大，无法排出，进而造成负荷升高，出现卡钻，或因砾石滑动造成芯材插不进去。另外，锥尖碰到巨砾，钻孔精度大为降低。因此，考虑把分布在水位－15m以内的巨砾清除。表5-6中为清除巨砾的方法对比。对比的结果表明，决定选用第一方案即用SMW机进行先期钻孔。

表5-6　清除巨砾的方法对比

项目	工程概况	工效	振动噪声	优缺点
方案一：先期钻孔	用现有的SMW机无水掘削到水位－15mm，去除巨砾，拔钻后注入CB液	10条/d	小	可用现有设备施工；工期短；成本最低；清除砾、巨砾不彻底
方案二：环套式螺旋钻孔	用φ1m的钻孔机清除上部的砾、巨砾，用砂、CB液充填	1条/d	较小	清除钻孔部位的砾、巨砾较为理想；必须另行购置或租借钻孔机
方案三：全旋转钻孔	用φ1m的钻孔机清除上部的砾、巨砾，用砂、充填CB液	3条/d	大	去除钻孔部位的砾、巨砾较为理想；必须另行购置或租借钻孔机；噪声、振动大
方案四：铲斗挖掘	用振动挖掘机清除上部的砾、巨砾，再用泥水固化或回填砂	3条/d (1槽段/d)	大	砾、巨砾可以完全清除；必须另行购置或租借挖掘机及配套设备；必须另行采用阻溢措施；噪声大、振动大

先期钻孔即用490mm的单轴螺旋钻按1200mm的节距进行空掘，排除巨砾和砾，并用泥浆置换。泥浆强度按$f_{28}=0.3\sim0.5$MPa进行配制。表5-7给出了泥浆的配比。由于实施

先期钻孔，故清除巨砾、砾的效果较好，可使 SMW 施工顺利进行。

表 5-7 泥浆配比

名称	种类	数量	备注	名称	种类	数量	备注
水泥	普通水泥	225kg		水	淡水	900kg	水灰比：W/C=400%
膨润土	250 目	72kg	8%溶液	添加剂	硬化剂	9L	冬季施工和要求紧急的事情

第五节 沉井竖井施工

沉井竖井施工

一、沉井的构造及分类

1. 沉井的定义

把图 5-4 示出的不同断面的井筒，按边排土边下沉的方式使其沉入地中，即为沉井，见图 5-26。因井筒无底，故也有人把沉井称为开口沉箱。沉井的构筑方法称为沉井工法，用沉井工法构筑的竖井称为沉井竖井。

2. 沉井的构造

沉井一般由井壁、刃脚、内墙、井孔、凹槽、底板、顶盖等构成，如图 5-26 所示。

（1）井壁　井壁（也称井筒）是井体的主要构成部分。井壁必须具备一定的强度以便承受作用在其上的水压、土压造成的弯曲应力，通常为钢筋混凝土结构或钢结构，此外井壁必须具备一定的自重，以便克服下沉时的摩阻力，为此井壁厚度一般为 0.3～2m。对直壁柱形沉井而言，其井壁厚度均匀，与深度无关；井壁易被土层约束，竖向精度高；摩阻力大，适于不太深、松散性土质的情形使用。对阶梯形沉井而言，井壁厚度随深度的加大呈阶梯形增大，这是由于沉井底部受到的土压、水压较大，需要适当提高刚度。

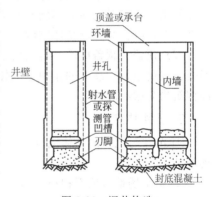

图 5-26　沉井构造

井壁阶梯可设于井筒内侧也可设于井筒外侧。对松散性土层来说，确保井体的竖向精度及防止周围土体破坏范围过大（导致土层沉降大，对邻近构筑物影响大）等因素最为关键，故宜选用内阶梯（外壁为直壁）形式。对密实的土层而言，周围土层沉降及确保竖向精度的问题不大，而减小井壁与土层间的摩阻力却是关键，为了利于下沉，多选用外阶梯形式。阶梯的宽度与井壁的材料、平均厚度 d 及井筒高度 H 有关，一般为几十厘米。最下面一层阶梯的高度 h_1 可通过 $h_1 = (1/4～1/3)H$ 的关系确定。

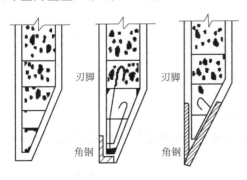

图 5-27　刃脚构造

（2）刃脚　刃脚即井壁最下端的尖角部分，刃脚构造如图 5-27 所示。刃脚是井筒下沉过程中切土受力最集中的部位，所以必须有足够的强度，以免破损。通常称刃脚的底面为踏面，踏面的宽度依土层的软硬及井壁重力、厚度而定，一般为 15～30cm。

对硬地层来说，踏面应用钢板或者角钢保护。刃脚侧面的倾角通常为 45°～60°。确定刃脚高度时应从封底状况（干封还是湿封）及便于抽取刃脚下的垫木及土方开挖等方面综合考虑，湿封底时高度大些，干封底时高度小些。此外，通常刃脚应伸去井壁一定距离，约为 20～30cm。

(3) 内墙、井孔　内墙即当箱体内部空间较大或者设计要求将其内部空间分割成多个小空间时，在箱内设置的隔墙。从客观上讲，内墙还有提高箱体刚度的作用。井壁与内墙，或者内墙和内墙间所夹的空间即井孔。内墙间距一般不超过 5～6m，其厚度一般为 0.5～1m。内墙底应比刃脚踏面高出 0.5m 以上，使其对井筒下沉无妨碍。隔墙下部应设约 0.8m×1.2m 的人孔。取土是从井孔进行的，所以井孔的尺寸应能保证挖土机自由升降。取土井孔的布设应力求简单和对称。

(4) 凹槽　凹槽位于刃脚内侧上方，用于箱体封底时使井壁与底板混凝土更好地连接在一起，以便封底底面反力能更好地传递给井壁（图 5-26）。通常凹槽高度在 1m 左右，凹深 15～30mm。

(5) 底板　底板即井体下沉到设计高程后，为防止地下水涌入井内，需在下端从刃脚踏面至凹槽上缘的整个空间填充不渗水的、能承受基底地层反力的、具一定刚度的材料，以防地下水的涌入和基底的隆起。这层填充材料的整体即底板。通常底板为两层浇筑的混凝土，下层为无筋混凝土，上层为钢筋混凝土。底板的厚度取决于基底反力（水压＋土压）、底板构造材料的性能、施工方法等多种因素。

(6) 底梁和框架　当设计要求不允许在大断面或大深度沉井沉箱内设置内墙时，为确保箱体的刚度，可采用在底部增设底梁，或者在井壁不同深度处设置若干道由纵横大梁构成的水平框架，以提高井筒整体刚度。

(7) 顶盖　顶盖即沉井封底后根据条件需要，在井体顶端构筑的一层盖子，通常为钢筋混凝土或钢结构。顶盖的作用是承托上部构筑物，同时也可增加井体的刚度。顶盖厚度视上部构筑物荷载状况而定。

3. 沉井特点

① 沉井与沉箱的躯体刚度大、断面大、承载力高、抗渗能力强、耐久性好，内部空间均可利用。

② 施工场地占地面积小、出土量少、成本低、可靠性好。

③ 适用土质范围宽（淤泥土、砂土、黏土、砂砾等土层均可施工）。

④ 施工深度大，可达 100m。

⑤ 施工给周围地层中土体造成的位移小，故对邻近建筑物的影响小，较适于近接施工。

4. 沉井与沉箱分类

沉井与沉箱的分类方法较多，大致有以下几种。

① 按构成材料分：有混凝土式、钢筋混凝土式、钢板拼接式、混凝土夹心钢板拼接式等。

② 按井筒构筑方法分：现浇式、预制拼接式、拼接浇筑混合式。

③ 按井筒下沉方法分：自沉式、压沉式。

④ 按开挖方式分：不排水式、排水式、中心岛式。

⑤ 按取土方式分：干挖法（人工挖掘法、无人机械自动挖掘法）、水中挖掘法（水利机械法、钻吸法）。

⑥ 按断面形状分：水平断面形状为圆形、椭圆形、矩形、正多边形及其他多边形；竖直断面形状为直壁柱形，内、外阶梯形和锥形。

⑦ 按施工自动化程度分：机械式、半自动化式、全自动化式。
⑧ 按深度分：大深度（30m 以上）、中小深度。
⑨ 按断面面积分：小中断面、大断面及超大断面。
⑩ 按使用目的分：隧道各种工作沉井、桥基沉井、大厦基础沉井等等。

二、干挖法沉井

干挖法即排水开挖法。为了确保干挖法的施工安全，发挥其工期短、成本低等优点，控制好地下水位是关键，必须依据施工地点以往的土质资料和现行调查的结果，邻近构筑物、水井的状况及施工条件，制订出切合实际的排水措施。不过在考虑排水措施时，必须严禁抽取地下水带来的周围地层沉降、井水干枯等现象的发生。

对于控制地下水位的技术来说，存在抽取地下水的排水工法和防止地下水渗入的防渗工法两大类。具体方法多种多样，可据地层的渗水性能及其层厚、要求的水位下降量、施工场地、工程规模等条件采用其中一种方法，或者两种方法并用。

排水工法有集水井排水法和外围排水法。集水井排水法是在开口沉箱内部底面上设置集水井，使渗向底面的地下水集中在集水井中，然后用泵压送到箱外的方法。如果水位下降量大，则开挖底面时的动水坡度增大，有可能产生流沙现象。另外，由于排水致使周围土体冲填压实，给箱体沉降带来困难。外围排水法是在开口沉箱的外侧设置数条深井，在各深井中插入水泵一起向外抽取地下水的方法。地下水位下降后的水位分布形状，因地层渗透系数的不同而异。渗透系数越小，水位的下降量和范围越小。因此，渗透系数越大，层厚越厚，排水效果越好。该工法与集水井排水法相比，排水量越大，影响范围也越大；流入过滤管的地下水中夹有周围地层的土砂，致使过滤管堵塞，同时也可造成外围地层的沉降。作为排水工法造成周围地层沉降的防止措施，还可并用设置防渗墙和抽取地下水再回灌地层的恢复水位工法。

三、水挖法沉井

水挖法即不排水开挖法。这种方法的特点是沉井内外的水位基本一致，所以地下水位以下的开挖是水中开掘。该法适于渗水量大的砂砾层和流沙层等不稳定地层（可避免排水造成的涌沙等不良现象的发生）或者施工现场环境条件限制不允许排水（如大量排水影响周围构筑物安全或排水污染水源等）等情形。水挖法因水挖设备的不同，可分为中央抓斗法、水力机械法、钻吸法等。

（1）抓斗法　用吊车抓斗挖掘井筒的中央部位地层，由于抓斗始终在井筒中心部位抓土，即使抓得很深但刃脚下方的土体也始终抓不到。如果刃脚部位的土体强度较低，则由于井筒自重的作用土体极易崩塌，这种现象称为崩脚现象。也就是说，这种方法对软土层来说有效。反之，若地层有一定的强度（如密实砂层或砂砾层），则崩脚现象就不太容易发生，进而致使井筒下沉困难。这种情况下需用摇杆螺旋钻松动地层，然后再进行抓土下沉施工。

（2）水力机械法　使用高压水枪破土，用空气吸泥机（或泥浆泵）通过排泥管排泥。高压水枪破土顺序为先中央后四周，对称分层冲挖。与抓斗法相比其优点是可以冲挖到刃脚的斜面处，加上预设在井筒外侧的高压射水管的冲挖，可良好地完成刃脚斜面处土体的开挖。该方法的缺点是冲挖范围不易控制，存在盲目性。

（3）钻吸法　钻吸法即先钻孔松动土体，然后向孔内射水冲挖，所以挖土范围易于控制，可避免盲目性，效率高，即使刃脚的斜面部位也能挖掘到位；加之预埋在刃脚外侧和刃脚斜面上的射水孔的高压射水的冲挖作用，可使刃脚斜面及踏面处的土体被挖走。水挖法要求地表配备泥浆沉淀设备及泥水分离设备,同时水挖法还要求施工现场具备废泥、废水的排放条件。

四、工程实例

上海上中路隧道是双管、双层、双向8车道穿越黄浦江的公路隧道,全长2.8km。圆形隧道段长1250m,采用盾构施工,隧道外径14.5m,盾构外径14.9m。浦东和浦西段岸上各设置一座盾构竖井,用于盾构始发和接收。浦东盾构竖井和暗埋段基坑采用明挖、顺筑方法施工,地下连续墙作为围护结构,基坑支撑有钢筋混凝土支撑和钢支撑与钢筋混凝土支撑混合布置两种形式,见表5-8。

表5-8 浦东盾构竖井和暗埋段围护结构及支撑体系

项目		浦东盾构竖井	PD1	PD2
	节段长度/m	23	26	23.2
地下连续墙	厚/mm	1200	1000	1000
	深/m	45	41	36.5
开挖深度/m		26.2	23.7	
支撑体系	支撑道数	5	6	6
	形式	5道钢筋混凝土支撑	1、2、5道为钢筋混凝土支撑,3、4、6道为φ609mm钢管支撑	1、5道为钢筋混凝土支撑,2、3、4、6道为φ609mm钢管支撑

基坑内还设置了钢立柱桩,通过立柱和联系梁与各道支撑连接,减小支撑跨度,形成稳定性良好的支撑体系。竖井基坑宽43.6m,开挖深度达26.2m;暗埋段的PD1、PD2基坑平均宽度为35.2m,最大开挖深度为23.7m。浦东盾构竖井和暗埋段平面图如图5-28所示。

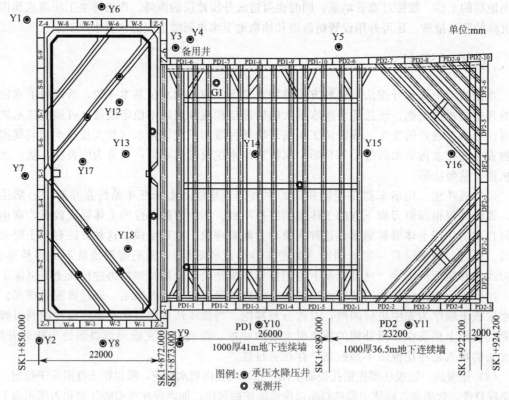

图5-28 浦东盾构竖井和暗埋段平面图

对竖井和暗埋段坑底下 3m 土体进行双重管高压旋喷加固（共施工旋喷桩 1930 根），加固后土体 28d 强度指标 $f_c \geqslant 12\mathrm{MPa}$。旋喷桩桩径为 1100mm，桩心距为 900mm，水灰比为 1∶1，高压水泥浆压力为 32MPa，流量为 72L/min，水泥用量为 435kg/m。

浦西盾构竖井平面尺寸 46m×22m，深 32.85m，坑底采用高压旋喷法加固，开挖施工用 7 道钢筋混凝土斜支撑。浦西竖井离春申港仅 7m，为了确保春申港河堤的安全，在浦西竖井与春申港河堤之间打一排兼有隔水和抗剪作用的 SMW 隔离墙，并在隔离墙内外两侧布置跟踪注浆管，竖井平面图如图 5-29 所示。

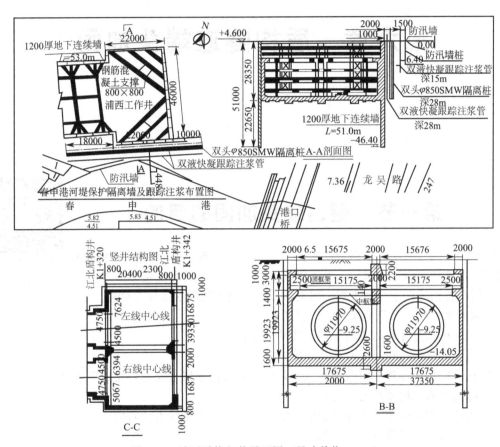

图 5-29　浦西盾构竖井平面图（尺寸单位：mm）

思考题

1. 简述盾构隧道竖井的分类。
2. 简述地下连续墙施工工序。
3. 简述沉井竖井的特点及分类。

第六章 盾构隧道端头加固

第一节 隧道端头加固的目的

隧道端头加固方法应根据地质水文、周围环境合理选取,应因地制宜地采用深层搅拌法、高压旋喷法、井点降水法、冷冻法等,有时可多种方法并用。深层搅拌法适合于黏性土层、淤泥质土层;高压旋喷法适用于砂性土、粉土。

隧道端头加固的目的

盾构始发、到达部位地层加固的目的如下:
① 消除构筑竖井时造成的周围土体的松动;
② 防止拆除临时挡土墙时振动的影响;
③ 在盾构贯入掘削面前或被拉入竖井内前,能使地层自稳及防止地下水流入;
④ 降低对入口填塞物的压力;
⑤ 防止因掘削面压力不足引起的掘削面坍塌(特别是泥水式盾构);
⑥ 防止对地表沉降或对埋设物的影响。

隧道端头地层加固范围包括达到自稳的强度因素和与土质情况有关的止水因素,这些需根据强度计算及以往的施工经验来确定。

第二节 深层搅拌加固

搅拌桩施工流程见图 6-1。机械设备:水泥搅拌桩采用 2 台 GZB-600 深层搅拌机进行施工,配备相应的导向架、灰浆泵拌浆机、电子监测表等。深层搅拌施工工艺流程见图 6-2。

深层搅拌加固

深层搅拌施工注意事项如下。
① 搅拌桩的垂直偏差不超过 1%,桩位偏差不大于 50mm,桩径偏差不大于 4%。
② 施工前确定搅拌机的灰浆泵输浆量、灰浆经输浆管达到搅拌机喷浆口的时间和起吊设备提升速度等施工参数,并根据测量放线设计通过成桩试验,确定搅拌桩的配比等各项参

数和施工工艺。用流量泵控制输浆速度，使注浆泵出口压力保持在 0.4～0.6MPa，并使搅拌提升速度与输浆速度同步。

③ 为保证桩端施工质量，当浆液到达出浆口后，喷浆坐底 30s，使浆液完全到达桩端。

④ 通过复喷的方法达到提高桩身强度的目的，搅拌次数以 4 次为宜。当喷浆口到达桩顶高程时，停止提升搅拌数秒，保证桩头均匀密实。

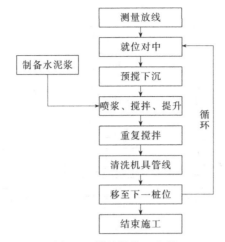

图 6-1 搅拌桩施工流程

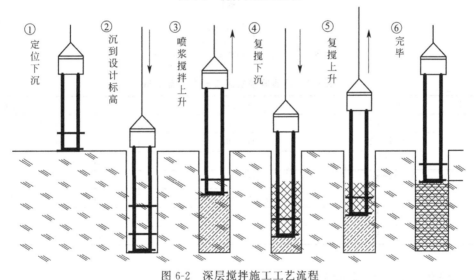

图 6-2 深层搅拌施工工艺流程

⑤ 施工时因故停浆，宜将搅拌机下沉至停浆点以下 0.5m，待恢复供浆时再喷浆提升。若停机超过 3h，为防止浆液硬结堵管，先拆卸输浆管路，并进行清洗。

第三节　旋喷桩加固

一、旋喷桩施工方法

喷浆采用三重管法，单喷嘴喷浆，配备 2 套旋喷设备进行施工。喷浆导孔直径 φ100mm，成孔采用 XY-100 型地质钻机。高压旋喷桩施工成套设备

旋喷桩加固

配备表见表6-1。

二、旋喷桩施工流程

高压旋喷桩施工工艺流程见图6-3。

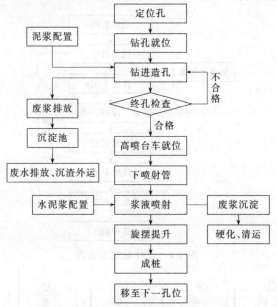

图6-3 高压旋喷桩施工工艺流程

表6-1 高压旋喷桩施工成套设备配备

序号	设备名称	规格型号	单位	数量
1	地质钻机	XY-100	台	2
2	高喷台车	PG-1500	台	2
3	高压泵	—	台	2
4	灌浆泵	HB-80	台	2
5	空压机	P—0.8MPa,Q—6m^3/min	台	1
6	泥浆泵	BW-150	台	2
7	拌浆机	WJG-80	台	2

三、旋喷桩施工方法说明及技术措施

(1) 施工前准备 开始施工时,首先进行现场试验性施工,进一步确定喷射参数及施工工艺。

(2) 施工参数确定 根据加固端头范围内地层的特点,拟采用施工参数见表6-2。

(3) 钻导孔

① 在砂层中钻孔时采用膨润土配制泥浆护壁,泥浆的主要性能指标控制为:相对密度1.2~1.3,黏度25~30Pa·s,含砂率小于5%。

② 为准确取得地质资料,合理优化施工技术参数,选取钻孔按地质钻探孔要求对不同地层取样分析。

③ 导孔施工质量标准:孔位偏差≤50mm,垂直度≤1%。

④ 钻孔完成经检查验收合格后,高喷台车就位,进行喷浆作业。

表 6-2　三重管法高压旋喷桩施工技术参数

参　　数		数　　值
高压水	水压/MPa	30～35
	水量/(L/min)	80～90
压缩空气	气压/MPa	0.5～0.7
	气量/(L/min)	1500～3000
水泥浆	浆密度/(kg/L)	1.5
	浆量/(L/min)	60～70
提升速度/(cm/min)		10～15
喷嘴直径/mm		1.8
加浆密度/(g/cm³)		1.2

（4）浆液配制　浆液采用 42.5 级普通硅酸盐水泥和自来水配制，水灰比 1∶1，采用立式搅拌罐搅拌。

（5）旋喷注浆

① 台车就位，安装调试完成后，将旋喷管插至孔底，先启动灰浆泵送浆，待孔口返浆后按方案设计的技术参数进行旋喷、提升。

② 在旋喷过程中，随时注意各设备的工作情况，以及水、气、浆的压力与流量，做好详实的施工记录。

③ 旋喷提升过程中如中途发生故障，立即停止施工，等检查排除故障后再继续施工。

④ 冒出的浆液由泥浆泵抽至沉淀池沉淀处理。

（6）回灌　当喷射结束后，随即在喷射孔内进行自然水压力静压填充灌浆，直到浆面不再下沉为止。

第四节　冷冻法加固

冷冻法是将自然状态下不均匀的地层通过冻结变成具有均匀力学性质的冻土，其优点是加固效果好，且冻土墙还能用温度来控制，可以确保长期处于稳定状态。对加固范围等的讨论与高压喷射注浆法一样，按一般临时建筑物来计算。

冷冻法加固

一、计算方法

竖井前造成的冻土，是止水性好、强度高的加固层。作用于冻土的垂直荷载按总土压、水压考虑，水平荷载按静态土压和水压考虑。

冻好的冻土，因冰的冻结性质，使土体与竖井挡土墙牢固地黏结在一起，所以冻土墙可当作周边被竖井墙固定的圆板来解析。另外，到达段可作为被竖井固定、被盾构支撑的梁或者水平圆筒来计算。

二、设计强度或安全系数

冻土的强度取决于土质、温度及盐分浓度。在地下水中含盐量较多的海岸沿线和填筑地设计中，应预先调查盐分浓度，然后按相应的强度进行设计。作为设计标准，砂质冻土的抗压强度为 6MPa。该设计标准因使用屈服值或承载力，所以需要设定安全系数。

作为承重墙时取安全系数 $F_0 \geq 2$，但需根据其重要程度和有效尺寸取 $2 \leq F_0 \leq 3$ 的范围进行设计。冻土墙温度分布不一样，故强度也不一样，但为了简化计算，可按平均温度对应的等强度均匀结构物来对待。

思考题

1. 简述隧道端头加固的目的。
2. 简述隧道端头加固的方法。

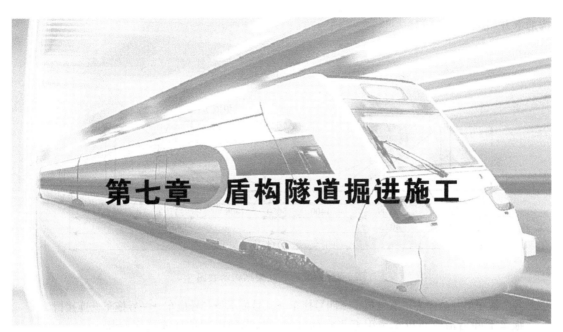

第七章　盾构隧道掘进施工

第一节　盾构组装与调试

盾构组装与调试

一、组装场地的布置及吊装设备

盾构机的组装场地按业主提供的场地分成三个区：后配套拖车存放区、主机及后配套存放区、吊机存放区。吊装设备为：250t履带吊一台，90t汽车吊一台，50t液压千斤顶两台以及相应的吊具。

二、组装与调试程序

盾构组装一般宜按下列程序进行：组装场地的准备、始发基座安装、行走轨道铺设、吊装设备准备并就位、将后配套各部件组装成拖车总体（包括结构、设备、管路等）、将连接桥与后配套组装连接、主机中体组装、主机前体组装、刀盘组装、主机前移，使刀盘顶至掌子面、管片安装机轨道梁下井安装、管片安装机安装、盾尾安装、反力架及反力架钢环的安装、主机与后配套对接、附属设备的安装及管路连接。在组装前安装调试好门吊，使组装安排更加灵活，有利于缩短组装时间。组装调试流程见图7-1。

三、盾构组装顺序

在组装井内精确放置始发台、托架，并定位固定（图7-2），然后铺设轨道，再进行盾

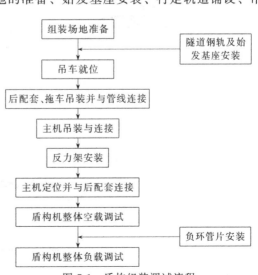

图7-1　盾构组装调试流程

构的下井组装。

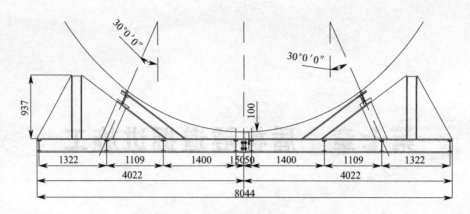

图 7-2 始发台、托架结构示意图

各节拖车下井顺序为：五号拖车→四号拖车→三号拖车→二号拖车→一号拖车→连接桥。

拖车下井后由电瓶机车牵引至指定的区域，拖车间由连接杆连接在一起。

主机下井顺序为：螺旋输送机→前体→中体→刀盘→管片安装机→盾尾。中体、前体、刀盘、盾尾、螺旋输送机用250t吊机和90t汽车吊机配合下井。

反力架与负环管片的下井、安装、定位。主机后移与前移的后配套连接，然后连接液压和电气管路。盾构组装顺序示意见图7-3～图7-13。

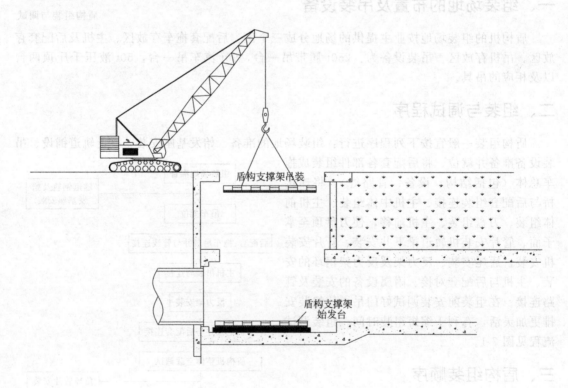

图 7-3 组装始发台、托架

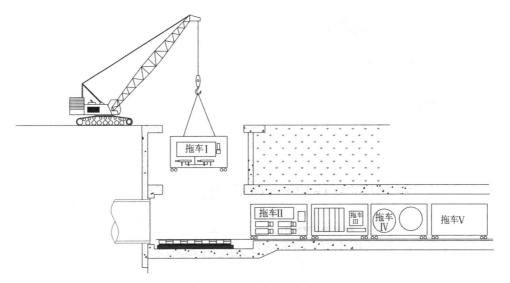

图 7-4 组装后配套拖车

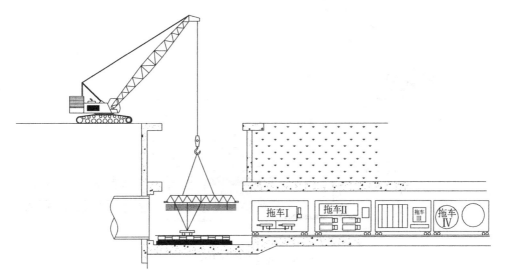

图 7-5 组装设备桥

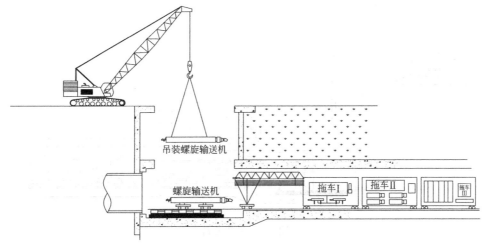

图 7-6 吊装螺旋输送机

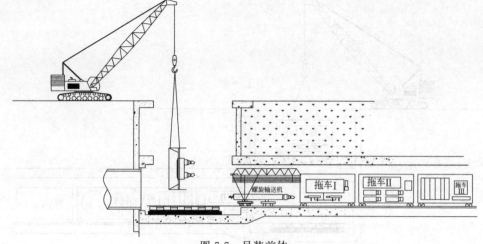

图 7-7　吊装前体

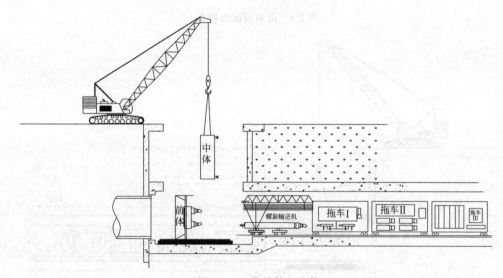

图 7-8　组装前体与中体

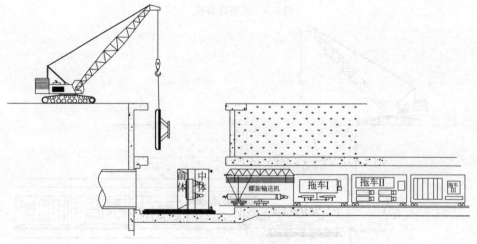

图 7-9　组装刀盘

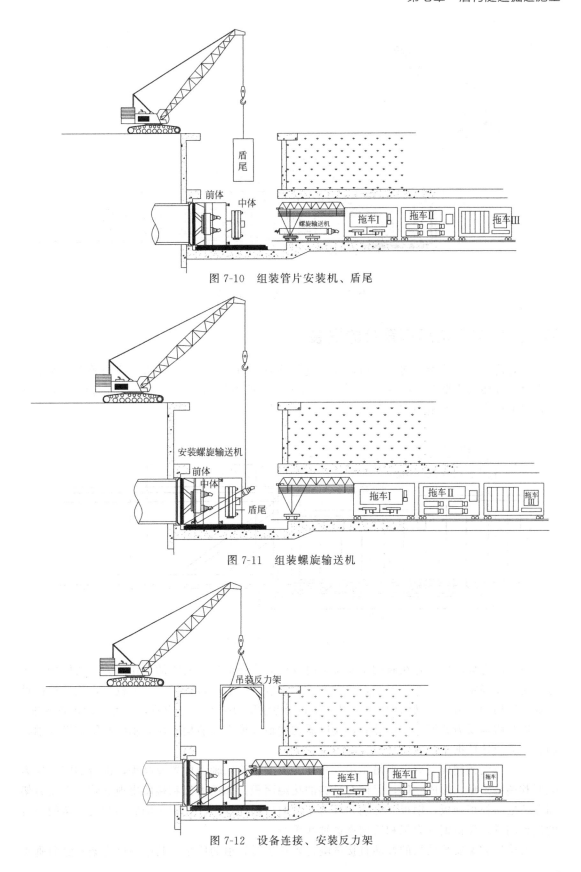

图 7-10 组装管片安装机、盾尾

图 7-11 组装螺旋输送机

图 7-12 设备连接、安装反力架

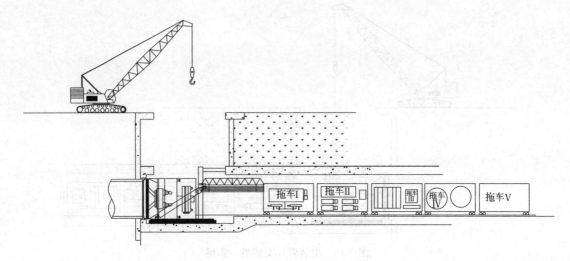

图 7-13 完成组装、准备始发

四、反力架及负环钢管片的安装

在盾构主机与后配套连接之前,开始进行反力架的安装。反力架端面应与始发基座水平轴垂直,以便盾构轴线与隧道设计轴线保持平行。反力架与车站结构连接部位的间隙要垫实,保证反力架的安全稳定,见图 7-14。

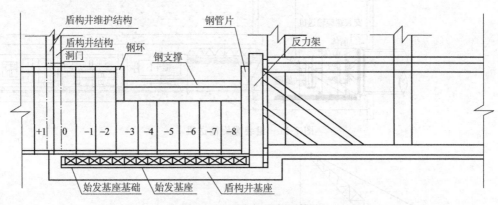

图 7-14 反力架及负环管片

盾构反力架的作用是在盾构始发掘进时提供盾构向前推进所需的反作用力。盾构始发掘进前应首先确定钢反力架的形式,并根据盾构推进时所需的最大推力进行校核,然后根据设计加工盾构钢反力架,其结构如图 7-15 所示,待钢反力架安装完毕后,方可进行始发掘进。

进行盾构反力架形式的设计时,应以盾构的最大推力及盾构工作井轴线与隧道设计轴线的关系为设计依据。

钢反力架预制成型后,由吊车吊入竖井,由测量给出轴线位置及高程,进行加固。反力架要和端墙紧贴,形成一体,保证有足够的接触面积。如反力架和端墙出现缝隙,在反力架和端墙之间补填钢板,钢板要分别和反力架与洞口圆环焊牢。安装完毕后要对反力架的垂直度进行测量,保证钢反力架和盾构推进轴线垂直。

盾构反力架安装质量的好坏直接影响初始掘进时管道的质量,其中钢反力架的竖向垂直

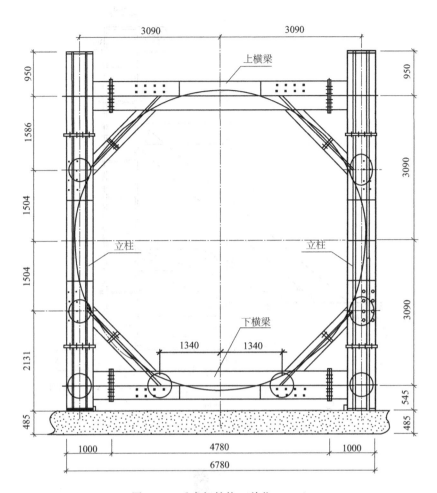

图 7-15 反力架结构（单位：mm）

及与设计轴线的垂直是主要因素。

1. 反力架支撑结构形式

支撑主要有斜撑和直撑两种形式，按照安装位置分为立柱直支撑、立柱斜支撑、下横梁直支撑，上横梁紧贴中隔板。支撑结构形式如图 7-16 和图 7-17 所示。

① 立柱支撑（以右线盾构反力架为例）：线路中心右侧（西侧）可以直接将反力架的支撑固定在标准段与扩大端相接的内衬墙上，线路中心线左侧（东侧）斜支撑；支撑材料均采用直径 508mm、壁厚 10mm 的钢管。始发井西侧立柱支撑是 3 根直撑（中心线长度为 2200mm），始发井东侧立柱是 2 根斜撑（中心线长度分别为 6776mm 和 4152mm，与水平夹角分别为 40°和 18°）和一根直撑（中心线长度为 2200mm）。

② 上横梁紧贴中隔板。

③ 下横梁支撑：材料均采用直径 508mm、壁厚 10mm 的钢管（2 根中心线长度为 2200mm 的直撑）。

2. 钢反力架安装必须注意的事项

（1）钢反力架中心放样　钢反力架中心的安装采用水准仪配合经纬仪进行。其中经纬仪架设于盾构始发端的圈梁一轴线点上，后视另一轴线点，将轴线点投向反力架中心标志处，

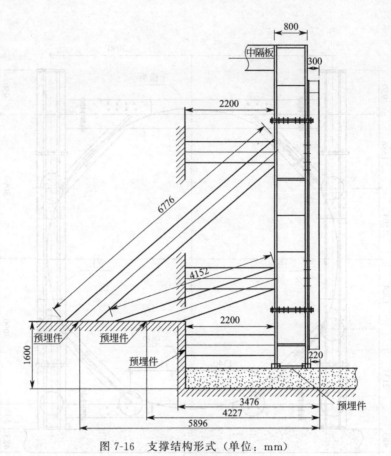

图 7-16 支撑结构形式(单位:mm)

图 7-17 直支撑和斜支撑结构立体图

指挥反力架左右平移,直至与轴线重合;然后用水准仪测量中心标志的绝对高程,指挥钢反力架上下移动,直至达到设计的高程值。由于反力架的中心不是影响始发掘进的主要因素,安装时,反力架的中心误差控制在15mm以内。

(2)钢反力架与轴线及自身垂直放样　钢反力架中心放样完成后,需使反力架面在竖直方向上垂直,且此面与盾构设计轴线垂直。放样时,首先使用水平尺使钢反力架在竖直方向上基本垂直,然后使用经纬仪将轴线引入始发井底部,在靠近反力架处的设计轴线上设站,后视另一轴线点,经纬仪置0°,旋转90°,在始发井侧墙一侧放样两点,然后用倒镜在始发井另一侧墙处同样放样两点。放样后,需再旋转经纬仪180°,检查是否与起初放样的点位于同上平面内。分别在侧墙上方及下方的两点间拉线,用直尺准确量出钢反力架不同部位与线之间的距离,以任一点为基准,调节钢反力架,使反力架表面与线组成的平面平行(线任意一部位到反力架表面的距离相等),即反力架处竖向垂直且反力架面与设计轴线垂直。

连接电器和液压管路,从后向前连接后配套与主机各部位的液压及电气管路。

五、组装技术及安全措施

盾构组装主要技术措施及安全措施如下。

① 盾构组装前制订详细的组装方案与计划,同时组织有经验的组装班组,并在组装施工前对组装人员进行技术和安全培训。

② 盾构机的运输由专业的大件运输公司运输进场。

③ 盾构机吊装由具有资历的专业队伍负责起吊。

④ 根据250t履带吊机对地基承载力的要求,对其工作区域进行处理,如浇筑钢筋混凝土路面、铺设钢板等,防止地层不均匀沉陷。

⑤ 盾构主机吊装之前对始发台进行准确的定位。

⑥ 大件组装时应对盾构始发井端头墙进行严密的观测,掌握其变形与受力状态,保证始发井结构安全。大件吊装时以90t吊车辅助翻转。

⑦ 每班作业前按起重作业安全操作规程进行技术交底,严格按有关规定执行。

⑧ 由专人负责大件运输和现场吊装、组装的秩序维护,确保组装安全。

六、盾构调试

盾构调试按阶段分为工厂调试和施工现场调试。施工现场调试又分为井底空载调试、试掘进负载调试。工厂调试阶段的工作是对设计、制造质量及主要功能进行调试;井底调试阶段的工作是在盾构机到井底后按照井底调试大纲对其总装质量及各种功能进行检查和调试;试掘进重载调试是通过试掘进期间进行重载调试,经调试并验收合格后即可交付使用。

1. 空载调试

盾构组装和连接完毕后,即可进行空载调试。空载调试的目的主要是检查盾构各系统和设备是否正常运转,并与工厂组装时的空载调试记录进行比较,从而检查各系统运行是否按要求运转,速度是否满足要求,对不满足要求的,要查找原因。调试的内容为液压系统、润滑系统、冷却系统、配电系统、注浆系统、控制系统以及各种仪表的矫正。

2. 负载调试

空载调试证明盾构机具有工作能力后,即可进行盾构机的负载调试。负载调试的主要目的是检查各种管线及密封设备的负载能力,对空载调试不能完成的调试工作进一步完善,以使盾构机的各个工作系统及其辅助系统达到满足正常生产要求的工作状态。

第二节 盾构始发及试掘进

一、盾构始发流程

盾构始发是指利用反力架和负环管片,将始发基座上的盾构由始发井推入地层,开始沿设计线路掘进的一系列作业。

盾构始发按照图7-18所示流程进行。

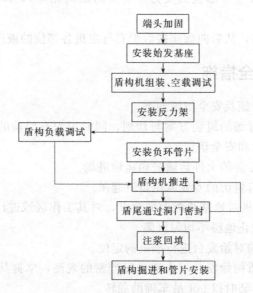

图7-18 盾构始发流程框图

二、始发施工技术

1. 始发阶段应注意的问题

① 始发推进前需凿除车站的围护结构(主要是处理钢筋混凝土结构),凿除围护结构后的土体在一定的时间段内必须保持自稳,不能有水土流失。

② 始发阶段盾构主体在始发导轨上不能进行调向。

③ 始发阶段的盾构机姿态及地面沉降控制比正常推进阶段更困难。

④ 始发期间一些设备如管片小车、管片吊机,包括出渣都不能正常使用,有时也会存在盾构因为车站结构的原因而不能整机始发。

综上所述,盾构在初始阶段的施工难度很大,因此,盾构隧道始发技术是盾构法施工技术的关键,也是盾构施工成败的一个标志,必须要全力做好。

2. 始发施工技术

始发施工技术包括洞口端头处理(在软土无自稳能力的地层中)、洞门混凝土凿除(主要针对钢筋混凝土围护结构)、盾构始发基座的设计加工、定位安装;始发用反力架的设计加工、就位；支撑系统、洞门环的安设、盾构组装、盾构始发方案、其他保证盾构推进用设备、人员、技术准备等，直到始发推进。

三、始发洞口的地层处理

在盾构始发之前，一般要根据洞口地层的稳定情况评价地层，并采取有针对性的处理措施。地层处理一般采取如"固结灌浆""冷冻法""插板法"等措施进行地层加固。选择加固措施的基本条件为加固后的地层要具备至少一周的侧向自稳能力，且不能有地下水的损失。常用的具体处理方法有搅拌桩、旋喷桩、注浆法 SMW 工法、冷冻法等。选择哪一种方法要根据地层具体情况而定，并且严格控制整个过程。其相关内容在本书第六章中已详细介绍。

四、始发洞口维护结构的凿除

洞门混凝土凿除前，端头加固的土体需达到设计所要求的强度、渗透性、自立性等技术指标后，方可开始洞口混凝土凿除工作。

根据经验，一般在始发前至少一个月开始洞口维护结构的凿除。整个施工一般分两次进行，第一次先将围护结构主体凿除，只保留维护结构的钢筋保护层，在盾构始发前将保护层混凝土凿除。

洞门凿除

在凿除完最后一层混凝土之后，要及时检查始发洞口的净空尺寸，确保没有钢筋、混凝土侵入设计轮廓范围之内。

为了避免洞门凿除对车站结构产生扰动，围护桩钢筋混凝土的凿除分两步进行，如图 7-19 所示：先沿洞周凿除 A 部分，采用人工手持风镐施作；再采用静态爆的方式凿除 B 部分。凿除时围护桩内层钢筋先不予割除，待盾构推进或出洞时再迅速割除。洞门凿除顺序示意图见图 7-20。

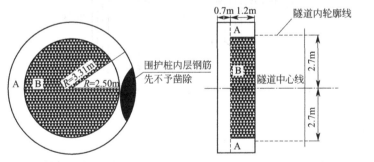
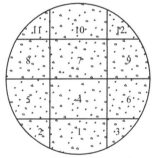

图 7-19　洞门凿除顺序示意图　　　　图 7-20　洞门凿除顺序

五、洞门密封

洞门密封用于盾构在始发时防止背衬注浆砂浆外泄，按种类分有压板式和折页式两种。其中折页式越来越被人们所认可。洞门密封的施工分两步进行，第一步是在车站结构的施工工程中做好始发洞门预埋件的埋设工作，要特别注意的是在埋设过程中预埋件必须与车站结构钢筋连接在一起；第二步是在盾构正式始发之前，应先清理完洞口的渣土，再完成洞门密封的安装。土压平衡盾构始发洞门密封形式如图 7-21 所示；泥水盾构始发洞门密封形式如

图 7-22 所示。

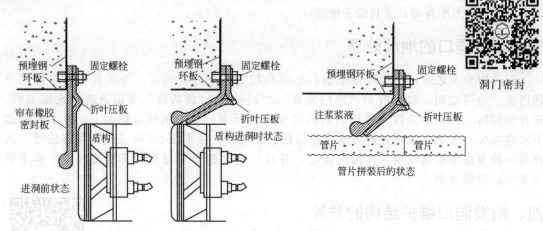

图 7-21 土压平衡盾构始发洞门密封形式

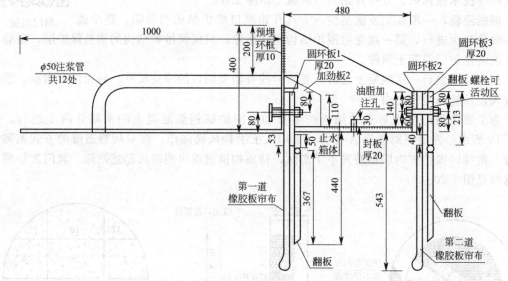

图 7-22 泥水盾构始发洞门密封形式（尺寸单位：mm）

六、洞口始发导轨的安装

在围护结构破除后，盾构基座端部与洞口围岩之间必然会产生一定的空隙，为保证盾构在始发时不至于因刀盘悬空而产生盾构"叩头"现象，需要在始发洞内安设洞口始发导轨。安设始发导轨时应在导轨的末端预留足够的空间，以保证盾构在始发时不致因安设始发导轨而影响刀盘旋转。

七、反力架、负环钢管片位置的确定

1. 盾构基座的安装

在洞门凿除完成之后，依据隧道设计轴线定出盾构始发姿态的空间位置，然后反推出盾构基座的空间位置，并对盾构基座进行加固。盾构基座的安装高程可根据端头地质情况适当抬高 2~3cm。

2. 负环管片环数的确定

假定盾构长度 $L_{TBM}=8.3m$，安装井长度 $L_{AS}=12m$（因不同的始发井尺寸而不同），洞口维护结构在完成第一次凿除后的里程为 D_F，设计第一环管片起始里程 D_{1S}，管片环宽 $W_S=1.2m$，反力架与负环钢管片长 $W_R=1.5m$（自行设计加工的尺寸）。D_R 为反力架端部里程，N 为负环管片环数。

在安装井内的始发最少负环管片环数确定为 $N=(D_{1S}-D_F+8.3)/W_S$。

3. 反力架、负环钢管片位置的确定

反力架、负环管片位置依据反力架的位置确定，主要依据洞口第一环管片的起始位置、盾构的长度以及盾构刀盘在始发前所能到达的最远位置确定。

在确定始发最少负环管片环数后，即可直接求出反力架端部里程。

反力架端部里程 $D_R=D_{1S}-NW_S$

4. 反力架、盾构基座的定位与安装

在盾构主机与后配套连接之前，开始进行反力架的安装。安装时反力架与车站结构连接部位的间隙要垫实，以保证反力架脚板有足够的抗压强度。

由于反力架和盾构基座为盾构始发时提供初始的推力以及初始的空间态，在安装反力架和盾构基座时，反力架左右偏差控制在 ±10mm 之内，高程偏差控制在 ±5mm 之内，上下偏差控制在 ±10mm 之内。盾构基座水平轴线的垂直方向与反力架的垂直方向偏差＜±2‰，盾构姿态与设计轴线竖直趋势偏差＜2‰，水平趋势偏差＜±3‰。

八、盾构的始发

1. 盾构基座两侧的加固

由于盾构基座在盾构始发时要承受纵向、横向的推力以及约束盾构旋转的扭矩，所以在盾构始发之前，必须对盾构基座两侧进行必要的加固。

2. 盾构的始发

① 盾构在空载向前推进时，主要控制盾构的推进油缸行程和限制盾构每一环的推进量。要在盾构向前推进的同时，检查盾构是否与盾构基座、始发洞发生干涉或是否有其他异常事件或事故的发生，确保盾构安全地向前推进。

② 始发时盾构姿态主要通过盾构的推油缸行程来控制。

③ 始发时盾构推进参数在保证盾构正常推进的情况下，可稍微降低总推力和刀盘扭矩。

3. 洞口注浆

在盾尾完全进入洞体后，调整洞口密封，进行洞口注浆。浆液不但要求顺利注入，而且要求尽早具有强度。注浆压力控制在 0.15MPa 以内。

九、负环管片的拼装

1. 负环管片拼装准备

在安装负环管片之前，为保证负环管片不破坏盾尾、保证负环管片在拼装好以后能顺利向后推进，在盾壳内安设厚度不小于盾尾间隙的方木（或型钢），以使管片在盾壳内的位置得到保证。

负环管片拼装

2. 负环管片后移

第一环负环管片拼装完成后，用 6 个推进油缸完成管片的后移。管片在后移的过程中，要严格控制每组推进油缸的行程，保证每组推进油缸的行程差小于 10mm。

3. 负环管片与负环钢管片的连接

负环管片的最终位置要以推进油缸的行程进行控制，在负环管片与负环钢管片之间的空隙用早强砂浆或钢板填满。

4. 负环管片的拼装

安装井内的负环管片通常采取通缝拼装（图 7-23），主要是因为盾构井一般只有一个，在施工过程中要利用此井进行出渣、进管片。采用通缝拼装可以保证能及时、快速地拆除负环管片。

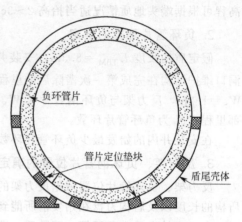

图 7-23 负环管片拼装示意图

十、反力架、负环管片的拆除

反力架、负环管片的拆除时间根据背衬注浆的砂浆性能参数和盾构的始发掘进推力决定。一般情况下，掘进 100m 以上（同时前 50 环完成掘进 7 日以上），可以根据工序情况和工作需要整体安排，进行反力架、负环管片拆除。

第三节 土压平衡盾构掘进

土压平衡式（Earth Pressure Balance）盾构，简称 EPB 盾构。土压平衡式盾构是在机械式盾构的前部设置隔板，土仓和排土用的螺旋输送机内充满切削下来的泥土，依靠推进油缸的推力给土仓内的开挖土渣加压，使土压作用于开挖面以使其稳定。土压平衡式盾构的支护材料是土壤本身。

土压平衡式盾构的工作原理为：刀盘旋转切削开挖面的泥土，破碎的泥土通过刀盘开口进入土仓，泥土落到土仓底部后，通过螺旋输送机运到皮带输送机上，然后输送到停在轨道上的渣车上。盾构在推进油缸的推力作用下向前推进，盾壳对挖出的还未衬砌的隧道起着临时支护作用，承受周围土层的土压、承受地下水的水压以及将地下水挡在盾壳外面。掘进、排土、衬砌等作业在盾壳的掩护下进行。

一、土压平衡盾构的掘进模式

土压平衡式盾构一般有三种模式，即敞开式、局部气压模式和土压平衡模式，见图 7-24。每一种掘进模式具有不同的特点和使用条件。

1. 敞开模式

土压平衡式盾构面对稳定性较好的岩层时，可以采用敞开式掘进，不用调整土仓压力。敞开式掘进模式一般用于地层自稳条件比较好的场合，即使不对开挖面进行连续压力平衡，在短时间内也可保证开挖面不失稳，土体不坍塌。在能够自稳、地下水少的地层多采用这种模式。盾构切削下来的渣土进入土仓内即刻被螺旋输送机排出，土仓内仅有极少量的渣土，

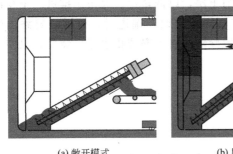 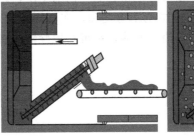 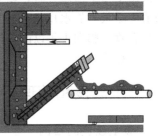

(a) 敞开模式　　　　　　(b) 局部气压模式　　　　　(c) 土压平衡模式

图 7-24　土压平衡盾构的三种掘进模式

土仓基本处于清空状态，掘进中刀盘和螺旋输送机所受反扭力较小。采用敞开模式掘进时，以滚刀破岩为主，采用高转速、低扭矩和适宜的螺旋输送机转速推进；同步注浆时浆液可能渗流到盾壳与周围岩体间的空隙甚至刀盘处，为避免此现象发生可采取适当增大浆液黏度、缩短浆液凝结时间、调整注浆压力、管片背后补充注浆等方法来解决。

2. 局部气压模式

局部气压模式也称半敞开模式。土压平衡盾构对于开挖面具有一定的自稳性，可以采用半敞开模式掘进；调节螺旋输送机的转速，土仓内保持 2/3 左右的渣土。如果掘进中遇到围岩稳定，但富含地下水的地层；或者施工断面上大部分围岩稳定，仅有局部会出现失压崩溃的地层；或者破碎带，此时应增大推进速度以求得快速通过并暂时停止螺旋机出土、关闭螺旋机出土门，使土仓的下部充满渣石，向开挖面和土仓中注入适量的添加材料（如膨润土、泥浆或添加剂）和压缩空气，使土仓内渣土的密水性增加，同时也使添加材料在压力作用下渗进开挖面地层，在开挖面上产生一层致密的"泥膜"，通过气压和泥膜阻止开挖面涌水和坍塌现象的发生，再控制螺旋机低速转动以保证在螺旋机中形成"土塞"，是完全可以安全快速地通过这类不良地层的。掘进中土仓内的渣土未充满土仓，尚有一定的空间，通过向土仓内输入压缩空气与渣土共同支撑开挖面和防止地下水渗入。该掘进模式适用于具有一定自稳能力和地下水压力不太高的地层，其防止地下水渗入的效果主要取决于压缩空气的压力。在上软下硬地层施工时多采用这种模式。在上软下硬地层施工时以滚刀破岩为主破碎硬岩，以齿刀、刮刀为主切削土层。在河底段掘进时，需要添加泡沫剂、聚合物、膨润土等改善渣土的止水性，以使土仓内的压力稳定平衡。

3. 土压平衡模式

土压平衡式盾构对于开挖地层稳定性不好或有较多的地下水的软质岩地层时，需采用土压平衡模式（即 EPB 模式）。此时需根据前面地层的不同，保持不同的渣仓压力。

盾构在掘进开挖面土体的同时，使掘进下来的渣土充满土仓内，并且使土仓内的渣土密度尽可能与隧道开挖面上的土壤密度接近。在推进油缸的推力作用下，土仓内充满的渣土形成一定的压力，土仓内的渣土压力与隧道开挖面上的水、土压力实现动态平衡，这样开挖面上的土壤就不会轻易坍落，达到既完成掘进又不会造成开挖面土体的失稳。

土仓内的压力可通过改变盾构的掘进速度或螺旋机的转速（排渣量）来调节，按与盾构掘削土量（包括加泥材料量）对应的排渣量连续出土，保证使掘削土量与排渣量相对应，使土仓中的流塑性渣土的土压力能始终与开挖面上的水土压力保持平衡，保持开挖面的稳定性，压力大小根据安装在土仓壁上的压力传感器来获得，螺旋机转速（排土量）根据压力传感器获得的土压自动调节。

采用土压平衡模式时，以齿刀、切刀为主切削土层，以低转速、大扭矩推进。土仓内土压力值应略大于静水压力和地层土压力之和，在不同地质地段掘进时，根据需要添加泡沫剂、聚合物、膨润土等以改善渣土性能，也可在螺旋输送机上安装止水保压装置，以使土仓内的压力稳定平衡。

二、渣土改良和管理

1. 渣土改良的目的

在盾构施工中尤其在复杂地层盾构施工中，进行渣土改良是保证盾构施工安全、顺利、快速的一项不可缺少的重要技术手段。渣土改良就是通过盾构配置的专用装置向刀面、土仓或螺旋输送机内注入泡沫或膨润土，利用刀盘的旋转、土仓搅拌或螺旋输送机旋转搅拌使添加剂与土渣混合，其主要目的就是要使盾构切削下来的渣土具有好的流塑性、合适的稠度、较低的透水性和较小的摩擦阻力，以满足在不同地质条件下采用不同掘进模式掘进时都可达到理想的工作状况。其具体目的如下。

① 使渣土具有良好的土压平衡效果，利于其稳定开挖面，控制地表沉降。

② 提高渣土的不透水性，使渣土具有较好的止水性，从而控制地下水流失。

③ 提高渣土的流动性，利于螺旋输送机排土。

④ 防止开挖的渣土黏结刀盘而产生泥饼。

⑤ 防止螺旋输送机排土时出现喷涌现象。

⑥ 降低刀盘扭矩和螺旋输送机的扭矩，同时减少对刀具和螺旋输送机的磨损，从而提高盾构的掘进效率。

2. 改良的方法与添加剂

由于添加剂的作用，土压盾构排出的掘削土砂几乎均为含水率高和流动性大的土砂，所以必须在施工现场对掘削土砂作改良处理，进而将其作为建设污泥废弃或再生利用。

土体改良的方法分为物理改良和化学改良方法。物理方法有水、土分离法，日晒法及强制脱水法；化学方法有水泥改良法、石灰改良法、高分子改良法。

其中，强制脱水法与泥水盾构工法中二次溺水处理（加压、脱水等方式）相同。

土压盾构工法中多使用化学方法，无论哪种化学方法都是利用水与化学材料发生反应，降低含水率；设备的规模形式也大体相同。

但是，水泥改良法和石灰改良法两者一个共同的特点是改良土是碱性，强度高，价格便宜。另一方面，高分子改良法的优点是见效快，改良土呈中性。缺点是价格贵，改良效果不太稳定。运输过程中存在再次呈现流动的可能。

因此，多数情况下采用优势互补的复合改良剂，即集上述两类方法的优点。

添加剂有单一添加剂和复合添加剂两种。单一添加剂包括矿物质类如黏土、膨润土等，高分子类［包括不溶性聚合物如丙烯类（树脂）、淀粉类和水溶性聚合动物如纤维类（CMC纸浆渣）、多糖类、负离子类乳胶（硅溶胶）和表面活性材料（气泡剂等）］；复合添加剂包括第一种是黏土（膨润土）＋气泡，第二种是膨润土＋有机酸，第三种是纤维素＋负离子类乳胶。

3. 渣土改良的主要技术措施

① 在砂质黏性土和全、强、中风化泥质粉砂岩的掘进中，拟采取分别向刀盘面和土仓内注入泡沫的方法进行渣土改良，必要时可向螺旋输送机内注入泡沫。同时，采用滚刀与齿

刀混合破岩削土或全齿刀削土、增大刀盘开口率等方法来防止形成泥饼。

② 在硬岩地段拟采取向刀盘前和土仓内及螺旋输送机内注入泥浆的方法来改良渣土。

③ 在富水断层带和其他含水地层采用土压平衡模式掘进时，拟向刀盘面、土仓内和螺旋输送机内注入膨润土，并增加对螺旋输送机内注入的膨润土，以利于螺旋输送机形成土塞效应，防止喷涌。

④ 在砂土地层中掘进时，拟采取向刀盘面和土仓内注入泡沫来改良渣土。泡沫注入量根据具体情况确定。

添加剂的注入量根据地层砂土的粒径累加曲线计算出矿物类或表面活性材料添加剂的使用量。另外，水溶性高分子类添加剂的用量参考矿物类添加剂的使用量。

三、掘进过程中盾构姿态控制

1. 盾构掘进方向控制

盾构掘进施工中，盾构操作员需要连续不断地得到盾构轴线相对于隧道设计轴线位置及方向的关系，以便使被开挖隧道保持正确的位置；盾构在掘进中，以一定的掘进速度向前开挖，也需要盾构的开挖轨迹与隧道设计轴线一致，为此盾构操作员必须即时得到所在位置的信息反馈。如果掘进方向与隧道设计轴线偏差超过一定界限时，就会使隧道衬砌侵限、盾尾间隙变小，使管片局部受力恶化，也会造成地层损失增大而使地表沉降加大。

盾构施工中，采用激光导向来保证掘进方向的准确性和盾构姿态的控制。导向系统用来测量盾构的坐标（X、Y、Z）和位置（水平、上下和旋转），测量的结果可以在面板上显示，以便将实际的数据和理论数据进行对比。导向系统还可以存储每环管片安装的关键数据。

（1）导向系统　目前，国内使用的盾构主要有以下三种类型的导向系统。

① PPS 导向系统　PPS 系统采用固定、自动或电机控制的全站仪来测量系统元器件。这些元器件包括：2 个 EDM 棱镜，它们安装在盾构靠近刀盘的固定位置上；1 个参照棱镜，它安装在全站仪架上，用以检测全站仪的稳定性；1 个高精度的电子倾斜仪，用来测量盾构的倾斜和扭转。这些元器件的控制由随机 PPS 系统电脑自动控制。

② SLS-T APD 系统　SLS-T APD 系统为 VMT 公司生产，由 ELS 激光靶、激光全站仪、棱镜、计算机、黄盒子等系统组成。SLS-T APD 系统的主要基准是由初始安装在墙壁或隧道衬砌上的激光全站仪发出的一束可见激光。激光束穿过机器中的净空区域击到安装在机器前部的电子激光靶上。在电子激光靶内部是一个双轴倾斜仪，用这个倾斜仪来测量 ELS 靶的仰俯角和滚动角。电子激光靶的前方安装有一个反棱镜，激光基准点和电子激光靶之间的距离通过全站仪中的内置 EDM 来测定。通过测定激光站和基准点的绝对位置，就能得到电子激光靶的绝对位置及方位，从而得到机器的位置和方位。SLS-T APD 导向系统不仅能随时（特别是在掘进的过程中）精确测量盾构的位置，而且它还通过简单明了的方式把得到的结果呈现在驾驶员面前，以便驾驶员及时采取必要的纠偏措施。

黄盒子用来给全站仪和激光供电。系统计算机和全站仪之间的通信也通过黄盒子进行。

③ ROBOTEC 系统　ROBOTEC 导向系统由全站仪、棱镜（有挡板保护，测量时挡板自动打开）、数据线、各种接口设备、操作软件组成。它的工作原理与 SLS-T APD 系统等相似。ROBOTEC 系统的特点是：不用接收靶，直接使用棱镜，减少了一层换算关系；它还可以在盾构推进中实现无人值守及自动测量的功能。

（2）推进油缸的分区控制　盾构的推进机构提供盾构向前推进的动力，通过分区操作盾构推进油缸控制盾构掘进方向。推进机构包括 N 个推进油缸和一个推进液压泵站。推进油缸按照在圆周上的区域被编为 4～5 个组。现一般为 4 组，见图 7-25，分上、下、左、右可分别进行独立控制的 4 个液压区。在曲线段（包括水平曲线和竖向曲线）施工时，盾构推进操作控制方式是把液压推进油缸进行分区操作。每组油缸均能单独控制压力，为使盾构沿着正确的方向开挖，可以调整 4 组油缸的压力。油缸也可以单独控制。

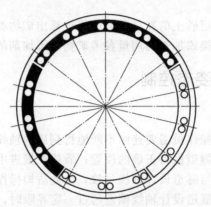

图 7-25　盾构推进油缸分组

一般情况下，当盾构处于水平线路掘进时，应使盾构保持稍向上的掘进姿态，以纠正盾构因自重而产生的低头现象。

通过调整每组油缸的不同推进速度、每组压力来对盾构进行纠偏和调向。油缸的后端顶在管片上以提供盾构前进的反力。

在上、下、左、右每个区域中各有一只油缸安装了行程传感器，通过油缸的位移传感器可以知道油缸的伸出长度和盾构的掘进状态。

（3）推进过程中的蛇行和滚动　在盾构推进过程中，蛇行和滚动是难以避免的。出现蛇行和滚动主要与地质条件、推进操作控制有关。针对不同的地质条件，进行周密的工况分析，并在施工过程中严格控制盾构的状态，以减少蛇行值和盾构的滚动。当出现滚动时，可采取正反转刀盘的方法来纠正盾构姿态。盾构推进时还需注意以下几个问题：

① 工作面的地层结构及物理力学特性的不均匀性。
② 推进系统性能的平衡性、稳定性。
③ 监控系统的敏感性、可靠性和稳定性。
④ 富水软弱地层对盾壳的环向弱约束性。
⑤ 通过软硬变化地层时，刀盘负载与盾壳约束条件的不对称性（包括进出的类似情况）。

2. 盾构姿态调整与纠偏

在实际施工中，盾构推进方向可能会偏离设计轴线并超过管理警戒值。在稳定地层中掘进，因地层提供的滚动阻力小，可能会产生盾体滚动偏差；在线路变坡段或急弯段掘进，有可能产生较大的偏差。

① 参照上述方法分区操作推进油缸来调整盾构姿态，纠正偏差，将盾构的方向控制调整到符合要求的范围内。
② 在急弯和变坡段，必要时可利用盾构的超挖刀进行局部超挖来纠偏。
③ 当滚动超限时，盾构会自动报警，此时应采用盾构刀盘反转的方法纠正滚动偏差。

3. 方向控制及纠偏注意事项

① 在切换刀盘转动方向时,应保留适当的时间间隔,切换速度不宜过快。

② 根据掌子面地层情况应及时调整掘进参数。调整掘进方向时应设置警戒值与限制值,达到警戒值时就应该实行纠偏程序。

③ 蛇行修正及纠偏时应缓慢进行。在直线推进的情况下,应选取盾构当前所在位置点与设计线上远方的一点作一直线,然后再以这条线为新的基准进行线形管理。在曲线推进的情况下,应使盾构当前所在位置点与远方点的连线同设计曲线相切。

④ 推进油缸油压的调整不宜过快、过大。

⑤ 正确进行管片选型,确保拼装质量与精度,以使管片端面尽可能与计划的掘进方向垂直。

⑥ 盾构始发、到达时方向控制极其重要,应按照始发、到达掘进的有关技术要求,做好测量定位工作。

第四节　泥水盾构掘进

一、泥水盾构基本原理

泥水盾构用于不稳定地层的开挖,这种不稳定地层可能是各种各样的,从渗透性一般到渗透性很强(如含有少量干细砂或流砂的砾石);泥水盾构被用于隧道掘进要求对地层的干扰控制严格的情况,诸如沉陷和隆起等,因为这种技术能够精确地控制泥水压力(± 5kPa)。泥水盾构使用液态介质来支撑掌子面,能达到较高的封闭压力(0.4~0.5MPa,在特殊情况下可达到 0.8MPa),因此当工程的静水压力比较大时,通常选择泥水盾构而不用土压平衡盾构。

泥水盾构掘进

泥水盾构是将一定浓度的泥浆通过泵压入泥水盾构的泥水室中,随着刀盘切下来的土渣与地下水顺着刀槽流入开挖室中,泥水室中的泥浆浓度和压力逐渐增大,并平衡开挖面的泥土压和水压,在开挖面上形成泥膜或泥水压形成渗透壁,对开挖面进行稳定挖掘。

为了使开挖面保持相对稳定而不坍塌,只要控制进入泥水室的泥水量和渣土量与从泥水室中排出泥浆量相平衡,开挖即可顺利进行。

二、泥水盾构掘进管理要点

① 根据隧道地质状况、埋深、地表环境、盾构姿态、施工监测结果制订盾构掘进施工指令与泥浆性能数设置指令,并准备好壁后注浆工作、管片拼管工作。

② 施工中必须严格按照盾构设备操作规程、安全操作规程以及掘进指令。控制盾构掘进参数与掘进姿态过程中,严格控制好掘进方向并及时调整。

③ 设定掘进参数,优化掘进参数。掘进与管片背后注浆同步进行。控制施工后,地表最大变形量为 $-30\sim 10$mm。

④ 盾构掘进过程中,坡度不能突变,隧道轴线和折角变化不能超过 0.4%。

⑤ 盾构掘进施工全过程须严格受控,根据地质变化、隧道埋深、地面荷载、地表沉降、盾构姿态、刀盘、扭矩、推进油缸推力等,即时调整。初始出现的小偏差应及时纠正,尽量避免盾构走"蛇"形,在纠偏过程中,每一循环盾构的纠偏值水平方向不超过 9mm,竖直

方向不超过 5mm,以减少对地层的扰动。

⑥ 施工中必须设专人对泥水性能进行监控,根据泥浆性能参数设置指令进行泥水参数管理。泥水管路延伸、更换,应在泥水管路完全卸压后进行。

⑦ 施工过程出现大粒径石块时,必须采用破碎机破碎、砾石分离装置分离。

三、掘进参数管理

1. 切口水压的设定

盾构切口水压由地下水压力、静止土压力、变动土压力组成。切口泥水压力应介于理论计算值上下限之间,并根据地表建构筑物的情况和地质条件适当调整。

2. 掘进速度

正常掘进条件下,掘进速度应设定为 20~40m/min;在通过软硬不均地层时,掘进速度控制在 10~20mm/min。在设定掘进速度时,注意以下几点。

① 盾构启动时,需检查推进油缸是否顶实,开始推进和结束推进之前速度不宜过快。每环掘进开始时,应逐步提高掘进速度,防止启动速度过大冲击扰动地层。

② 每环正常掘进过程中,掘进速度值应尽量保持恒定,减少波动,以保证切口水压稳定和送、排泥管的畅通。在调整掘进速度时,应逐步调整,避免速度突变对地层冲击扰动和切口水压摆动过大。

③ 掘进速度的快慢必须满足每环掘进注浆量的要求,保证同步注浆系统始终处于良好工作状态。

④ 选取掘进速度时,必须注意与地质条件和地表建筑物条件匹配,避免速度选择不合适对盾构刀盘、刀具造成非正常损坏和使隧道周边土体扰动过大。

3. 掘削量的控制

掘进实际掘削量 Q 可由下式计算得到

$$Q = (Q_2 - Q_1)t$$

式中　Q_2——排泥流量,m^3/h;

　　　Q_1——送泥流量,m^3/h;

　　　t——掘削时间,h。

当发现掘削量过大时,应立即检查泥水密度、黏度和切口水压。此外,也可以利用探查装置,了解土体坍塌情况。在查明原因后应及时调整有关参数,确保开挖面稳定。

4. 泥水指标控制

(1) 泥水密度　泥水密度是泥水主要控制指标。送泥时的泥水密度控制在 1.05~1.08g/cm^3 之间,使用黏土、膨胀土(粉末黏土)提高相对密度,添加 CMC 来增大黏度。工作泥浆的配制分两种,即天然黏土泥浆和膨胀土泥浆。排泥密度一般控制在 1.15~1.30g/cm^3。

(2) 漏斗黏度　黏性泥浆在砂砾层可以防止泥浆损失,保持作业面稳定。在坍塌性围岩中,使用三次泥水。但是泥水黏度过高,处理时容易堵塞筛眼,造成作业性下降;在黏土层中,黏度不能过低,否则会造成开挖面塌陷或堵管事故,一般漏斗黏度控制在 25~35Pa·s。

(3) 析水量　析水量是泥水管理中的一项综合指标,它更大程度上与泥水的黏度有关。悬浮性好的泥浆就意味着析水量小,反之就大。泥水的析水量一般控制在 5% 以下。降低土颗粒含量和提高泥浆的黏度,是保证析水量合格的主要手段。

(4) pH 值　水的 pH 值一般为 8~9。

(5) API 失水量　API 失水量 $Q<20\text{mL}$（100kPa,30min）。

四、泥水压力管理

泥水盾构工法是将泥膜作为包裹层,由泥水压力来平衡土体压力。在泥水平衡的理论中,泥膜的形成是至关重要的。当泥水压力大于地下水压力时,泥水按达西定律渗入土壤,形成泥膜。随着时间的推移,泥膜的厚度不断增加,渗透抵抗力逐渐增强。当泥膜抵抗力远大于正面土压时,产生泥水平衡效果。

虽然泥水渗透体积随泥水压力上升而上升,但它的增加量远小于压力的增加量,但增加泥水压力将提高作用于开挖面的有效支承压力,提高开挖面的稳定性。

作用在挖面上的泥水压力一般设定为:泥水压力=土压+水压+附加压。

附加压的标准值为 0.02MPa,一般要根据渗透系数、开挖面松弛状况、渗水量等进行设定。附加压过大,则因盾构推力增大和泥水对开挖面的渗透加强,相反会带来塌方、泥水窜入后仓等危害,需要慎重考虑。此外,泥水压力的设定也有不同的理论,常有与开挖面状况不吻合的时候。因此,要从干砂量测定结果等进行推测和考虑,并需要通过试验来对泥土压水数值等进行修正。

1. 直接控制型泥水盾构的泥水压力管理

直接控制型泥水盾构在掘进中的实际泥水压力值的管理,由图 7-26 流程图作自动管理。其中,用压力信号发送器 No.2 接受由 P1 泵送出的送泥压力,并送往送泥压力调节器,由自动调节来操作控制网 CV-3,通过调节阀的开关进行压力调整。用压力信号发送器 No.1 接受开挖面泥水压力,并送往开挖面泥水压力保持开挖调节器,在这里把它和设定压力的差作为信号送给控制阀 CV-2,通过阀的开闭进行压力调节。由此,对于设定压力的管理,控制在 ±0.01MPa 的变动范围以内。

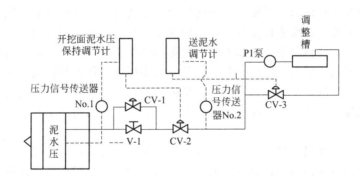

图 7-26　直接控制型泥水盾构泥水压力控制

2. 间接控制型泥水盾构的泥水压力管理

间接控制型泥水盾构的泥水压力的控制采用泥水气平衡模式。

如图 7-27 所示,在盾构的泥水室里装有一道半隔板,将泥水室分割成两部分,半隔板前面注浆管称为泥水仓,半隔板的后面称为气垫仓。调压时在泥水仓内充满压力泥水,在气垫仓内盾构轴线以上部分加入压缩空气,形成气压缓冲层,气压作用在气垫仓内的泥水液面上；由于在接触面上的气、液具有相同的压力，因此只要调节空气的压力，就可以确定开挖面上相应的支护压力。

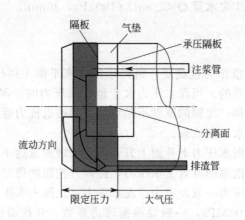

图 7-27 泥水气平衡示意图

当盾构推进时，由于泥水的流失或盾构推进速度的变化，进出泥水量将会失去平衡，气垫仓内的泥水液面就会出现上下波动，为维持设定的压力值（与设定的气压值发生偏差，由 Samson 调节器根据在泥水仓内的气压传感器测得值与设定的气压值比较得出），通过进气或排气改变气压值。当盾构正面土压值增大时气垫仓内泥水液位升高（高于盾构轴线），由于气垫仓内气体体积减小，压力升高，排气阀打开，降低气垫仓内气体压力，当气体压力达到设定的气压值时，关闭排气阀；当盾构正面土压值减小时，气垫仓内泥水液位降低（低于盾构轴线），由于气垫仓内气体体积增加，压力降低，进气阀打开，升高气垫仓内气体压力，当气体压力达到设定的土压值时，关闭进气。通过液位传感器，可以根据液位的变化控制进泥泵或排泥泵的转速，在保持压力设定值不变的状态下（由 Samson 调节器差分控制系统控制），使气垫仓内泥水液位恢复到盾构轴线位置。

间接控制型泥水盾构通过压缩空气来间接地自动调节土仓内悬浮液的压力，使之与开挖面的水土压力相平衡，从而实现支撑作用。压缩空气垫能够调节泥浆的平面高度，在发生漏水或水从开挖面渗入的情况下，它起着一个吸振器的作用并最终可消除压力峰值。调压仓的压缩空气不断调整悬浮液面的高度，及时满足或补充掘进工作面对膨润土液的需求。这种调整可以达到比较精确的程度。如果平衡状态被打破，空气控制系统会自动迅速向调压仓内补充高压空气，或排出高压空气，保证压力的平衡状态。过压的高压空气通过安全阀或调节阀排出。

泥水盾构的发展经过三种历程，即日本历程、英国历程和德国历程。到目前则只有日本和德国两个主要的发展体系。以日本的泥水盾构为基础开发出了土压平衡盾构，而德国的泥水盾构则推动了混合型盾构的开发。德国和日本体系的主要区别是，德国体系的泥水盾构在泥水仓中设置了气压仓，日本体系的泥水盾构的泥水仓则全是泥水。

日本一般采用直接控制型泥水盾构。直接控制型泥水盾构的泥水系统采用泥水平衡模式，其流程为：送泥泵从地面泥浆调整槽将新鲜泥浆输入盾构泥水仓，与开挖泥土进行混合，形成稠泥浆，然后由排泥泵输送到地面泥水分离站，经分离后排出土渣，而稀泥浆流向调整槽，再对泥浆密度和浓度进行调整后，重新输入盾构循环使用。泥水仓中泥水压力，可通过调节送泥泵转速或调节控制阀开度来控制。由于送泥泵安装在地面，控制距离长，易产生延迟效应，不便于控制泥浆压力，因此常用调节控制阀的开度来进行泥浆压力调节。

德国采用间接控制型泥水盾构,其泥水系统的工作特征是由泥浆和空气双重回路组成,因此也称为"D"模式或气压复合模式。

间接控制型泥水盾构与直接控制型泥水盾构相比,操作控制更为简化,对开挖面土层支护更为稳定,对地表变形控制也更为有利。

五、泥水分离技术

泥水盾构是通过加压泥水来稳定开挖面,其刀盘后面有一个密封隔板,与开挖面之间形成泥水仓,仓里充满了泥浆,开挖土渣与泥浆混合后由排浆泵输送到洞外的泥水分离站,经分离后进入泥浆调整池进行泥水性状调整后,由送泥泵将泥浆送往盾构的泥水仓重复使用。通常将盾构排出的泥水中的水和土分离的过程称为泥水处理。

泥水处理设备设于地面,由泥水分离站和泥浆制备设备两部分组成。泥水分离站主要由振动筛、旋流器、储浆槽、渣浆泵等组成;泥浆制备由沉淀池、调浆池、制浆系统等组成。

1. 泥水分离站

选择泥水处理设备时,必须考虑两个方面:一是必须具有与推进速度相适应的分离能力,二是必须能有效地分离排泥浆中的泥土和水分。同时,在考虑分离站的能力时还应有一定的储备系数。

泥水处理一般分为三级:一级泥水处理的对象是粒径 $74\mu m$ 以上的砂和砾石,工艺比较简单,用振动筛或旋流器等设备对其进行筛分,分离出的土颗粒用车运走;二级泥水处理的对象主要是一级处理时不能分离 $75\mu m$ 以下的淤泥、黏土等的细小颗粒;三级处理是对需排放的剩余水作 pH 值调整,使泥水排放达到国家环保要求,其处理采用的材料主要是稀硫酸或适量的二氧化碳气体。

2. 泥浆制备

从泥水分离站排出的泥浆经沉淀后进入调整槽,在调整槽内对泥浆进行调配,确保输送到盾构的泥浆性能满足使用要求。制浆设备主要包含 1 个剩余泥水槽、1 个黏土溶解槽、1 个清水槽、1 个调整槽、一个 CMC(粉末黏剂)储备槽、搅拌装置等。

泥浆制备时,使用黏土、膨润土(粉末黏土)提高密度,添加 CMC 来增大黏度。黏性大的泥浆在砂砾层可以防止泥浆损失、砂层剥落,使作业面保持稳定。在坍塌性围岩中,也宜使用高黏度泥水。但是泥水黏度过高,处理时容易堵塞筛眼;在黏土层中,黏度不能过低,否则会造成开挖面塌陷。

六、适应地质范围

泥水盾构最初是在冲积黏土和洪积砂土交错出现的特殊地层中使用,由于泥水对开挖面的作用明显,因此在软弱的淤泥质土层、松动的砂土层、砂砾层、卵石砂砾层、砂砾和坚硬土的互层等地层中均适用。

目前泥水加压盾构工法对地层的适用范围不断扩大,即使处于恶劣的施工环境和存在地下水等的不良条件下,由于有相应的处理方法,因而几乎能适应所有的地层。

1. 黏性土层

黏土矿物经相互间电化学结合而形成的黏性土层,近似变质了的凝胶块状体,由泥水相对密度大和所加压力容易形成对开挖面的稳定,不论黏性土层的软弱状态如何,都适合于用泥水盾构施工。泥水盾构也适用于粉砂土地层施工。

2. 砂层

不含水的砂层由于漏浆，不能保持住对开挖面的加压和稳定。通常，在含有某一数量的粉砂土、黏土的冲积层中，几乎都有一定的含水率，全部都是细砂的地层是少见的，干燥的松散砂也很少有，由于砂层内摩擦角有许多是在28°左右，所以大部分可用泥水加压来保持开挖面的稳定。松散的含水率大的砂层，在其他盾构工法中很难保持土层稳定，可采用泥水盾构并提高其泥水相对密度、黏度和压力。

3. 砾石层

对于水分多、不含有作为黏合剂的粉砂土及黏土等的砾石层和有大直径的砾石层，可采用泥水盾构施工，并在泥水仓内安装砾石破碎装置。

4. 贝壳层

贝壳层很难称为一种土层，但含水且贝壳很多的土体中，同上述砾石层一样更加坚固，开挖面很难稳定，但使用泥水盾构并用大刀盘挖土就可以成为能适应的地层。

泥水盾构能适用于各类地质的土层，对开挖面难以稳定的土质特别有效。泥水盾构能克服地面条件和其他地下条件所造成的种种困难，譬如上部是河或海等有水体的地方、有道路和建筑物的地方以及适合于要减少沉降的地方等。在这些场所采用泥水加压盾构，无论在工法上还是经济上都是有效的。

第五节　管片拼装

一、管片选型

管片拼装

管片选型的原则有三个：

① 选型要适合隧道设计线路；
② 管片选型要适应盾构的姿态；
③ 现有的管模数量、类型及生产能力。

管片是在盾尾内拼装，所以不可避免地受到盾构姿态的约束。管片要尽量垂直于盾构轴线，让盾构的推进油缸能垂直地推在管片上，这样使管片受力均匀，掘进时不会产生管片破损。同时也要兼顾管片与盾尾之间的间隙，避免盾构与管片发生碰撞而损坏管片。当因地质不均、推力不均等原因使盾构偏离线路设计轴线时，管片的选型要适应盾构的姿态。

在进行管片选型的时候，只有盾尾间隙接近警戒值（60mm）时，才根据盾尾间隙选择管片。

二、影响管片选型的因素

1. 盾构的盾尾间隙的影响

盾尾与管片之间的间隙叫盾尾间隙。如果盾尾间隙过小，则盾构在掘进过程中盾尾将会与管片发生摩擦，增加盾构向前的阻力和造成管片压坏引起隧道渗漏水，同时盾尾密封效果减弱造成盾尾漏浆。

2. 油缸行程和铰接油缸行程差对管片选型的影响

盾构是依靠推力油缸顶推在管片上产生的反力向前掘进的，推力油缸按上、下、左、右四个方向分成四组，每一个掘进循环这四组油缸的行程的差值反映了盾构与管片的平面位置之间的空间关系，可以看出下一个掘进循环盾尾间隙的变化趋势。当管片平面不垂直于盾构轴线时，各组推进油缸的行程就会有差异，当这个差值过大时，推进油缸的推力就会在管片环的径向产生较大的分力，从而影响已拼装好的隧道管片以及盾构掘进姿态。通常以各组油缸行程的差值大小来判断是否应该拼装转弯环，在两个相反的方向上的行程差值超过 40mm 时，就应该拼装转弯环来进行纠偏。通过转弯环的调整，使左右与上下的油缸行程差值控制在 30mm 以内，有利于盾构掘进及保护管片不受破坏。

铰接油缸可以被动收放，有利于曲线段的掘进及盾构的纠偏。同样铰接油缸的行程差也影响管片的选型，这时应将上下或左右的推进油缸行程差值减去上下或左右的铰接油缸行程差值，最后的结果作为管片选型的依据。

三、管片的拼装

1. 拼装顺序

管片的分块要根据管片制作、运输、拼装等方面的施工要素，同时考虑管片的受力条件及防水效果。管片分块数过少，衬砌结构整体刚度很大，不利于有效调动土层的被动抗力，单块管片过大、过长会引起施工的不便，并不易保证管片的质量；管片分块数过多，则会影响管片的拼装速度，并使接缝防水工作量增加。管片一般由标准块、邻接块及封顶块组成。拼装时，由下部开始，对称安装标准块和邻接块，最后装封顶块。封顶块拼装方便，施工时可先搭接 2/3 环宽径向推上，再进行纵向插入（与施工设计有关，一种沿隧道半径方向呈锥角从隧道内侧插入；另一种纵向带锥度，沿隧道纵轴插入；第三种是将两种方法结合）。

2. 拼装工艺

① 管片在作防水处理前必须对其进行清理，然后再进行密封垫的粘贴。

② 安装过程中彻底清除盾壳安装部位的垃圾，同时必须注意管片的定位精度，尤其第一环要做到居中安放。

③ 安装时千斤顶交替收放，即安装哪段管片收回那段相对应的千斤顶，其余千斤顶仍顶紧。

④ 管片安装把握好管片环面的平整度、环面的超前量以及真圆度。

⑤ 边拼装管片边拧紧纵、环向连接螺栓，待整环管片安装完毕，撑开真圆保持固定。

⑥ 在整环管片脱出盾尾后，再次按规定扭矩拧紧全部连接螺栓。

3. 特殊地段的管片拼装

（1）曲线段管片安装　将标准管片和楔形管片进行排列组合，以拟合不同半径曲线。施工中必须注意标准管片和楔形管片的衔接，拼装工艺与标准管片相同。

（2）区间内联络通道位置处的管片安装　区间隧道的联络通道与正线隧道相接处采用两环钢管片，以通缝形式拼装。此时管片仍为封闭的，并在洞门周边设置一圈封闭钢梁，构成一坚固的封闭框架。在联络通道施工前，先将填充管片拆除，将洞口荷载完全传到框架上，再向里施工。管片安装时由于管片分块较多，因而必须注意标准管片和楔形管片的衔接，拼装工艺与标准管片相同。

4. 管片安装中的注意事项

① 每一环推进长度必须达到大于环宽 300mm（每环推进全长 1800mm）以上方可拼装管片，以防损坏 K 形止水条。

② 管片吊装头必须拧紧，为避免管片旋转过程中安装头单独承受管片重力，应将四条压板均匀地接触管片，避免管片拼装过程中螺栓头被拔出。

③ 管片拼装过程中，第一块管片的位置尤为重要，它决定了本环其他管片的位置及拼缝的宽窄。管片高于相邻块，将会导致 K 形块的位置不够；低于相邻块，纵缝过大，防水性降低。同时，第一块应平整，防止形成喇叭口。

④ 当拼装第五块（B 或 C）时，应用尺子量 K 形块空位的宽度，并调整第五块，保证间距为 48cm±1cm 或 95cm±1cm。

⑤ 管片拼装应满足规范规定的偏差：高程和平面不侵限；每环相邻管片平整度 10mm，纵向相邻环环面平整度 15mm；衬砌环直径椭圆度 5%。

⑥ 拧紧螺栓应确保螺栓紧固，紧固力矩要达到设计要求（300N·m）。

⑦ 同一环内各管片的相邻位置应符合设计图纸要求，不可互换。每环管片上有管片类型标记、环类型标记、纵缝对接标记，安装管片时应认真查看这些标记，保证管片安装正确；管片迎千斤顶面和背千斤顶面不同，方向不要错装。操作手在安装管片时看到的管片中心管片标志字符应是正置的，如果是倒置的，则管片上字体朝向错误。

⑧ 管片 K 形块安装方法为先纵向搭接 1m，然后安装器径向推顶到预定位置再纵向插入，K 形块及 B、C 与 K 形块相邻面止水条，在安装面应涂润滑剂。

⑨ 安装时注意小心轻放，避免损坏管片和止水条。

⑩ 对掘进过程中出现的管片裂缝和其他破损，要及时观察记录并提醒盾构操作手注意，并要选择合适时间对管片进行修补。

⑪ 注意：每次应根据需要拼装管片的位置，回缩相应位置的部分千斤顶，如果回缩过多，则千斤顶是十分危险的，前面土体的支撑压力会使得盾构后移，轻则导致盾构姿态变样，重则引起安全事故。

⑫ 封顶块先径向居中压入安装位置，搭接长度小于 1.2m（故一般要求千斤顶行程量大于 1800mm 时才停止掘进），调准后再沿纵向缓慢插入。如遇阻碍应缓慢抽出后进行调整，严禁强行插入和上下大幅度调整，以免损坏或松动止水条。

第六节　壁后注浆施工

壁后注浆施工

一、注浆目的与方式

管片壁后注浆按与盾构推进的时间和注浆目的不同，可分为同步注浆和堵水注浆等。

（1）同步注浆　同步注浆与盾构掘进同时进行，是通过同步注浆系统及盾尾的注浆管，在盾构向前推进盾尾空隙形成的同时进行，浆液在盾尾空隙形成的瞬间及时起到充填作用，使周围岩体获得及时的支撑，可有效防止岩体的坍塌，控制地表的沉降。

（2）二次补强注浆　管片背后二次补强注浆则是在同步注浆结束以后，通过管片的吊装孔对管片背后进行补强注浆，以提高同步注浆的效果，补充部分未充填的空腔，提高管片背后土体的密实度。二次注浆其浆液充填时间滞后于掘进一定的时间，对围岩起到加固和止水的作用。

（3）堵水注浆　为提高背衬注浆层的防水性及密实度，在富水地区考虑前期注浆受地下水影响以及浆液固结率的影响，必要时在二次注浆结束后进行堵水注浆。盾构推进时，盾尾空隙在围岩塌落前及时地进行压浆，充填空隙，稳定地层，不但可防止地面沉降，而且有利于隧道衬砌的防水。选择合适的浆液（初始黏度低，微膨胀，后期强度高）、注浆参数、注浆工艺，在管片外围形成稳定的固结层，将管片包围起来，形成一个保护圈，防止地下水侵入隧道中。壁后注浆的目的如下。

① 使管片与周围岩体的环形空隙尽早建立注浆体的支撑体系，防止洞室岩壁塌陷与地下水流失造成地层损失，控制地面沉降值。

② 尽快获得注浆体的固结强度，确保管片衬砌的早期稳定性，防止长距离的管片衬砌背后处于无支承力的浆液环境内，使管片发生移位变形。

③ 作为隧道衬砌结构加强层，具有耐久性和一定强度。充填密实的注浆体将地下水与管片相隔离，避免或大大减少地下水直接与管片的接触，从而作为管片的保护层，避免或减缓了地下水对管片的侵蚀，提高管片衬砌的耐久性。

二、同步注浆参数的控制

1. 注浆材料

注浆材料必须适合于隧道的土质和盾构形式等条件。作为注浆材料，应具备以下性质：不发生材料离析，不丧失流动性，注浆后的体积变化小，尽早达到围岩强度以上，水密性好。

注浆材料最重要的是充填性、流动性及不向盾尾以外的区域流失等特性，满足这些条件是实现壁后注浆目的的关键。但由于上述条件是相互矛盾的，譬如，为了提高充填性，应使浆液的流动性好，但是流动性太好，又易使隧道管片背后顶部部分出现无浆液充填的现象。

通常使用的注浆材料有单液型和双液型。

2. 单液型注浆材料的性质

① 可压送的流动性。

② 能填充到目标间隙范围。

③ 在填充的注浆材料硬化前，不发生材料离析或凝固。

单液型浆液在搅拌机中经拌和成为流动的液体，再由砂浆泵注入盾尾后部的间隙。注入时要求浆液处于流动性好的液态，以利于充填，浆液经过液体到固体的中间状态（流动态凝结及可塑状凝结）后固结（硬化）。但是，由于水泥的水化反应非常缓慢，所以从注入到固结需要几个小时，因此，管片背面的顶部位置很难充填密实，加上水泥砂浆易受地下水的稀释，致使早期强度下降。

在单液型浆液中不同的材料配比，决定了它们不同的凝结时间、抗压强度、固结率等。可加入水玻璃作为速凝剂以加快浆液的凝结时间。

3. 双液型注浆材料的性质

① 能在指定范围内注浆。

② 材料离析少而且不受地下水的影响。

③ 能调节硬化时间。

④ 能根据需要尽早达到所需的强度等。

在围岩难以稳定的黏土层或易坍塌的砂层，需要在推进的同时，把壁后注浆材料通过安装在盾尾中的注浆管注入到空隙中去。为此，除了要求浆液在注浆期间具有流动性外，还要求浆液在注浆后可迅速变为可塑状固结或固结，故背后注浆中使用的是水玻璃类双液型浆液。以水泥与水玻璃浆液为主剂，根据需要添加其他附加剂，它克服了单液型水泥砂浆凝结时间长、不易控制等弊病。凝结时间随水玻璃浓度、水泥浆浓度（即水灰比）、水玻璃与水泥浆体积比、温度等有关。一般情况下水泥浆浓度增大，浆液凝结时间长；水玻璃与水泥浆体积比增大，浆液凝结时间短；水玻璃浓度增大，凝结时间缩短。

使用双液注浆时，应注意对注浆管的清洗，否则会发生堵管现象。

4. 同步注浆主要技术参数

同步注浆是从安装在盾构上的注浆管直接注入盾尾的空隙，盾构推进油缸与注浆是联动的，控制系统通过 PLC 与盾构的推进相互锁定，保证盾构前进时环中的压力。砂浆流动速度是无级调整的，这样就可以自动满足盾构前进的速度。注浆操作通过预先设定的注浆压力进行控制，从而避免过高的压力损坏盾尾密封或管片；系统中每个部位都有足够的压力来平衡预计的地面土压力和地面水压力，这样可避免地面的沉降。

所有操作功能都通过中央控制板控制。注浆操作控制板上可以选择或预先设定每个注入点上的砂浆压力、每个注入点计算行程（砂浆量）、总计算行程（砂浆量）、每环注入点的砂浆注入量、每环总的砂浆量的限定值。

① 注浆压力　同步注浆时要求在地层中的浆液压力大于该点的静止水压及土压力之和，做到尽量填补空隙而不会劈裂。注浆压力过大，管壁外面土层将会被浆液扰动而造成地表隆起，浅埋地段还易造成跑浆；而注浆压力过小，浆液填充速度过慢，填充不饱满，会使地表沉降增大。泥水盾构施工中，一般同步注浆压力比相应水压高 0.2~0.3MPa。

② 注浆量　同步注浆量理论上是充填切削土体与管壁之间的空隙，但同时要考虑盾构推进过程中的纠偏、跑浆（包括向地层中扩散）和注浆材料收缩等因素。

③ 注浆时间及速度　根据盾构推进速度，从盾构推进进行注浆开始，到注浆结束，以均匀注入达到每循环总注浆量。具体注浆速度根据现场实际掘进速度计算确定。

④ 注浆结束标准　采用注浆压力和注浆量双指标控制标准，即当注浆压力达到设定值，注浆量达到设计值的 85% 以上时，即可认为达到了质量要求。

三、同步注浆方法、工艺及设备

1. 同步注浆方法与工艺

同步注浆与盾构掘进同时进行，即在盾构向前推进盾尾形成空隙的同时进行，通过同步注浆系统及盾尾的内置注浆管，采用双泵四管路（四注入点）对称同时注浆（图 7-28）。注浆可根据需要采用自动控制或手动控制，自动控制方式即预先设定注浆压力，由控制程序自动调整注浆速度，当注浆压力达到设定值时，自行停止注浆。手动控制方式则由人工根据掘进情况随时调整注浆流量、速度、压力。同步注浆工艺及管理程序见图 7-29。

2. 设备配置

① 搅拌站　自行设计建造砂浆搅拌站一座，搅拌能力 20m³/h。

② 同步注浆系统　配备 SWNNG KSP12 压注浆泵 2 台（盾构上已配置），注浆能力 2×12m³/h，8 个盾尾注入管口（其中 4 个备用）及其配套管路。

③ 运输系统　自制砂浆罐车（6m³），带有自排功能和砂浆输送泵，随编组列车一起运输。

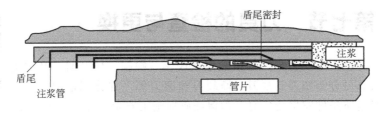

图 7-28 同步注浆示意图

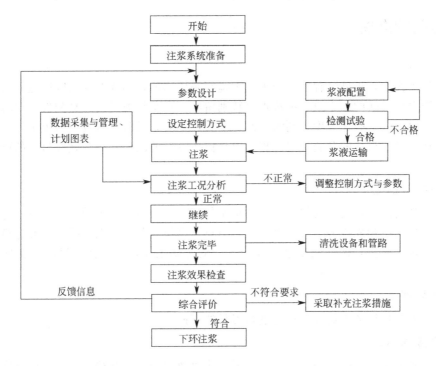

图 7-29 同步注浆工艺及管理程序

四、同步注浆的注意事项

① 在开工前制订详细的注浆作业指导书,并进行详细的浆液配比试验,选定合适的注浆材料及浆液配比。

② 制订详细的注浆施工设计和工艺流程及注浆质量控制程序,严格按要求实施注浆、检查、记录、分析,及时做出 P(注浆压力)、Q(注浆量)、t(时间)曲线,分析注浆速度与掘进速度的关系,评价注浆效果,反馈指导下次注浆。

③ 成立专业注浆作业组,由富有经验的注浆工程师负责现场注浆技术和管理工作。

④ 根据洞内管片衬砌变形和地面及周围建筑物变形监测结果,及时进行信息反馈,修正注浆参数和施工工艺,发现情况及时解决。

⑤ 做好注浆设备的维修保养、注浆材料供应,定时对注浆管路及设备进行清洗,保证注浆作业顺利(不中断)进行。

⑥ 环形间隙充填不够、结构与地层变形不能得到有效控制或变形危及地面建筑物安全时,或存在地下水渗漏区段,在必要时通过吊装孔对管片背后进行补充注浆。

第七节　刀具的检查与更换

刀具的检查与更换

刀具在掘进的过程中，刀刃因磨损超限或脱落、缺损、偏磨时，必须进行刀具更换。刀具可分为切刀、刮刀、撕裂刀和滚刀等，并分别适用于不同的地质条件。当地质条件发生变化时，为保证盾构施工安全和加快施工速度，亦应更换适应于该地层条件的刀具。盾构运行时，刀盘上不同位置的滚刀磨损量不一样，可根据刀具磨损程度的不同，进行位置的更换，以节约施工成本。

一、换刀前的准备

1. 总体规划

在日常的工作中，机械工程师应与土木工程师密切沟通，加强对施工区段地质情况的了解，对地质资料中反映的施工重点和难点要特别留心。在制订刀具、刀具配件计划时，充分估计特殊区段对刀具的破坏程度，同时在制订换刀计划时，及时、有效地与土木工程师、掘进驾驶员沟通，确定最佳的开仓地点。提出刀具更换方案的同时，提前做好材料的准备、人员的培训等。

2. 设备物资供应

设备与材料的准备，是实现快速换刀的根本保证。在确保常用设备（机具）、材料等到位的情况下，使用更为先进的工具，例如风动吊机、手拉葫芦、风动扳手等。开仓换刀前对盾构各个系统进行检查，做好风水电等各个方面的协调工作，保证换刀过程中良好的工作环境。

3. 人员培训

必须经过专门培训的人员才能进仓进行刀具的更换。

4. 成立应急小组

换刀是一种非常危险的作业工序，必须成立应急救援小组，并严格执行《应急准备和响应控制程序》，防止意外发生。

5. 开仓审批

开仓技术方案经过工程部与设备物资部讨论，由机电总工程师和土木总工程师确认，报项目经理签发，经业主和监理同意后方可开仓。责任落实到人，按严格的开仓程序进行。

二、常压换刀

当盾构在硬岩或自稳能力较强的地段（整体性较好的中风化、微风化地层）掘进时，不需带压进仓，这种情况下可在无压下直接进入刀盘作业。刀具更换程序应为：刀盘清理→刀具检查和磨损量的测量→制订换刀计划→刀具拆除→安装新的刀具→做好详细的刀具更换记录→整体检查。

三、带压换刀

在需要带压进仓换刀时，严格按照带压进仓作业程序进行，制订详细的升压、减压作业细则。人员仓升压与减压按国家《空气潜水减压技术要求》(GB/T 12521—2008)所规定的原则进行，不得随意调整。

带压进仓作业要点如下。

① 建立健全安全质量责任制，进仓、检查刀盘及换刀、减压作业、运输严格按规程操作。

② 带压进仓的换刀人员必须经过岗前培训，培训合格方能持证作业。作业人员上岗前针对进仓、检查刀盘及换刀、减压作业的特点进行安全交底，树立安全作业的意识。

③ 带压进仓前及换刀过程中监测人员应跟踪监测地面的变化情况；进仓人员应时刻注意观察刀盘内水位变换情况。

④ 实行主要领导24h现场值班制度。

⑤ 保证现场材料供应，确保作业过程的有效运转。

⑥ 值班工程师现场24h值班，并在值班过程中做好带压进仓作业的各种记录并整理成文，第二天及时上报公司。

⑦ 带压作业过程中，加强各种检测仪表、空压机、气路电路的观测，如发现空压机故障，应立即启动另一台空压机；如发现停电，应立即启动内燃发电机；如发现管路漏气，应立即汇报并及时处理，以防意外情况发生。

⑧ 每班作业时，电工应加强用电管理，确保工地施工用电安全。

⑨ 人仓、自动保压系统及减压仓由专人负责操作，同时做好各项记录。

⑩ 作业人员作业时应佩戴好个人防护用品，防止意外伤亡事故的发生。

⑪ 仓内严禁携带易燃易爆物品，严禁使用明火，防止爆炸造成事故。

四、刀具检查与更换的安全要点

刀具的检查与更换必须在确保安全的前提下进行。刀具更换是一项较复杂的工序，首先除去压力仓中的泥水、残土，清除刀具上黏附的泥砂，确认要更换的刀具，运入工具，设置脚手架，然后拆去旧刀具，换上新刀具。更换刀具停机时间比较长，容易造成盾构整体沉降，从而引起地层及地表沉降，损坏埋设及地表建（构）筑物，危及工程安全。为此，更换前应做好准备工作，尽量减少停机时间。更换作业尽量选择在中间竖井或地质条件较好、地层较稳定的地段进行。如必须在地质条件较差的地层进行时，必须带压更换刀具或对地层进行预加固，确保开挖工作面及基底的稳定。

刀具更换时必须确保作业人员的安全。更换刀具的人员必须系安全带，刀具的吊装和定位必须使用吊装工具。尤其是在更换滚刀时要使用抓紧钳和吊装工具。所有用于吊装刀具的吊具和工具都必须经过严格的检验，以确保人员和设备的安全。需转动刀盘时，必须使进仓人员撤离至安全区域，由专人操作，任何人不得擅自启动。

换刀前要制订详细的换刀方案，并做好技术交底和人员培训。同时，还要制订详细的应急预案。刀具更换必须实行土木工程师和机电工程师值班制度；带压进仓作业要有严格的带压进仓方案；带压进仓作业要制订安全措施，并进行交底；刀具的更换机具使用按照相关机具操作规程进行；刀具运输要有安全措施，做到自防、互防和联防；刀具更换所剩余的废弃物应该统一回收，避免造成环境污染；更换刀具时必须做好更换记录，更换记录主要包括刀具编号、原刀具类型、刀具磨损量、修复刀具的运行记录、更换原因、更换刀具类型、更换时间和作业人员姓名等。

第八节　特殊地段施工

特殊地段施工

一、施工要点

① 盾构施工进入特殊地段遇到特殊地质条件时，必须详细查明和分析工程的地质状况与隧道周边环境状况，对特殊地段及特殊地质条件下的盾构施工制订相应可靠的施工技术措施。

② 根据隧道所处位置与地层条件，合理设定和慎重管理开挖面压力，把地层变形值控制在预先确定的容许范围以内。

③ 根据隧道所处不同位置与不同工程地质与水文地质条件，预计壁后注浆的材料和压力与流量，在施工过程中根据量测结果，进行注浆材料和压力与流量调整，防止浆液溢出，以达到严格控制地层松弛和变形的目的。

④ 施工中对地表及建(构)筑物等沉降进行测量计算，并加密监测测点和频率，根据监测结果不断调整盾构掘进参数。当测量值超过允许值时，应采取应急对策。

二、施工措施

1. 浅覆土层施工

① 为减少施工对环境影响，可采取地层加固，地面构筑物保护措施。

② 应事先制订相应的措施，以克服因覆土荷载小而导致盾构抬头。

2. 小半径曲线施工

① 必须根据地层条件、超挖量、壁后注浆、辅助工法等制订小半径曲线施工方案和安全施工措施，并注意防止推进反力引起隧道变形、移动等，当使用超挖装置时，应将超挖量控制在施工需要的最小范围之内。

② 壁后注浆应选择体积变化小、早期强度高、速凝型的注浆材料。

③ 应增加施工中线、水平测量的频率，并定期检测洞内控制点。

④ 在施工过程应采取措施防止后配套车架脱轨或倾覆。

⑤ 为防止由于转弯部分超挖引起地层松动和增大地层抗力，可考虑选择合适的辅助工法进行地层加固。

⑥ 应注意把盾尾间的变化控制在允许的范围内。

3. 大坡度区段施工

在大坡度区段进行盾构施工时，易造成成环隧洞浮动，盾构在上坡时容易发生"上抛"现象，盾构后配套容易发生脱落，运输机车容易发生溜车事故。可采取以下针对性措施：

① 每环推进结束后，必须拧紧当前环管片的连接螺栓，并在下环推进时进行复紧，避免作用于管片上的推力产生垂直分力，引起已成环隧洞浮动。

② 盾构上坡推进时，盾构很容易发生"上抛"现象，可调整盾构向上纠偏 0.2% 左右，调整好土仓(泥水)压力设定值，以切口土体不隆起或少隆起为度。

③ 在选择运输设备和安全设施时，必须考虑大坡度区段施工的安全，对牵引机车进行必要的牵引力计算，并考虑一定的余量。施工中可采用大吨位电机车作为水平运输的牵引动力，并要求具有安全可靠的止动装置；同时，编组列车的管片车及砂浆车也安装制动装置；

隧洞运输轨道在盾构后配套及盾构内设置安全可靠的制动装置。

④ 上坡时应加大盾构下半部推进千斤顶的推力，这样可以有效控制盾构的方向。对后配套拖车，要采取防止滑脱措施。

⑤ 同步及即时注浆时宜采用收缩率小、早期强度高的浆液。

⑥ 在急下坡始发与到达时，基座应有防滑移安全措施。

⑦ 在急上坡到达时，为防止地层坍塌、漏水，事先必须制订相应对策。

⑧ 在大坡度区段，地层的土水压力随着推进而时刻变化，因此开挖面压力也必须根据土水压力进行适当调整。特别是下坡时，由于压力仓内的开挖土砂有可能出现滞留而不能充分取土，必须慎重管理开挖土量。

4. 地下管线区段施工

根据管线制造材料、接口构造、管节长度等不同情况，地下管线大致可分为刚性管线和柔性管线两种。它们对于隧道施工中不可避免的地层沉降的反应是不同的。对于刚性管线来说，当地层移动时，主要考虑是否会引起管道的断裂破坏；而对于柔性管线来说，地层移动造成的影响则主要是管线接头的断裂或泄漏引起的破坏。

① 在施工前，必须详细查清沿线受施工影响范围内的各种地下管线的分布管线类型、允许变形值等情况，分析预测地层隆陷对管线的影响，并在施工中加强监测。针对不同的管线及其与隧道的不同位置关系，采取合理的保护措施。

② 对重要管线和施工中难以控制的管线，施工前应根据不同情况采用迁移、加固措施。当施工前预测和施工中监测分析确认某些重要管线可能受到损害时应根据地面条件、管线埋深条件等采用临时加固、悬吊或管下地基注浆等保护方案。加强与有关管线单位的协同合作，顺利完成对管线的调查与保护工作。

③ 盾构掘进时应及时调整掘进速度和出土量，从而减少地表的沉降和隆起，及时对环形空隙进行充填，并且做好二次补压浆工作。

④ 加强地面沉降监测，尤其要对重要的对沉降敏感的管线（如混凝土管、煤气管等）要布点监测并及时分析评估施工对管线的影响。根据施工和变位情况调节观测的频率，及时反馈指导施工。

⑤ 在盾构进入管线区以前，以已通过段所得到的地层变形实际监测成果为基础，再次对管线区内的地面沉降作出进一步预测，以期准确反映实际情况并据此作出正确的管线保护方案。

5. 地下障碍物处理

① 地下障碍物处理前，必须查明障碍物具体位置和实体外廓，制订处理方案，以确保施工安全。

② 地下障碍物的处理一般遵循提前和从地面采取措施处理的原则。如确需在盾构掘进过程中进行处理时，必须充分研究可行性与对策。

③ 从地面拆除地下障碍物时，可选择合适的辅助工法，拆除后要妥当地进行回填。

④ 在盾构掘进过程中拆除障碍物时，可选择带压作业或地层加固方法。

⑤ 在开挖面的狭窄空间内安全地进行障碍物的切断、破碎、拆除、运出作业，应尽量控制地层的开挖量以保障开挖面的稳定。

6. 穿越建（构）筑物施工

在隧道施工过程中，由于开挖破坏了地层的原始应力状态，这将引起地层的移动，而地层移动的结果又必将导致不同程度的地面沉降，当沉降差异过大时，建筑物就会遭到损坏。对天然浅基础建筑物，沉陷引起的建筑物的差异沉降（倾斜）较大时，建筑物破坏的可能性也大。对桩基础建筑的保护主要是对处于松动圈和塑性区的桩基加以适当保护。因此,在施工前详细查清施工影响范围内的建筑物及其基础状况,在施工中加强监测,对其安全性作出判断,有针对性地采取主动措施加以必要的保护。

盾构施工前必须对可能穿越的建(构)筑物进行调查,并根据以往的工程经验,预计施工对建筑物的影响。必须有针对性地制订保护方案,采取保护措施,周密地进行管理,控制地表变形。对在施工影响范围内(左、右线中线两侧各30m)的所有地面建筑物包括高架桥、人行天桥、地下通道、地下商场等进行调查,调查的重点是四层(含四层)以上的建筑物,尤其是位于隧道上方距左右线隧道断面15m范围内的业主未提供详细资料的建筑物要详细调查清楚,对已有资料的要进一步核实,未有资料的要全面调查。施工对建筑物的影响主要取决于地层变形特征,根据不同地质和埋深条件,以及对施工引起的地层变形及其对建筑物的影响的不同,采取必要的加固与保护措施。

① 对天然浅基础建筑物加强建筑物变形监测分析,加强地表隆陷监测反馈指导施工;严格规范控制盾构掘进机的工况选择、转换和操作控制,及时注浆充填环形间隙,减少地层损失,控制地表隆陷。

② 对深桩基础建筑物,结合以往成功实例和国内外的经验,隧道盾构法施工引起的松动圈厚度一般不超过2.5m。桩底距隧道2.5m范围内的柱基采取洞内径向注浆加固柱基底部地层,以保护和提高桩基承载力。对距隧道2.5~4.0m范围内的柱基,以洞内径向注浆加固桩底地层作为备用方案,将根据施工监测分析结果报业主和监理工程师批准后实施。

以建筑物调查结果和量测结果为基础,对施工前和施工初期引起的地层沉降及其对建筑物的影响进行精确预测。在施工期间严格控制盾构掘进机的工况和操作参数减少地层损失,环形间隙及时填充注浆,减少地层变形;使管片衬砌尽早支撑地层以控制围岩松弛和塑性区的扩大。

第九节 盾构到达

盾构到达是指盾构沿设计线路,在区间隧道贯通前100m至车站的整个施工过程。

盾构到达一般按下列程序进行:洞门凿除、接收基座的安装与固定、洞门密封安装、到达段掘进、盾构接收,如图7-30所示。

盾构到达

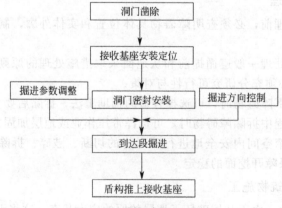

图7-30 盾构到达施工程序

到达设施包括盾构接收基座(也称接收架)、洞门密封装置。接收架一般采用盾构始发架。

一、盾构到达的准备工作

盾构到达前,应做好以下工作。

① 制订盾构接收方案,包括到达掘进、管片拼装、壁后注浆、洞门外土体加固、洞门围护拆除、洞门钢圈密封等工作的安排。

② 对盾构接收井进行验收并做好接收盾构的准备工作。

③ 盾构到达前 100m 和 50m 时,必须对盾构轴线进行测量、调整。

④ 盾构切口离到达接收井距离约 10m 时,必须控制盾构推进速度、开挖面压力、排土量,以减少洞门地表变形。

⑤ 盾构接收时应按预定的拆除方法与步骤,拆除洞门。

⑥ 当盾构全部进入接收井内基座上后,应及时做好管片与洞门间隙的密封,做好洞门堵水工作。

二、接收基座的安装与定位

接收基座的构造同始发基座,接收基座在准确测量定位后安装。其中心轴线应与盾构进接收井的轴线一致,同时还要兼顾隧道设计轴线。

接收基座的轨面高程应适应盾构姿态,为保证盾构刀盘贯通后拼装管片时有足够的反力,可考虑将接收基座的轨面坡度适当加大。接收基座定位放置后,采用 I25 的工字钢对接收基座前方和两侧进行加固,防止盾构推上接收基座的过程中,接收基座移位。

在接收基座安装固定后,盾构可慢速推上接收基座。在通过洞门临时密封装置时,为防止盾构刀盘和刀具损坏橡胶板帘布,在刀盘外圈和刀具上涂抹黄油。

盾构在接收基座上推进时,每向前推进 2 环拉紧一次洞门临时密封装置,通过同步注浆系统注入速凝浆液填充管片外环形间隙,保证管片姿态正确。

三、到达段掘进

根据到达段的地质情况确定掘进参数:低速度、小推力、合理的土压力(或泥水压力)和及时饱满的回填注浆。

在最后 10~15 环管片拼装中要及时用纵向拉杆将管片连接成整体,以免在推力很小或者没有推力时引起管片之间的松动。

四、洞门圈封堵

在最后一环管片拼装完成后,拉紧洞门临时密封装置,使橡胶板帘布与管片外弧面密贴,通过管片注浆孔对洞门圈进行注浆填充。注浆的过程中要密切关注洞门的情况,一旦发现有漏浆的现象应立即停止注浆并进行封堵处理,确保洞门注浆密实,洞门圈封堵严密。

第十节　盾构掉头

盾构掉头

一、盾构掉头准备工作

① 盾构掉头前,应该做好施工现场调查及现场准备工作。

② 盾构设备重量大、体积大，因此起吊、移动掉头工作时间长，必须先编制掉头作业方案，做到可靠、安全。掉头设备必须满足盾构安全掉头要求。

③ 盾构掉头时必须有专人指挥，专人观察设备转向状态，避免方向偏离和设备碰撞。

④ 掉头前应做好设备各种管线的标志工作，掉头后按照标志做好盾构管线的连接工作，连接后严格按照规则试运行。

二、采用延长管线进行盾构掉头

① 接收准备工作包括掉头场地钢板的铺设；设备桥支撑门架的下井、安装；在掉头场地内铺设临时轨道（采用自制钢凳架设临时轨线）将设备桥支撑门下井并移至站台后部备用；反力架的下井、接收架（始发架）的拆除、钢板焊接、运输、下井定位；掉头材料机具的运输、下井。

② 掉头及定位。

③ 设备桥掉头及延长管线连接。

④ 检修及保养。

⑤ 调试并始发。盾构整机调试按盾构调试报告进行，总的原则是先单机调试，再整机联动。

⑥ 掘进。

⑦ 后配套掉头及恢复正常掘进。

三、不采用延长管线进行盾构掉头

① 接收准备工作包括掉头场地钢板的铺设；设备桥支撑门架的下井、安装；在掉头场地内铺设临时轨道（采用自制钢凳架设临时轨线）将设备桥支撑门架下井并移至站台后部备用；反力架的下井、安装；接收架（始发架）的拆除、钢板焊接、运输下井定位；掉头材料机具的运输、下井。

② 主机平移。

③ 后配套掉头。

④ 主机掉头。设备桥后配套一般采用吊机等设备进行逐一掉头。

四、盾构到达施工要点

① 盾构到达前应检查端头土体加固效果，确保加固质量满足要求。

② 做好贯通测量，并在盾构贯通之前 100m、50m 两次对盾构姿态进行人工复核测量，确保盾构顺利贯通。

③ 及时对到达洞门位置及轮廓进行复核测量，不满足要求时及时对洞门轮廓进行必要的修整。

④ 根据各项复测结果确定盾构姿态控制方案并提前进行盾构态调整。

⑤ 合理安排到达洞门凿除施工计划，确保洞门凿除后不暴露过久，并针对洞门凿除施工制订专项施工方案。

⑥ 盾构接收基座定位要精确，定位后应固定牢靠。

⑦ 增加地表沉降监测的频次，并及时反馈监测结果指导施工。盾构到站前要加强对车站结构的观察，并加强与施工现场的联系。

⑧ 为保证近洞管片稳定，盾构贯通时需对近洞口 10～15 环管片作纵向拉紧。

⑨ 橡胶板帘布内侧涂抹油脂，避免刀盘挂破影响密封效果。

⑩ 在盾构贯通后安装的几环管片，一定要保证注浆及时、饱满。盾构贯通后必要时对洞门进行注浆堵水处理。

⑪ 盾构到达时各工序衔接要紧密，以避免土体长时间暴露。

五、盾构掉头实例

1. 工程概况

南京地铁一期工程南起小行，北至迈皋桥，线路全长 16.9km。其中 TA15 标由两个区间组成，采用 2 台土压平衡盾构进行施工。第 1 台盾构（开拓 1 号）从许府巷站南端头左线始发，向玄武门南站方向推进，至玄武门站后进行盾构掉头，盾构从许府巷—玄武门区间左线进入右线。向许府巷站推进到达许府巷南端头后，拆卸、检修并转场至许府巷站北端头，向南京站方向推进。

另一台盾构从许府巷站南端头左线始发，到达玄武门站后，进行掉头，掉头后进入许府巷—玄武门区间右线，在玄武门站二次始发。由于玄武门站结构及掉头场地十分狭小（图 7-31），仅仅提供端头 12m 的掉头场地及 50m 长的站台，而盾构总长为 65m，且出渣列车最小长度为 12m，所以不能满足整机始发的条件；同时，盾构主机及后配套拖车都是体积大、重量大的实体，后配套拖车不能进入净空仅为 4.2m 的站台内，因此给盾构的掉头工作增加了难度和复杂性。根据现场条件，同时考虑出渣速度和便于管片运输，掉头时使用延长管线连接主机和后配套，分主机和设备桥掉头、始发掘进、后配套掉头，成功地完成了盾构在玄武门站的掉头始发。

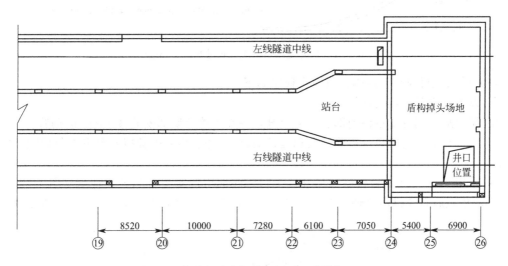

图 7-31 玄武门站底板俯视图（尺寸单位：mm）

2. 盾构到站接收

盾构的到达也称盾构到站或盾构接收。盾构的到达，是指在稳定地层的同时，将盾构沿设计线路推进到竖井边，然后从预留洞门处将盾构推进至竖井内接收架上。

（1）准备工作 为保证盾构掉头时，掉头场地有足够的支撑面，在盾构掉头井内铺设 5mm 厚的细砂及 20mm 厚的钢板，钢板间的接缝进行满焊，并保证接缝平整，有错台时进行打磨处理。

在掉头场地内铺设临时轨道，将设备桥支撑架下井并移至玄武门站的站台后部备用。利用80t汽车起重机在掉头井进行反力架、钢负环的下井、拼装，并利用15t起重机平移反力架及钢环至掉头场地后部定位，组装平移时应在反力架的前、后部加焊支撑，防止倾翻。

盾构主机的接收采用盾构始发时所使用的始发架，并且在始发架底部采用20mm厚的钢板进行焊接封闭，以保证盾构掉头时底部有足够的支撑面。焊接时应保证焊缝平整，错台部位进行打磨。采用25t汽车起重机将接收架下井，并用自制盘式轴承平移至隧道左线，检查并紧固接收架连接螺栓，确保连接螺栓完好。采用钢板或型钢垫平接收架，确保垫层牢靠，对接收架进行精确定位，并进行复测精确定位后，采用14号工字钢对接收架进行固定，固定支撑在站台一侧，将洞门侧和预埋件焊接，同时将接收架轨道延伸至洞门内并加固。

(2) 盾构接收　控制盾构姿态，避免损坏洞门环，脱离洞门密封前注浆要饱满，防止漏水。盾构进站时应低速推进。进站时及时在盾体前部耐磨层处垫4mm钢板进行支撑，防止耐磨层与轨道接触。检查接收架是否位移、变形，若有变形及时加固或调整。盾构进站后，拆除4号拖车皮带机驱动装置。在前体、中体两侧各焊接顶升支座，焊接时确保对称、牢固。支座采用20mm厚的钢板制作，共4个，支座焊接加工为±3mm，支座底板保持水平，见图7-32。当主机完全进站后，用型钢将主机与接收架焊接为一体，便于整体起升。

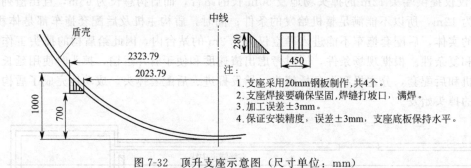

图7-32　顶升支座示意图（尺寸单位：mm）

(3) 盾构主机掉头　盾构主机掉头程序如下。

① 设备桥中部焊接支撑架。

② 用油缸分别将设备桥前部、后部顶升，并在支撑架底部安装φ50mm的钢管。

③ 主机与后配套脱离（拆除管线和拖拉油缸），并后移后配套拖车至主机与后配套完全脱离。

④ 采用4个150t油缸将盾构顶升，接收架底部均匀安装自制盘式轴承（图7-33），取出底部的垫块后将主机落至轴承上（主机顶升时注意油缸应保持同步，且应有专人指挥）。

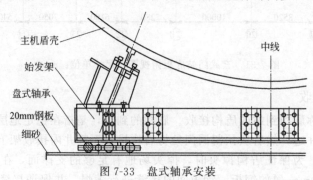

图7-33　盘式轴承安装

⑤ 在底板的钢板上焊接顶推支座，并用100t油缸及150t油缸将主机连同接收架平移至

掉头场地中部并进行掉头,掉头时注意防止螺旋输送机与车站结构及反力架发生干扰。

⑥ 主机掉头后平移至隧道右线前部。

⑦ 采用4个150t油缸将盾构顶升,接收架底部用钢板或型钢支撑,进行精确定位,并将接收架轨道延伸至隧道内。

⑧ 反力架和钢环精确定位并焊接反力支撑。

⑨ 盾尾刷均匀涂抹WR90油脂,备用注浆管及超前钻机管内填充WR90油脂。

(4) 设备桥掉头　示意图如图7-34所示。

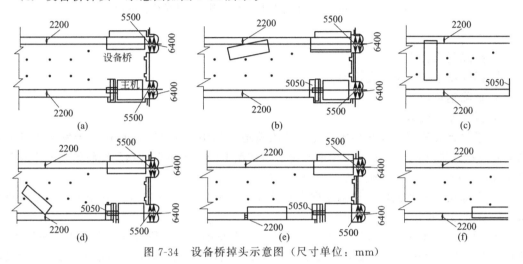

图 7-34　设备桥掉头示意图(尺寸单位:mm)

① 左线掉头井铺设轨道,主机后部铺设轨道。

② 将设备桥与后配套拖车脱离。

③ 拆解管片吊机轨道,拆除一号拖车后部的管片吊机控制柜及电缆卷筒并移至设备桥前部固定,以便于管片吊机接收时功能的恢复。

④ 采用10t倒链将设备桥前移至站台内,并在两立柱之间进行掉头。

⑤ 设备桥掉头后前移并与主机对接。

⑥ 将设备桥支撑架前移并与设备桥对接,并拆除中部支撑。

⑦ 安装皮带机驱动装置。

⑧ 安装管片安装机控制柜及电缆卷筒。

⑨ 安装皮带并进行皮带的硫化。

(5) 主机始发掘进

① 安装延长管线。延长管线的连接从后配套拖车开始进行。由于洞门与22号立柱之间距离只有25m,延长管线较长,不易堆放,因此,应将后配套拖车后移40m。延长管线布置如图7-35所示。

② 盾构调试。按调试程序进行盾构整机调试,总的原则是先单机调试,再整机联动。

③ 始发掘进。安装洞门密封并焊接防扭支撑,割除洞门钢筋并推进,向刀盘内装添3/4容积的土坯以便于快速建立土压,当刀盘推至距洞门700mm时,割除洞门最后一层钢筋(割除时必须保证迅速)。割除并完全取出钢筋后,将刀盘推入洞门开始掘进。盾构沿始发架掘进时推力尽可能小,刀盘油压不要超过12MPa,在始发掘进时采用3列机车进行运输,机车布置在前部,第1列的编组形式为1辆牵引机车、1辆渣车、1辆管片车;第2列的编组形式为1辆牵引机车、1辆渣车、1辆管片车;第3列的编组形式为1辆牵引机车、1辆砂浆车。

(6) 后配套掉头　当始发掘进至53环时,进行后配套掉头工作,程序如下。

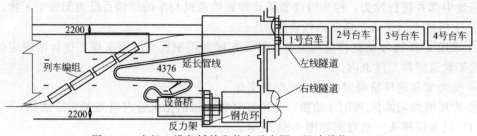

图 7-35 主机、设备桥始发状态示意图（尺寸单位：mm）

① 停机。
② 拆除延长管线。
③ 拆除皮带及设备桥支撑架。
④ 拆除钢负环。
⑤ 拆除左线轨道。
⑥ 平移始发架至左线并形成后配套接收轨道。利用 4 个 15t 起重机将始发架顶升并在底部安装盘式轴承，通过牵引机车拖拉绕过结构墙上的滑轮拉点的钢丝绳将始发架平移至隧道左线，并将轨道延伸至洞内与台车轨道连接。
⑦ 拆除反力架及钢环。利用起重机平移反力架及钢环至井口处，利用 80t 汽车起重机将钢环及反力架拆解吊出。
⑧ 后配套台车解列并拆卸拖车间的管线。在台车解列前必须将每节台车用阻车器固定，防止溜车；拆解台车间的电缆并回收至 1 号台车上捆扎固定；拆解台车间的连接胶管并及时封堵；拆解台车间的拉杆。
⑨ 台车前移并掉头。用牵引机车牵引 1 号台车前移至掉头场地内的始发架上；用型钢将 1 号台车与始发架焊接成一个整体以防止掉头时倾翻；通过牵引机车拉钢丝绳将始发架平移至掉头场地中部并掉头（图 7-36）；平移 1 号台车及始发至许—玄区间右线并固定始发架；将始发架轨道与右线轨道连接，并将型钢割除；用机车将 1 号台车拖入洞内并与设备桥对接。依此类推，将 2 号、3 号、4 号台车掉头后并对接。

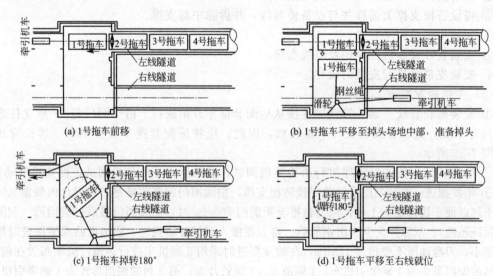

图 7-36 后配套拖车掉头示意图

⑩ 后配套管线连接及整机调试掘进。将4号皮带机移至井口时，安装皮带机驱动装置；连接台车间的电缆；连接台车间的胶管；安装皮带并进行皮带的硫化。盾构调试完毕后进行正常掘进。

第十一节 盾构拆卸

盾构拆卸

一、盾构拆卸前的准备

盾构大件拆解吊离拆机井后马上转移至另一工地或维修存放场地。大件的吊卸由250t吊机完成，后配套拖车由40t门吊完成。拆卸主要设备如下：250t履带式吊机一台，90t汽车吊一台，50t液压千斤顶两台，以及相应的吊具。

二、盾构拆卸

（1）拆卸顺序　盾构拆卸程序框图见图7-37，拆卸顺序见图7-38。

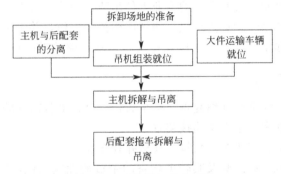

图7-37　盾构拆卸程序框图

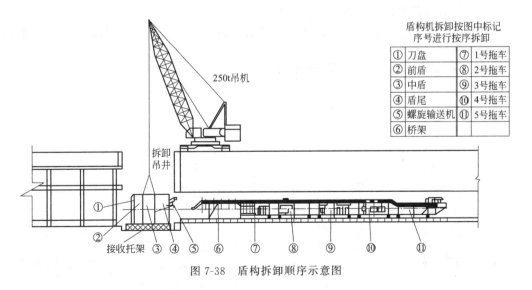

图7-38　盾构拆卸顺序示意图

① 先清除刀盘泥渣。
② 断开盾构风、水、电供应系统。

③ 拆除管线与小型组件。
④ 盾构主机吊出工作井，运往指定地点再组装或拆卸、解体、检修、包装。
⑤ 分节吊出后配套系统。
⑥ 零部件清理、喷漆、包装、储存。

(2) 盾构拆卸技术措施

① 盾构拆卸前必须制订详细的拆卸方案与计划，同时组织有经验的经过技术培训的人员组成拆卸班组。
② 履带吊机工作区应铺设钢板，防止地层不均匀沉陷。
③ 大件组装时应对车站端头墙进行严密的观测，掌握其变形与受力状态。
④ 大件吊装时必须有 90t 以上的吊车辅助翻转。
⑤ 拆卸前必须对所有的管线接口进行标志（机、液、电）。
⑥ 所有管线接头，特别是液压系统管路、传感器接口等必须做好相应的密封保护。
⑦ 盾构主机吊耳的布置必须使吊装时的受力平衡，吊耳的焊接必须由专业技工人操作，同时必须有专业技术人员进行检查监督。

(3) 盾构拆卸安全保护措施

① 盾构的运输、吊卸由具有资质的专业大件吊装运输公司负责。
② 项目部指定生产副经理负责组织、协调盾构拆卸工作，并组建专业班组。
③ 每班作业前按起重作业安全操作规程及盾构制造商的拆卸技术要求班前交底，完全按有关规定执行。

(4) 拆卸工作注意事项

① 在隧道贯通前，需全面仔细复查、补全盾构、电、液各部件的标志。
② 准备拆卸专用拖车、牵引车连接装置。
③ 检查各种管接头、堵头短缺数量、规格并补齐加工。
④ 贯通前进行主机、后配套及其辅助设备的带负荷性能测试，以全面鉴定机构、设备的性能状态，为拆卸后及时维护、修理和制订配件计划提供依据。
⑤ 无论何种零部件储存前均需检查标志。
⑥ 零件入库存放前检查零件性能状态，并对短缺损坏的零件列出配件清单。盾构拆卸流程见图 7-39。

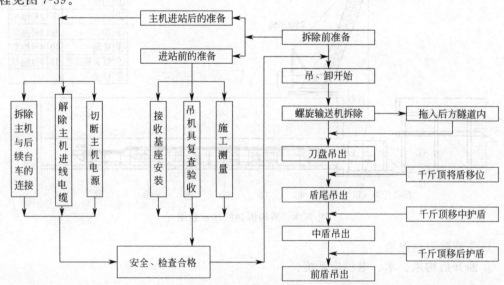

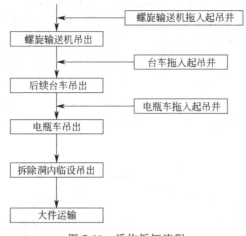

图 7-39 盾构拆卸流程

第十二节 地中对接技术

盾构地中对接即两台盾构分别从两边相向掘进至接合地点正面对接。之所以采取地中对接施工方式，主要有三种因素：一是单条隧道长度大，采用两台盾构从两端同时相向掘进，以缩短工期；二是因道路交通状况和周围环境等问题而难以设置到达（转向）竖井或因河底施工而不能设置竖井；三是因为埋设深度大，设置竖井不经济。

地中对接技术

盾构隧道地中接合有两种情况，即两台盾构相向掘进至结合地点正面对接和新建隧道盾构与已建隧道结合。本节所述为两台盾构相向掘进正面对接的情况。采取对接施工方式主要有三种：一是单条隧道连续施工长度大，采用两台盾构从两端同时相向掘进，缩短工期；二是因种种原因无法到达中间竖井位置或不便设置竖井，如隧道位于江、河、湖、海底或大山中等；三是隧道长、埋深大，设置竖井不经济。根据目前国外已有的工程实例，盾构地中对接方式有土木式对接法（也称为辅助施工对接法）和机械式对接法两种方法。盾构进行正面地中对接时，必须尽量选择环境和地质条件好的接合地点。接合处一般采用化学加固法、高压喷射搅拌法、冻结施工法等进行加固。

但是，为了减少辅助施工法的使用，缩短工期，也可采用直接用机械对接的方法。无论采用哪种施工法，都要考虑现场的施工环境、围岩条件、工程成本及工期等来确定。

一、土木式对接法

土木式对接法是通过对接地点地层作加固处理，达到止水和防止地层失稳的效果后，完成盾构拆卸并施作隧道衬砌。根据工程环境，地层加固处理可在盾构到达对接地点前从地面进行，若地面无实施条件或隧道埋深太大从地面实施不经济、无法保证加固效果时，则可采取从盾构隧道内部采用注浆辅助法进行加固处理。从地面进行地层加固类似于常规地基处理技术，关键是根据工程地质条件和盾构尺寸设计适当的加固范围和选择适当的加固方法。加固方法有高压旋喷、搅拌、化学注浆等方法。而从隧道内部加固的方法有化学注浆法和冻结法。

1. 隧道内注浆辅助法

从隧道内进行化学注浆加固主要是使浆材渗透、劈裂地层，填充围岩的间隙与裂缝，达到增加地层强度和降低渗透性的目的。常用的施工方法为分段静压注浆和水平旋喷等方法。常用的注浆材料，包括水泥单液浆、水泥-水玻璃双液浆等。盾构地中对接注浆是通过盾构预留的超前钻孔向盾构前方和四周埋设注浆管进行注浆。为达到加固效果，一般采用从两台盾构放射布置注浆管，相向搭接、多次注入（一般采用三次注入即可），逐渐形成加固体的方式。预期的加固体范围需根据工程地质条件和盾构尺寸进行预先设计，按照加固设计的要求在盾体上预设超前钻孔。当盾构距离对接里程约20m时，停机开始第一次钻孔注浆，连续三次注浆完成后两台盾构推进靠拢，达到加固效果后，即可进行盾构拆卸。注浆加固步骤如图7-40所示。

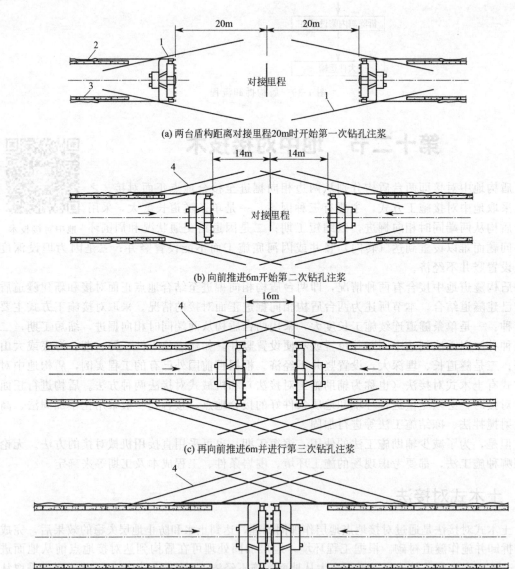

图7-40 隧道内部注浆加固步骤
1—注浆管；2—背衬注浆固结体；3—衬砌管片；4—加固注浆扩散范围

由于采用从隧道内注浆加固地层,盾构每步注浆完成后还需继续向前推进,因此应注意防止浆液固结盾壳、刀盘及土仓,而导致推进困难。盾构完全靠拢后,再次通过注浆管对盾壳附近重复注浆,防止水和泥砂从盾壳与围岩之间的空隙流入。

2. 冻结辅助法

冻结法适应地层广泛、加固效果好,但造价高、施工工期长,一般在其他施工方法无法保证地层稳定或有效止水时选用,尤其适合于地层条件差、开挖直径大、隧道位于水底等情况下运用。

从隧道内采取冻结法的施工形式有两种:一是当两台盾构到达对接地点并完全靠近后,同时进行冻结施工;二是只从一台盾构向前进行冻结施工,另一台盾构仅由附着在盾壳上的冷冻管在盾壳附近形成冻结体。这两种冻结方式如图 7-41 所示。两侧盾构同时冻结方式形成的冻结体分布均匀对称,而单侧冷冻管冻结土方量较少,有利于保证冻结效果。

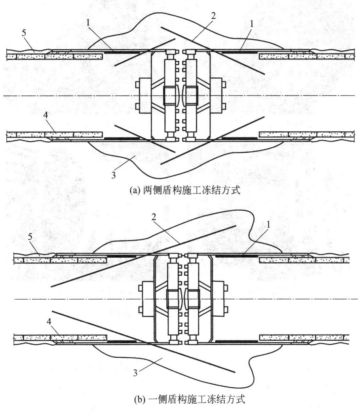

图 7-41 隧道内部冻结加固对接法
1—附着冻结管;2—放射冻结管;3—冻结体;4—衬砌管片;5—背后注浆固结体

冻结施工法有盐水方式(间接方式)和低温液化气方式(直接方式),由于盾构工程冻结规模大,通常采用盐水方式。采用冻结法处理地层时,应注意下述几点。

① 应通过盾构预留超前钻孔均匀布置一定数量的测温管监测地中温度,以确定冻结状态。当隧道内温度较高时,需对冷却水循环装置采取保冷措施。

② 当地下水流速在 1~5m/d 以上时会影响冻结,因此在地下水丰富且透水性强的砂、砂砾地层中,需进行注浆堵水降低地下水流速。在水下隧道实施冻结时,还应考察隧道覆土厚度,以保证冻结效果。

③ 还应高度重视冻结对隧道主体的影响，因冻结后土体体积增大，可能会造成盾构机位移或管片开裂，为此，应进行隧道结构变形和盾构位移监测。发现问题可通过调整冻结温度和速度来控制。

二、机械式对接法

机械式对接法是通过对盾构进行特殊设计，而使盾构直接进行对接的方法。包括 MSD（Mechanical Shield Docking）和 CID（Concentric Interlace Docking）两种工法。MSD 工法称之为贯入环式，CID 工法称之为刀盘后退式。机械式对接法中相向掘进的两台盾构一台为贯入盾构、另一台为接收盾构。机械式对接法盾构如图 7-42 所示。

图 7-42 机械式对接法盾构

1. MSD 工法

两台盾构相向掘进至较小距离时，停止推进，分别收回刀盘中央突出部位（若有的话），然后继续靠近至最小间距。贯入盾构通过千斤顶将收缩于盾壳内的贯入环推出，插入接收盾构并与承压橡胶密封止水带挤压紧密。然后通过预留的密封浆液注入管向对接接头外侧注浆进行密封（图 7-43）。至此，盾构机完成对接，即可进行盾构解体，当只剩下盾壳、贯入环及橡胶密封止水带后，即可在壳体内施作对接段衬砌。

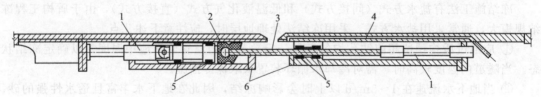

图 7-43 MSD 工法盾构对接部位对接后详图

1—油缸；2—承压橡胶带；3—贯入钢环；4—密封浆液注入管；5—密封；6—封堵钢板

2. CID 工法

CID 工法接收盾构的刀盘为可收缩式，接收盾构和贯入盾构刀盘还设有可伸缩辐条。当盾构对接时，接收盾构先将刀盘收回盾壳内，贯入盾构收回刀盘外周可收缩辐条后直接将刀盘推入接收盾构盾壳内，完成对接。然后将高压水注入高压密封水囊，使其水囊膨胀，将对接部位进行密封，见图 7-44。

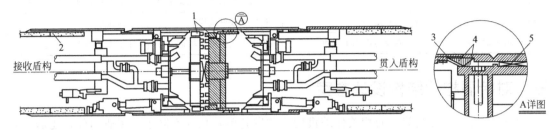

图 7-44　CID 工法盾构对接状态

1—可伸缩辐条；2—衬砌管片；3—高压水注入管；4—高压密封水囊；5—密封橡胶

还有一种形式的 CID 工法是两台盾构刀盘均为可收缩式，当两台盾构靠近时，同时收回刀盘，然后靠近至最小距离完成对接。为顺利实现机械式对接，要求两台盾构必须有较高的贯通精度，不仅要求竖向和横向位置偏差小，还要求盾构刀盘竖直与水平倾角必须满足要求，具体数值与盾构设计相关。另外，机械式对接还存在贯入环、刀盘及其外周辐条收缩机构出现故障的风险。但机械式对接一旦实现，其安全性和可靠性很高。

3. **各种对接方法比较**

盾构地中对接一般均作为盾构工程中的重、难点进行管理与控制。在工程策划与施工过程中，结合工程实际情况，根据土木对接方式、机械对接方式以及土木对接方式不同辅助地层加固方法的特点与适应性，合理选择与确定施工方法，对施工的顺利进行十分重要。机械式与土木式两种对接方式的比较见表 7-1，土木对接法中不同辅助地层加固方法的比较见表 7-2。

表 7-1　机械式对接与土木式对接比较

项目	土木式对接法	机械式对接法
施工工期	地层加固处理时间长	短
辅助工法	需要	不需要（也有需作小范围加固的情况）
对盾构结构要求及造价	若从隧道内进行地层处理，需预留超前钻孔及配置钻机，增加较少造价	需进行特殊设计，增加较多造价
作业安全性	一般取决于地层处理效果	安全
对贯通精度的要求	一般	很高

表 7-2　土木式对接不同辅助方法比较

项目	从地面进行地层加固（旋喷、搅拌、化学注浆等）	从隧道内进行地层加固（化学注浆等）	冻结法
施工时间	提前处理，不影响施工进度	盾构到达对接地点后开始，影响施工进度	盾构到达对接地点后开始，影响施工进度
施工工期	一般	长	很长
水下施工	无法实施	可实施	可实施

续表

项目	从地面进行地层加固 （旋喷、搅拌、化学注浆等）	从隧道内进行地层加固 （化学注浆等）	冻结法
加固效果	好，易控制	一般，不易控制	很好
地层加固费用	相对较低	一般	高
对盾构结构要求	无特殊要求	预留超前钻孔及配置钻机	预留超前钻孔及配置钻机
适应地质	各种地层	稳定性较好地层	各种地层
对地面环境要求	需要地面施工场地	不需要地面施工场地	不需要地面施工场地

三、对接盾构的结构设计方案

对接盾构，除对接部位的相关伸缩机构、预留超前钻孔等不同于常规盾构外，还需针对主机各部件要在隧道内进行拆卸的问题作相应考虑。由于受隧道内部空间限制，无论采取何种方式进行地中对接，都必须使盾构主体部分的刀盘、前体、中体及主轴承能方便进行拆卸，并保证拆卸下来的部件能重新拼装继续使用，留下的壳体具有足够的强度。

1. 盾壳

除盾尾外（一般盾尾不予拆除），前体与中体均采用双层盾壳。拆卸时外层盾壳留在地层中，其他部件拆除后，在两台盾构留下的外层盾壳之间焊接防水钢板环作为洞内拆机的支护。在完整的钢板环保护下，可安全地进行盾构各部件拆卸。双层盾壳结构如图 7-45 所示。

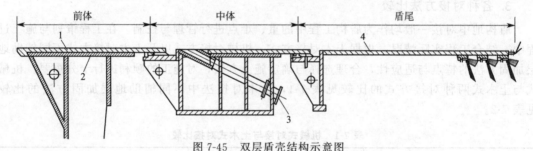

图 7-45 双层盾壳结构示意图
1—外层盾壳；2—内层盾壳；3—预留超前钻孔；4—单层盾尾

2. 刀盘、前体、中体刀盘、前体、中体

采用易于拆卸的分块设计方式，根据隧道内径大小，控制拆卸后的单件重量，可适当分为 3~6 块，各块之间可采取高强螺栓连接，以便拆卸与重新拼装。

3. 主轴承

主轴承为盾构的重要部件，通常均采用高强度螺栓与盾壳和刀盘相连接，比较易于拆除，但对于对接式盾构，应适当控制主轴承的结构大小，以利于拆卸。

四、盾构相对位置的探测

为提前准确掌握对接盾构的相对位置，保证最终对接精度，需采取下述方法对盾构的相对位置进行探测。

1. 采用两台盾构的实测高程和坐标进行相对位置控制

在盾构设计制造过程中，一般均会在盾构中体钢结构上分布 8~16 个盾构姿态测量点，并提供各测量点与盾构中线及刀盘中心的相对坐标,通过隧道内布设的导线和水准点测量各点的坐标及高程,然后即可计算得出盾构中心坐标与高程、盾构竖直与水平倾角等数据。以先行盾构的位置与姿态为基准,对后行盾构的掘进方向与姿态进行控制。一般在后行盾构与先行盾构相距200m、100m、50m、30m时,应分别测量、计算一次盾构的坐标与姿态,30m以前主要进行方向调整,30m以后主要进行姿态调整。由两台盾构分别测定的坐标和高程确定的对接精度,受测量误差影响较大。在盾构对接工程中,当隧道长度计算测量误差累计值大于允许对接偏差时,不能单独采用本方法,还必须钻孔直接探测盾构相对位置。

2. 钻设探测孔直接测定后行盾构位置

先行盾构到达预定位置并完成部分部件拆卸后,在后行盾构距离先行盾构约50m时,从先行盾构内向后行盾构钻设探测孔,安装测量管,利用磁性探测系统和γ线探测系统直接对后行盾构位置进行测量,后行盾构根据测量结果对掘进方向与姿态进行控制,修正掘进20m后再进行一次测量,再对掘进方向与姿态进行调整、继续修正掘进至对接里程。盾构相对位置探测装置见图7-46。

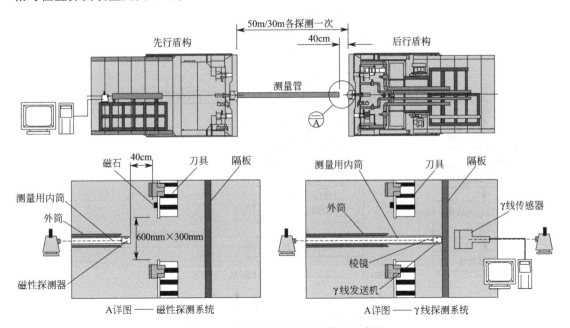

图7-46 盾构相对位置探测装置示意图

γ线位置测量原理如下。

① 后行盾构刀盘上安装磁石的位置有可穿过探测管的孔,后行盾构到达距离50m或30m的位置时,通过磁性探测系统找到该孔位置,停止刀盘旋转。

② 然后将测量内筒前端的磁性探测器换成γ线发送机,并将其穿过刀盘靠近土仓隔板,后行盾构内则以γ线传感器探寻并对准γ线发送机,先行盾构内测量仪通过对γ线发送机后部的发光二极管进行测量,即可测出后行盾构内γ线传感器的坐标及高程,由此便可确定两台盾构的相对位置。

五、对接施工步骤

1. 盾构对接施工步骤(图7-47)

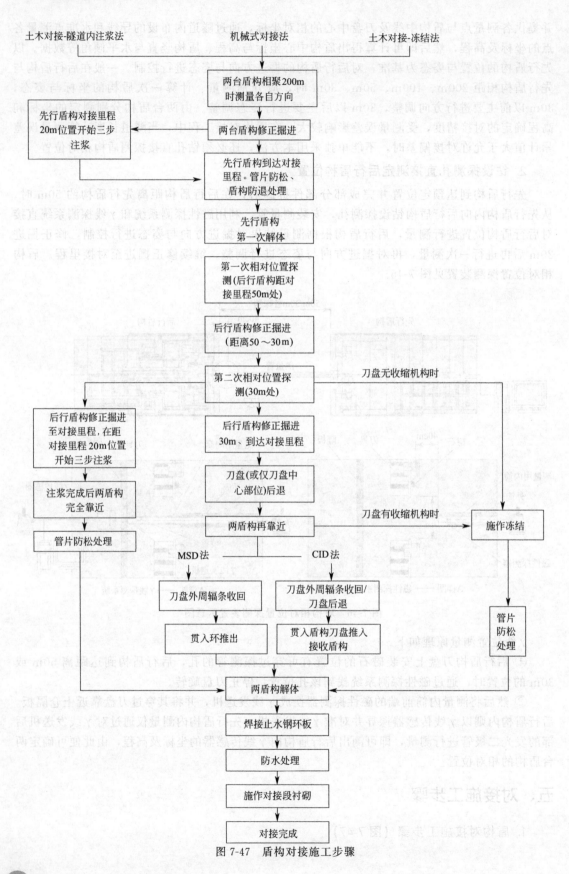

图 7-47 盾构对接施工步骤

2. 盾构对接施工应注意的问题

① 从隧道内注浆加固地层时，与对接里程的距离加固范围有关，应根据具体情况确定。

② 为防止盾构对接解体后管片松动，在盾构解体前应将最后 20 环管片进行纵向连接。先行盾构到达预计对接里程后，为防止盾构后退，必须将盾壳牢固的支撑在最后一环管片上。

③ 为便于先行盾构对后行盾构的位置探测，先行盾构需拆除部分部件，这些部件一般包括管片安装机、主轴承、中体等。

④ 对接段大都采用有钢筋混凝土管片或钢管片进行衬砌，必须做好管片防水和与已拼装管片的连接。

六、工程实例

日本横穿东京湾海底隧道包括两条长 9.9 km、外径 13.6m 的盾构隧道。隧道一次衬砌由 11 块管片用螺栓连接而成，管片厚 65cm，宽 150cm，二次衬砌为厚 35cm 的钢筋混凝土结构。隧道主要在软弱黏土地层（冲积层）中通过，海水平均深度为 27.5m，最大水压为 0.6MPa。

隧道采用 8 台 14140mm 泥水式盾构施工（盾构中心刀盘可收缩 30mm）。为了缩短盾构的掘进距离，在隧道下穿海底段的中部采用 2.8m 厚的大型地下连续墙围筑了一个直径 200m、深 70m 的圆形川崎人工岛，4 台盾构由人工岛始发，分别朝东、西两个方向掘进。而在盾构隧道的东端，为长 1400m、宽 100m 的木更津人工岛。2 台盾构由此向西推进，另有 2 台盾构则从川崎浮岛处的工作井向东推进。8 台盾构两两在海底中对接。

为保证对接顺利实施，除采取冻结法加固地层外，并对后行盾松的位置，采用了钻孔直接探测的方法。隧道对接施工程序如下。

① 先行盾构到达预计对接里程后停止推进，拆除泥水仓隔板后方部分设备（即第一次解体），安装探测管及磁性探测器。

② 后行盾构在距离先行盾构 50m 处停止推进，从先行盾构向后行盾构实施钻探，即第一次钻探（探测传感器设置于探测管前端），采用 γ 线源（R1 传感器）测定两机相对位置。探测所得，水平错位为 77mm、竖向错位为 27mm。

③ 后行盾构根据探测结果进行修正掘进。

④ 后行盾构在距离先行盾构 30m 时，进行第二次相对错位量探测。

⑤ 再次修正掘进，在后行盾构距离先行盾构较小距离时，后行盾构刀刃面缓慢地靠近先行盾构刀刃面（同时收缩刀盘），最终间隙为 30cm。此时盾构中心错位偏差为 2mm。

⑥ 后行盾构进行解体，并作冻结施工准备。

当两台盾构之间空隙为 30cm 时，对接合部地层施作 2m 厚的环状冻结处理。冻结管直径 89mm，长 4m，按 1m 间距共 48 根，呈放射状，从先行盾构前面斜向插入地层中，进行冻结。为使盾构周围地层完全达到冻结要求，分别在两台盾构前端 2.5m 范围内设置了附着式冻结管。为了确认冻结温度，分别从两台盾构各插入 8 根测温管。

⑦ 待冻结厚度达到 2m 时，进行第二次解体，完成盾构拆卸。

⑧ 在地中对接部设置 3 环钢制管片，经铺设防水板后，浇筑二次衬砌，然后对冻土进行强制解冻，并实施衬砌背后注浆。

思考题

1. 简述盾构组装的顺序。

2. 简述盾构调试的方法及目的。
3. 简述盾构始发阶段应注意的问题。
4. 土压平衡盾构的工作原理是什么?
5. 渣土改良的目的是什么?
6. 简述渣土改良的方法与主要技术措施。
7. 简述盾构地中对接技术。

第八章 盾构隧道防水施工

第一节 衬砌结构的自防水施工

虽然国内外已建成大量地下工程和地铁隧道，也形成了较成熟的结构设计计算理论与工程实践体系，但是对隧道及地下工程的防水的认识则相对落后。地铁不可避免地要经过含水率较高的地层（如上海地铁所处地层大多为饱和含水软黏土层），所以必将受到地下水的有害作用。如果没有可靠的防水、堵漏措施，地下水就会侵入隧道，影响其内部结构与附属管线，甚至危害到地铁的运营和降低隧道使用寿命。

衬砌结构的自防水施工

盾构隧道漏水的位置是管片的接缝、管片自身小裂缝、注浆孔和手孔等，其中以管片接缝处为防水重点，通常接缝防水的对策是使用密封材料。以德国为代表的欧洲，多采用非膨胀合成橡胶，靠弹性压密以接触面压应力来止水，以耐久性与止水性见长。德国 PHOENIX 公司提供的隧道衬砌合成橡胶垫就是其中较典型的形式。以日本为代表的做法，则采用水膨胀橡胶，靠其遇水膨胀后的膨胀压来止水。它的特点是可使密封材料变薄，施工方便，但耐久性尚待验证。国内主要采用水膨胀橡胶，并已开始研究开发水膨胀类材料与密封垫两者的复合型材料。

一、隧道漏水的原因

引起隧道渗漏水的原因主要是由防水材质不良或违反操作规程造成的，具体为：制作管片时选定的混凝土配合比、水泥用量、入模温度、浇捣顺序、养护时间和条件等环节上出现失误，致使衬砌表面出现收缩开裂；在吊装、运输、拼装过程中的操作不当，造成管片丢角、损边，甚至出现贯穿性裂缝；拼装成隧道后，管片自防水达不到设计要求的抗渗等级。

实践证明，密封垫材料性能极大影响着接缝防水的效果，因此对它要有严格的控制要求。尤其是对防水功能和耐久性更应严格控制，要使密封垫能长时间保持接触面应力不松弛。密封垫材料的主要物理力学性能指标有耐水性、耐动力疲劳性、耐干湿疲劳性、耐化学腐蚀性等，对水膨胀橡胶还要求能长期保持其膨胀压力。这些性能指标要与隧道施工和运营的情况、沉降变形、接缝开张度等相适应，有些厂家的产品性能不稳定，在施工过程中过早地受到水的浸泡，致使遇水膨胀性能受影响，从而影响止水效果。止水带制作安装误差和粘贴密合程度也影响材料的防水性能。

在施工中操作不当引起管片间的缝隙产生渗漏的原因有多种，其结果都导致了止水带之间以及止水带与管片之间的黏结性和压应力不够，从而引起漏水。归纳为以下几点。

① 在推进过程中，盾构与管片姿态不好会造成管片拼装困难，影响到管片的拼装质量，致使管片间错位、有台阶差，相邻管片不在同一圆弧面上，因此减少了止水橡胶的有效止水面积。

② 盾构与管片相对位置不好常常会使管片发生碎裂，发生止水带掉落现象。由于盾构推进的特殊性，一些工程缺陷不能很好地进行及时处理，使得相邻止水带不能正常吻合压紧，从而引起漏水。

③ 盾尾与管片之间间隙过大，盾尾密封失效引起漏浆，在处理过程中未能将管片上的泥浆清理干净，致使管片、止水带间夹有泥砂。

④ 管片间的对拉螺栓在拼装后，出于进度考虑，不等拧紧就向前推进，在一定程度上引起环缝的扩张（尤其在纠偏时），使得管片间呈松弛接触。

⑤ 在竖曲线推进或纠偏时加贴石棉楔子，相应增加了环缝间隙。

⑥ 管片的制作精度误差，导致拼装环、纵缝间隙超过设计标准。

⑦ 压浆量不足引起隧道后期产生较大的沉降变形而漏水。

⑧ 手孔、螺栓孔、注浆孔等薄弱部位未加防水垫片，封孔施工质量差。

二、衬砌的止水措施

盾构法隧道渗漏水容易出现在环片自身小裂缝、环片的接缝、注浆孔和手孔等处，其中以环片自身小裂缝和环片的接缝处渗漏水较多，因此，盾构法隧道防水主要是解决环片本身的防水和环片接缝的防水问题。

1. 管片结构的自防水

盾构工法区间隧道在含水层内的地下水土压力下工作，要防止地下水的渗入，首先要做到结构自防水。其主要方法是管片材料采用防水混凝土。防水混凝土是一种通过调整配合比，或者是掺入少量防水剂、减水剂、加气剂、密实剂、早强剂、膨胀剂等外加剂来改善混凝土本身的不密实性，补偿混凝土的收缩，增加抗裂性和抗渗性的混凝土。通常，人们只注意到混凝土的强度和抗渗等级，往往认为混凝土的强度越高，其抗拉强度随之越高，从而抗裂性能越好；混凝土的抗渗标号越高，其抗渗能力越强。于是出现了片面提高混凝土强度等级和抗渗等级的现象。实际上混凝土强度等级越高，抗渗标号越高，单位水泥用量越多，其结果是水化热增高，收缩量加大，从而导致裂缝的产生。因此必须合理地选择混凝土的强度等级、抗渗标号和外加剂。根据防水混凝土的组成不同，可分为普通防水混凝土、外加剂防水混凝土和膨胀水泥防水混凝土三大类。一般情况下，地铁结构物以采用普通防水混凝土为主，通过材料和施工两方面来抑制和减少混凝土内部孔隙的生成，改变孔隙的形态和大小，堵塞渗水通路，以达到密实和防水的目的。普通防水混凝土最高抗渗压力可达 2MPa，但它对材料级配、制备和施工工艺要求较高。而盾构工法区间隧道的衬砌为预制钢筋混凝土管片拼装而成，多采用外加剂防水混凝土，但所采用的外加剂不能在混凝土内引起碱性反应。膨胀水泥防水混凝土一般应用在结构物的特殊部位,如管片嵌缝的封堵等。

2. 提高管片的制作精度

对于装配式钢筋混凝土管片防水,根据国内外隧道施工实践,采用高精度钢模来提高管片精度是很重要的环节。因为如果衬砌管片制作精度差,加上衬砌拼装的累计误差,将会导致衬砌接缝不密贴而出现较大的初始缝隙,此时如果接缝防水材料的弹性变形量不能适应缝隙要求就会出现漏水,另外衬砌制作精度不够时,衬砌容易在盾构推进时被顶碎或崩落,从而导致漏水。

要生产出高精度的钢筋混凝土管片,就必须有一个高精度的钢模。一般钢模的精度应比管片高,其精度比应为1:2。采用这种高精度的钢模时,最初生产的管片比较容易保证精度,但在使用一个时期之后,钢模就会产生翘曲、变形、松脱等现象,所以必须随时注意钢模精度的检验。一般生产400~500块管片后,钢模必须进行检修与保养,钢模的使用必须有一个严格的操作规程。

3. 管片外防水涂层

影响钢筋混凝土结构寿命的主要因素是钢筋的锈蚀。钢筋在混凝土的碱性环境中一般是不会生锈的,除非混凝土表面的碳化程度已达到保护层的厚度。埋设于地下的钢筋混凝土结构物,由于地下水中富含硫酸根或氯离子,会使混凝土本身受到损坏。所以在地下水中这些有害物质含量很高时,设计人员会在设计阶段就考虑防护措施,采用耐腐蚀水泥、外涂防护材料等。如果地下水中这些有害物质的含量很低,则不必采取什么防护措施。

一般说来,对于埋深较大或有显著侵蚀性水的地段,所用管片必须采用增强防水、防腐蚀性的外防水涂层。涂层要求如下。

① 涂层应能在盾尾密封钢丝刷与钢板的挤压摩擦下不损伤。

② 当管片弧面的裂缝宽度达0.3mm时,仍能抵抗0.6MPa的水压,保持长期不漏。

③ 涂层应具有良好的抗化学腐蚀功能、抗微生物侵蚀功能和耐久性。

④ 涂层应具有防迷流的功能,其体积电阻率、表面电阻率要高。

⑤ 涂层有良好的施工季节适应性,施工简便,成本低廉。

若管片制作质量高,且采用的抗侵蚀水泥,不做外防水涂层也是可以的。

4. 管片接缝防水堵漏

管片接缝防水包括管片间的弹性密封垫防水、隧道内侧相邻管片间的嵌缝防水以及必要时向接缝内注浆等。其中弹性密封垫防水最重要也最可靠,是接缝防水的重点。一般要求缝宽度不大于1.5cm。

(1) 弹性密封垫防水

① 弹性密封垫的功能要求。要求弹性密封垫能承受实际最大水压的3倍。衬砌环缝的密封垫还应在衬砌产生纵向变形时,保持在规定水压力作用下不渗漏水,即密封垫在设计水压力下的允许张开值应大于衬砌在产生纵向挠曲时环缝的张开值。

同时,还要求密封垫传给密封槽接触面的应力大于设计水压力。接触面应力是由扭紧连接螺栓、盾构千斤顶推力、密封垫膨胀等因素产生的,另外当密封垫一侧受压作用时会产生一定的接触面应力,即所谓的"自封作用"。

② 密封垫材料要求。实践证明,密封垫的材料性能极大地影响接缝防水的短期和长期效果,尤其是对防水功能的耐久性。即要求密封垫能长时间保持接触面应力不松弛。有人建议:接触面应力由0.6MPa降至0.2~0.3MPa的时间即为密封垫的寿命。其他耐久性要求

则包括耐水性、耐疲劳性、耐干湿疲劳性、耐化学腐蚀性等。对水膨胀橡胶还要求能长期保持其膨胀压力。密封垫材料之间以及密封材料与管片之间应有足够的黏结性，而且不能影响管片的拼装精度，施工还要方便。

(2) 嵌缝防水堵漏　嵌缝防水即在管片内侧嵌缝槽内设置嵌缝材料，构成嵌缝防水的第二道防线。

嵌缝槽的形状要考虑拱顶嵌缝时，不致使填料坠落、流淌，因而通常设计为口窄肚宽。嵌缝材料应具有良好的水密性、耐侵蚀性、伸缩复原性、硬化时间短、收缩小、便于施工等特性。

满足上述要求的材料有以环氧类、聚硫橡胶类、尿素树脂类为主的材料。

下面是几种主要的嵌缝密封防水设计构造，见图8-1。

变形缝的嵌缝槽形状和填料必须满足在一定变形情况下，仍能止水的要求。通过对不定型自黏丁基橡胶腻子、水膨胀橡胶腻子（用氯丁胶乳水泥加封）、制品性海绵橡胶为芯材外包水膨胀橡胶的圆形嵌条以及内插塑料扩张芯材的特殊齿形嵌条进行试验，认为特殊齿形嵌条和水膨胀橡胶腻子较好。

嵌缝作业应在衬砌变形稳定后，在无千斤顶推力影响的范围内进行。嵌缝前要将嵌缝槽内的油、锈、水清除干净，必要时用喷灯烘干，不得在渗水情况下施工。应在涂刷底层涂料后再进行填塞填料和捣实。嵌缝要特别注意拱顶90°范围内的嵌填质量，因为此处在运营后无法补救。

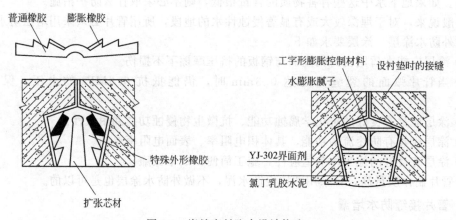

图8-1　嵌缝密封防水设计构造

(3) 接缝处注浆堵漏　接缝处的防水堵漏应遵循先易后难、先上下后两边的原则，尽量用嵌缝法堵漏，对于渗漏严重的地方，仅用嵌缝不够时，就要进行注浆，即在渗漏严重的接缝处先用电钻打一直径为5mm的小孔，插入塑料细导管引排渗漏水，同时插入另一根注浆管，通过注浆管向外注浆。当确认不渗漏水时剪除注浆管。注浆深度一般为15cm，渗漏严重时可达35cm，也就是把管片打穿。注浆材料可采用聚氨酯浆材、丙烯酰胺（或丙烯酸盐）超细水泥浆材或者两者的复合材料以及水泥、水玻璃为其化学注浆材料。

(4) 螺栓孔和压浆孔堵漏　螺栓与螺栓孔或压浆孔之间的装配间隙也是渗漏多发处，所采用的堵漏措施就是用塑性（合成树脂类、石棉沥青或铅）和弹性（橡胶或聚氨酯水膨胀橡胶等）密封圈垫，在拧紧螺栓时，密封圈受挤压变形充填在螺栓和孔壁之间，达到止水效果。另一种方法是采用一种塑料螺栓孔套管，浇筑混凝土时预埋在管片内，与密封垫圈结合起来使用、防水效果更佳。密封圈应具有良好的伸缩性、水密性、耐螺栓拧紧力、耐老化等。为提高止水效果，螺栓孔口可做成喇叭状。由于螺栓垫圈会产生蠕变而松弛，为提高止水效果，可对螺栓进行二次拧紧。施工时若有必要也可对螺栓孔进行注浆。

密封圈的设计要点是：密封圈与沟槽外形应相匹配；要充分考虑密封圈在螺栓偏心位置下的抗水压密封性；密封圈断面尺寸应与螺栓尺寸相适应。

(5) 管片表面裂纹的堵漏　当管片表面有裂纹渗漏时，常常先用环氧树脂粘牢裂纹，再外涂防水砂浆。

第二节　管片接缝的防水

一、管片接缝的防水

解决隧道防水的关键是要把好管片拼装质量关，以使管片接缝达到密封防水作用。为了保证管片接缝防水性能的良好，管片制作精度也极为重要，一般管片几何尺寸的误差不应大于±1mm。

无论采用什么管片形式，其接缝防水技术包括密封垫防水、嵌缝防水、螺栓孔防水等三项内容。防水部位示意图见图8-2。

管片接缝的防水

1. 单层衬砌防水

单层衬砌防水特点是：接缝防水构造是隧道衬砌构造永久组成部分。选用的防水材料要求有较高的耐老化性能，在承受接头紧固压力和千斤顶推力产生的接缝往复变形后仍有良好的弹性复原力和防水能力，且也能便于施工。单层衬砌防水的主要措施如下。

① 管片采用多道防线防水的结构形式，一般设1~2条防水槽，管片环面内弧设置嵌缝槽（见图8-3），并有接缝的堵漏技术措施，确保修补堵漏的可能性。密封垫视为主要防线，如果其防水效果优良，也可省掉嵌缝工序或进行部分嵌缝。

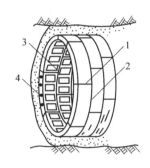

图8-2　防水部位示意图

1—纵缝防水密封垫；2—环缝防水密封垫；
3—嵌缝槽；4—螺栓孔

图8-3　单层衬砌防水示意图

1—环缝防水密封垫；2—纵缝防水密封垫

② 防水槽内设防水密封垫，主要采用橡胶，依靠相邻管片的接触压力挤压密实后面产生防水效果。这种橡胶以氯丁橡胶、三氨乙丙橡胶、丁苯橡胶等制造。

③ 管片的精确尺寸是确保密封垫有效的前提。

2. 双层衬砌防水（内衬）

双层衬砌的目的是解决管片的防水、防腐蚀和结构补强等问题。双层衬砌防水的特点及措施如下。

① 由于隧道内衬起主要防水作用，对管片接缝的防水材料要求较低，只起临时止水作用。

② 制作内衬防水层有下列几种做法。

a. 粘贴卷材防水层。将热沥青胶结料，用喷涂或辊涂的方法，涂敷在隧道内壁上，并立即粘贴沥青玻璃布油毡或聚异丁烯卷材或再生橡胶沥青油毡。

b. 喷涂或刷涂防水层。常用的材料有环氧沥青涂料、环氧呋喃涂料、焦油聚氨酯涂料等。

c. 无论粘贴卷材还是喷刷防水涂料，都要求隧道内表面处于干燥状态时方可施工。但这一施工条件在隧道内较难实现，从而发展了在潮湿的内壁上喷涂聚合物水泥砂浆，如水泥环氧砂浆等，可以于潮湿面黏结防水涂料。

d. 喷射混凝土防水层。当内层衬砌采用喷射混凝土时，可在混凝土拌和料中添加化学掺剂，以提高混凝土防水性能。

e. 钢筋混凝土内衬，全面现浇钢筋混凝土，以起到隧道防水与补强的功能。

3. 衬砌螺孔防水

螺孔一般设于管片防水槽内侧，这是依赖于管片密封防水垫的作用，使水不漏入螺孔，从目前施工的多条隧道看有一定实效。但当工程有特殊防水要求时，侧向螺孔也应采用沥青、橡胶、塑料为材料的专门环形垫圈来防水。垫圈如图 8-4 所示。

二、接缝防水密封垫

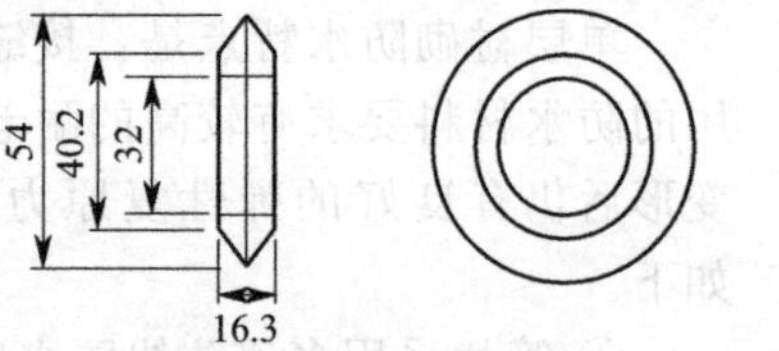

1. 密封垫的种类和特征

混凝土管片使用的防水密封垫大体可分为两大类，即未定型制品和定型制品。

图 8-4　螺栓防水垫圈
（尺寸单位：mm）

（1）未定型制品的主体材料

① 石油沥青生橡胶粉油膏。

② 聚氧乙烯胶泥。

③ 焦油聚氨酯弹性体（两液型）。

④ 焦油聚硫弹性体（两液型）。

⑤ 环氧聚硫弹性体（两液型）。

⑥ 环氧煤焦油砂浆。

（2）定型制品的主体材料

① 焦油合成树脂体系。

② 天然橡胶或合成橡胶。

③ 泡沫橡胶复合密封垫。

④ 异型橡胶复合密封垫。

密封垫的密封性能表现为对管片拼装面的黏结力、弹性复原力、充填抗渗能力。

2. 管片防水密封圈

全断面浇涂环氧煤焦油砂浆。该方法要求砂浆于施工工现场配制，并在 60～65℃ 温度下拌制，制作后应在 12h 内结束拼装。该砂浆 3 天的抗压强度为 10～20MPa，最终可达 30MPa，抗剪黏结强度为 5MPa。

3. 焦油聚氨酯弹性体

这种密封垫与已成环管片接触面之间无黏结力，主要是依靠压密防水。

4. 复合密封垫

单一材料的密封垫,压缩量受到限制,往往只是单面具有黏结力,主要是依靠压密防水。所以在管片精度差、接缝变形大、水压较高的情况下易引起渗漏。

5. 齿槽形定型制品密封垫

采用齿槽形氯丁橡胶的密封垫,在地面上粘贴到管片的防水槽内,当管片拼装时在千斤顶顶力作用下,使其产生弹性变形,填充了管片的防水槽,这样密封垫内有极高的弹性复原力,这种复原力将发挥有效的防水作用,如图 8-5 所示。这种密封垫能承受 2 个大气压的水压力,并允许接缝有一定的变形,在构造上也解决了管片的角部防水问题,见图 8-6。

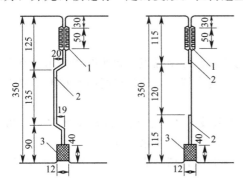

图 8-5 管片接缝防水示意图（尺寸单位:mm）
1—可以压缩的高弹性氯丁橡胶密封垫；
2—可塑性涂料；3—嵌缝材料

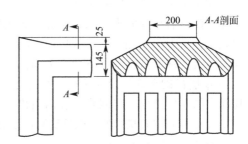

图 8-6 管片角部密封垫示意图
（尺寸单位:mm）

三、嵌缝材料及施工

嵌缝材料是管片拼装完成之后,填嵌到管片内所设的嵌缝槽内的防水材料。它与密封垫两者配合使用以增强接缝防水的效能。嵌缝槽的尺寸一般如图 8-7 所示,嵌缝材料在槽内依靠填塞力和黏结力达到密封防水的作用。

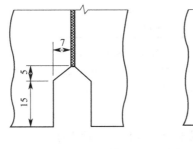
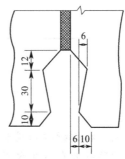

图 8-7 管片嵌缝槽示意图（尺寸单位:mm）

1. 嵌缝材料应具备的性能

① 材料与管片基面的黏结力要求大于衬砌外壁的静水压力。
② 材质性能要保持长时间稳定,而不至于随着时间增长而发生材质变化。
③ 要求长期耐 0.3MPa 以上的水压力,且不产生蠕变。
④ 能适应施工,对基面干、湿同样具有良好的黏结能力。

⑤ 材料要富有弹性，能够适应隧道的变形，并不受隧道内空气的影响。

2. 施工方法

① 必须严格遵照制造厂的说明来使用。
② 如为气压盾构施工的隧道，应在气压段内嵌缝，以提高填充力。
③ 嵌缝作业应在盾构千斤顶及盾构推进影响范围外的区域进行。
④ 在嵌缝施工前，必须清理嵌缝槽。
⑤ 在漏水地位施工时应先引流、封堵。

四、堵漏技术

1. 隧道防水堵漏的基本措施

管片拼装后接缝的渗漏水，主要表现为明显的滴漏。每个漏点的每小时渗漏水量常介于 5～30mL，当大于 30mL 时，就呈现连续细流。针对这个特点，管片接缝防水堵漏主要是处理缝的漏水。基本措施有以下两个方面。

① 单层衬砌在管片设计阶段就应考虑到接缝堵漏技术措施。接缝发现漏水之后，可松动其部位的连接螺栓，将漏水从孔内引出，然后进行堵漏，最后堵螺孔。
② 双层衬砌管片接缝的一般性滴漏，主要采用水泥胶浆修堵。情况严重时考虑用灌浆堵水。

2. 管片的防水堵漏方法

(1) 单层衬砌可在两道密封缝之间，设计注浆堵漏的专用沟槽 若接缝出现渗漏，就可以从预留孔或螺栓孔注浆入此槽，见图 8-8。

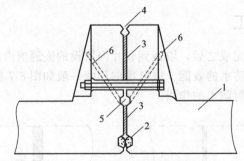

图 8-8 管片灌浆沟槽示意图
1—钢筋混凝土管片；2—橡胶密封垫；3—承压垫板；4—嵌缝槽；
5—预留注浆沟槽；6—预留注浆管

(2) 灌浆堵漏施工方法

① 清理混凝土表面。将裂缝两侧混凝土凿成槽并处理干净。
② 布置灌浆孔。灌浆孔要布置在水源和纵横裂缝交叉处，埋设方法见图 8-9。
③ 封闭。用油毡做成凸形毡条沿缝通长设置，在外面封水泥砂浆形成封闭层。
④ 做保护层。在封闭层外做环氧涂料或环氧玻璃布附加层，并在其上抹水泥砂浆保护层。
⑤ 压水试验。待水泥砂浆保护层有一定强度后，即可利用灌浆设备以颜色水进行压水试验。一般从下部的灌浆孔或接近水源的灌浆孔压入水，记下灌入时间和耗水量，以供配制浆液参考，并注意观察封闭层是否有漏水，如有漏水在此部位作第二次封闭。
⑥ 灌浆。灌浆方法与压水相同。灌浆后关闭所有阀门，浆液固结后，拆除灌浆孔并用

水泥砂浆封固，见图 8-9。

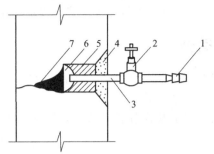

图 8-9 灌浆堵漏施工方法示意图
1—压浆嘴；2—阀门；3—注浆管；4—素灰及砂浆找平层；
5—快硬水泥浆；6—半面铁片；7—混凝土裂缝

第三节 盾构隧道防水其他施工措施

一、接缝螺栓孔防水措施

管片螺栓孔位于接缝面，密封防水也是重要环节。采用水膨胀垫圈加强防水。施工中应避免螺栓位置偏于一边的现象。由于螺栓垫圈会发生蠕变而松弛，在施工中需要对螺栓进行二次拧紧。防水结构见图 8-10。

盾构隧道防水其他施工措施

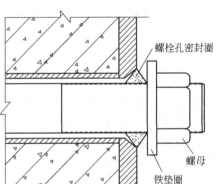

图 8-10 纵环向螺栓孔防水结构

二、吊装孔的防水措施

原则上不通过管片吊装孔注浆，所以避免了吊装孔漏水这一问题。

由于管片接缝漏水或土体加固要通过吊装孔进行二次注浆，要做好二次注浆的收尾工作。等双液浆凝固后将活动端头部分拆除，清理吊装孔内残余物，填入腻子型膨胀止水密封材料，然后用防水砂浆封固孔口，盖上螺旋盖，预防从吊装孔漏水。

三、管片与地层空隙防水措施

盾构推进后，盾尾空隙应在围岩坍落前及时进行注浆，不但可防止地面沉降，而且有利于隧道衬砌的防水。选择合适的浆液、注浆参数、注浆工艺、浆液可在管片外围形成防水层，将管片包围起来。如有必要，也可进行二次注浆，以加强保护圈，有利于隧道防水。

四、其他部位的防水措施

① 加强楔形环的弹性密封垫的止水性（如：加厚密封垫高度）。
② 封顶块纵向插入时采用减摩润滑剂。
③ 管片角部应粘贴未硫化的丁基橡胶腻子薄片，以加强角部防水，以及防止同步注浆浆液的漏入。

五、联络通道、泵房防水施工

联络通道（泵房）采用矿山法施工，支护形式为复合式衬砌，防水方式根据结构及施工特点，其具体措施如下：

① 联络通道（泵房）段采用全封闭塑料防水板防水层，并结合混凝土结构自防水。防水层采用无纺布＋PVC 防水板，结构自防水要求初支喷射混凝土抗渗等级为 S6、二衬混凝土的抗渗等级为 S8。
② 结构设计中考虑水压的影响，以免混凝土产生后期裂缝，并控制结构在短期荷载组合或长期荷载组合下，其迎土（水）面裂缝宽度允许值为 0.2mm。
③ 联络通道与盾构区间接头处是防水的薄弱环节。防水板由 PVC 先过渡到 ECB，再过渡到 SBS 后粘贴到盾构管片上，并在联络通道二衬与区间管片接头处设置两道框形遇水膨胀橡胶止水条，而且为避免二次衬砌混凝土的收缩变形，接头部位采用微膨胀混凝土。
④ 联络通道顶部的穿墙管，采用钢板止水环并结合 SBS、ECB 卷材防水等措施，以保证其防水效果。

六、洞门防水施工

洞门的后浇洞门圈与管片和结构内衬墙之间的接头通过两道缓膨型水膨胀止水条防水。盾构进出洞时，为了防止地层中水土进入隧道，确保管片与地层之间的注浆效果，采用特制橡胶板帘布结合洞门处的特殊构造进行防水处理。

盾构进出洞时，用特殊橡胶帘布及可靠的固定装置减少漏泥、漏水，用特殊形式止水带与遇水膨胀橡胶止水条、密封胶加强抗裂与防水。盾尾空隙回填灌浆材料，构成隧道外围圈防水。

① 拆除管片前，利用相邻管片的中间孔，注浆加固以减少渗水。
② 拆除管片后，对渗水部位仍要进行注浆封堵或预留引水导管，以确保施工面的干燥。
③ 对施工接缝要进行凿毛处理，对止水条的基面要清理干净并保持平整和干燥。
④ 遇水膨胀橡胶止水条要与基面密贴牢靠，搭接足够，并涂上缓膨剂。
⑤ 布置钢筋时不要触碰止水条，封闭模板前仔细检查止水条的可靠性。
⑥ 浇注混凝土时要避免振捣棒碰到止水条，振捣要均匀到位。
⑦ 浇完混凝土后，至少养护 14 天，在未达到规定的强度前，不得拆模，以免出现渗水裂缝。
⑧ 对拆模后的渗水部位进行压浆处理并施以环氧水砂浆封堵抹平。

七、接口防水施工

① 盾构进、出洞门处，为防止泥砂及水的涌入，设置橡胶帘布。橡胶帘布由模具分块

压制，然后连成整框。

② 改善井圈灌浆材料，使之适应变形，并用聚合物混凝土合成纤维混凝土浇捣井圈，用特殊形式止水带与遇水膨胀橡胶止水条、密封胶加强抗裂与防水。

③ 洞门与车站端墙及洞门与盾构管片间的施工缝采用设置注浆嘴、水膨性止水胶、收口密封胶等组合措施。

④ 在联络通道与盾构区间接头处，采用设置注浆嘴、水膨性止水胶、收口密封胶等组合措施。

思考题

1. 引起隧道漏水的原因有哪些？
2. 简述隧道止水的措施。

第九章 洞内出渣、运输及弃土外运

第一节 洞内水平运输

隧道内左右线轨线布置可以采用 43kg/m 钢轨铺设单线，轨距为 900mm，钢轨枕采用 20 型钢，间距为 0.9m，用压板螺栓固定钢轨，轨枕间用钢筋拉牢。在始发井铺设双线，便于列车编组会车、出渣、下料等（隧道内铺单线）。具体布设根据实际情况考虑，见图 9-1。

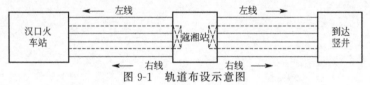

图 9-1 轨道布设示意图

一、洞内运输列车编组

施工中每环开挖量为 48m³，按 1.5 的虚方系数计算，虚方量约为 72m³。列车编组为 45t 变额电机车牵引 5 节 17m³ 渣车、1 节 8m³ 砂浆车和 2 节管片车。列车编组见图 9-2。盾构掘进每循环的出渣进料运输任务可由一列编组列车完成，具体编组可以根据实际情况考虑。

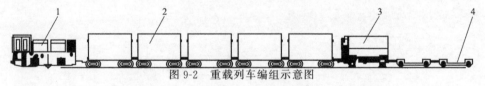

图 9-2 重载列车编组示意图

1—45t 电机车；2—17m³ 渣车；3—8m³ 砂浆车；4—管片车

二、出渣进料方法

当盾构掘进时，螺旋输送机把渣土卸到渣车内，同时电瓶车牵引渣车缓慢前移，将渣车装满。

在渣车装渣的前期，前面的材料车与渣车脱钩卸管片和材料，当渣车装满后再与材料车相接，电瓶车拉至工作井内，由45t龙门吊吊出卸渣，完毕后再将空车放回井内，再由进料口吊装洞内所需材料。一环管片开挖土方一次运走。为加快掘进进度，每条隧道配备2列编组列车，当一列车装满渣土准备运出时，另一列车已装好材料停放在盾构始发井或车站会让线上，在管片安装完成前此列车可到达工作面，继续掘进下一环。这样在盾构掘进过程中始终保持有列车运渣，从而确保施工进度。

三、工效计算

电瓶车牵引速度为8km/h，往返最大距离为2.5km，考虑其他因素，往返时间计划为40min。装渣、卸管片及浆液与掘进时间同步，约30min。龙门吊出渣、装管片及浆液需60min。

四、劳动力组织

单线运输劳动力组织安排见图9-3。

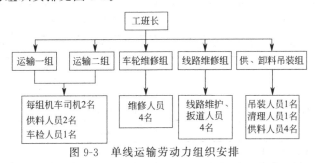

图9-3 单线运输劳动力组织安排

第二节 垂直运输

垂直运输

一、龙门吊基本参数及性能

盾构施工垂直运输采用1台45t龙门吊，其移动平行隧道方向覆盖长度85m，渣土、轨料、水管、管片及油脂、油料等材料由龙门吊进行装卸和垂直起吊，垂直运输方案示意图见图9-4。站内龙门吊布设于车站围护结构上，轨距24m，区间龙门吊起重机性能如表9-1所示。

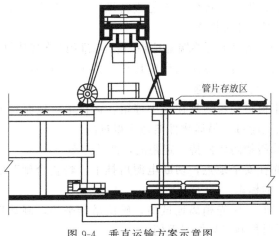

图9-4 垂直运输方案示意图

表 9-1　区间龙门吊起重机性能

名称	单位	起升机构		名称	单位	运行机构	
		主起升	副起升			大车	小车
起重量	t	45	5	轨距	mm	25100	7136
起升速度	m/min	重载分3挡,速度分别为2、7、9;轻载为15	13	运行速度	m/min	分4挡,速度分别为10、20、30、40	30
工作级别		M6	M3	工作级别		M5	M5
最大起升高度	m	轨上8;轨下24	轨下26	缓冲行程	mm	130	60
电源				三相交流,50Hz,380V			
钢丝绳 结构		35×7		钢轨型号		43kg/m	43kg/m
钢丝绳 直径	mm	22	19	车轮直径	mm	Φ600	Φ500
钢丝绳 抗拉强度	MPa	1670	1570	最大轮压	kN	300	170
电动机 型号		YZR355M-10	ZDY21-4	电动机 型号		YZR160M2-6	YZR160L-6
电动机 功率	kW	90	13	电动机 功率	kW	7.5(4极)	7.5
电动机 转速	r/min	582	1380	电动机 转速	r/min	940	940
减速机 型号		JZQ1000-31.5-30A	LDHC	减速机 型号		ZSCA-600	ZSC-600
减速机 传动比		31.5	26.5	减速机 传动比		46.7	46.7
制动器		YWZ2-500/B121	HABB-20	制动器		YWZ-200/25	YZW200/25
限位开关		LX10-31	LX24-40A	限位开关		LX10-11	LX10-11

二、龙门吊操作安全注意事项

① 行车操作手须经训练考试,或持有操作证者方能独立操作,未经专门训练或考试不得单独操作。

② 开车前认真检查设备机械、电气部分和防护险装置是否完好、可靠。若控制器、制动器、限位器、电铃、紧急开关等主要附件失灵,严禁吊运。

③ 必须听从挂钩起重人员指挥,但任何人发出紧急停车信号,都应立即停车。

④ 行车操作人员必须得到指挥信号方能进行操作,行车启动时应先发出明确信号,使在场每一个人都确认无误后才可操作。

⑤ 当接近限位器,大、小车临近终端速度要缓慢。不准用倒车代替制动,不准从行车上跨越。

⑥ 应使用规定的安全走道、专用站台或扶梯。大车轨道两侧除检修外不准行走。小车轨道上严禁行走。不准从行车上跨越。

⑦ 工作停歇时,不得将起重物悬在空中停留。运行中,地面有人或落放吊件时应发出警告,严禁吊物在人头上越过。吊运物件离地不得过高。

⑧ 运行时行车与障碍物间要保持一定距离,严禁撞车。

⑨ 检修行车应停靠在安全地点,切断电源后挂上"禁止合闸"的警示牌。地面要设围栏,并挂"禁止通行"的标志。

⑩ 重吨位物件起吊时,应先稍离地试吊,确认吊挂平稳,制动良好,然后升高,缓慢运行。不准同时操作同时控制三只控制手柄。

⑪ 行车运行时，严禁有人上下，也不准在运行时进行检修和调整机件。
⑫ 运行中发生突然停电，必须将开关放置关闭状态。起吊件未放下或索具未脱钩，不准离开行车操作岗位。
⑬ 夜间作业应有充足的照明。
⑭ 龙门吊按安全规程执行，行驶时注意轨道上有无障碍物，吊运高大物件妨碍视线时，两旁应设专人监视和指挥。行车操作人员必须认真做到"十不吊"：

a. 起重指挥信号不明或乱指挥不吊；
b. 超负荷不吊；
c. 工件紧固不牢不吊；
d. 吊物上有人不吊；
e. 安全装置不灵不吊；
f. 工件埋在地下不吊；
g. 歪拉斜吊工件不吊；
h. 光线阴暗看不清不吊，吊臂上有电力线路、通信线路或其他不明的线路不吊；
i. 小配件或短料装过满不吊；
j. 棱角物件没有采取包垫等护角措施不吊。

工作完毕或离开操作岗位前，行车应停在规定位置，升起吊钩，小车开到轨道两端，并将控制手柄放置关闭位，切断电源。

第三节　渣土外运

渣土外运集中在夜间进行，利用挖掘机将开挖坑中的渣土装入封闭式运输汽车，然后按照业主拟定路线运输至业主指定的弃渣点。在场地出渣门口设置洗车槽，运输车辆出施工场地前进行清洗。计划安排 10t 的带盖的密封性良好自卸汽车外运渣土，避免渣土在运输中撒、漏影响城市环境。

一、渣土外运方案

① 施工前现场做好各项前期施工准备工作，施工期间渣土运输车辆驶出施工现场必须经过喷淋洗车平台，并由专人负责冲洗，经检查确认冲洗干净后方能进入市政道路。
② 渣土运输使用密封式环保运输车辆，定期保养，使其保持良好的运行状态；淤泥土采用晾晒、减少装载量等降水防漏措施，以最大限度减少泄漏、遗撒事件的发生。
③ 加大渣土车辆进出工地段运输道路的保洁频度和力度，设置 2 名专职保洁人员负责此段道路的清理工作，确保渣土车渗漏泥浆随滴随冲、随撒随清，将污染降低至最低程度。所有保洁人员均佩戴袖标，着装统一，穿反光马甲，确保安全生产。
④ 渣土运输车辆施工期间必须按照指定线路，运输至指定的收纳场进行堆弃，渣土外运期间设专职巡查员 1 名，对运输线路进行检查，发现问题严肃处理。
⑤ 渣土工程施工现场须符合城市环境保护要求，应科学组织施工以避免或减小扬尘污染、施工噪声及交通拥堵等对市民生活的影响。

二、安全保证措施

① 项目部建立施工安全领导小组，项目经理任组长，划分领导机构、明确个人职责，

健全安全防护制度。

② 施工前对运输车辆司机进行书面安全技术交底和安全教育培训。

③ 作业时现场设专人统一指挥，相互配合，由机械现场调度员统一指挥，配合机械作业人员。各种施工、操作人员须经安全培训，不得无证上岗，各种作业人员应佩戴相应的安全防护用具和劳保用品。严禁操作人员违章作业，管理人员违章指挥。

④ 施工现场设置专职安全员，对施工人员经常进行安全教育，提高安全意识，每月召开一次安全例会。

⑤ 泥浆池周围设置安全警标示牌，严禁非作业人员进入施工现场。

⑥ 运输车辆车容、车况良好，车身整洁，灯光齐备，前后车牌要整洁清晰，不得故意涂改、遮挡车牌号，尾牌清晰，尾牌必须安装在规定位置。

⑦ 运输车辆必须按照指定的路线行驶，并注意交通安全，不得闯红灯、超载和超速行驶，车辆驾驶人员严禁酒后驾驶。

⑧ 各种机械要有专人负责维修、保养，并经常对机械的关键部位进行检查，预防机械故障及机械伤害的发生。

三、质量保证措施

① 在每道工序施工前，技术人员依据施工图纸、施工方案对相关施工班组作业人员进行技术、安全、质量及环境保护方面的书面交底，交底内容包括操作方法、操作要点、质量标准及安全环保要求等。

② 每道工序施工完成并经自检合格后，向监理工程师进行报检。经监理工程师检查验收合格后方可进行下一步作业。

③ 基坑开挖后，对雨天必须慎重考虑，认真对待，视雨量大小而定，必要时必须停工并采取相应预防措施。

④ 挖土以机械为主，人工为辅，基底以上300mm土体必须用人工开挖。挖土至预定标高后，立即进行人工整修和设垫层，严禁扰动老土。

四、环境保护及文明施工措施

① 严格执行国家有关部委、当地建委关于"文明施工"的有关条例。

② 在围挡内设置临时堆土场，对含水量较大的淤泥土，堆放晾干后再进行外运，防止泥土污染路面。

③ 渣土外运选用新型环保运输车，运输过程中严禁出现泄漏、遗撒。

思考题

1. 简述盾构施工过程中洞内水平及垂直运输方法。
2. 简述盾构施工渣土外运方案。

第十章 盾构施工测量与监测

第一节 施工前期测量工作

施工前期测量工作

一、交桩复核测量

对业主所交的水平控制网的点位和高程控制网的水准点,在开工前应复测一次。

水平控制网的点位主要由两部分组成,一部分是 GPS 控制点;另一部分是加密的导线点。导线点与其旁边所做的附点组成闭合导线环进行复测,开工前复测一次,以后根据施工进度在复测洞内控制点时进行复测,或根据现场需要组织复测。

高程控制网的水准点,开工前复测一次,以后根据施工进度在复测洞内控制点时进行复测,或根据现场需要组织复测。

二、仪器安装及配备

建议使用的仪器设备见表 10-1。

表 10-1 建议使用的仪器设备

序号	设备名称	规格型号	单位	数量	备注
1	全站仪	TCR1201	台	1	$1''$,1mm(仪器误差,余同)$+2\times 10^{-6}$(比例误差,余同)
2	全站仪	TC1800	台	1	$2''$,$2mm+2\times 10^{-6}$
3	全站仪	TCR702	台	1	$1.5''$,$2mm+2\times 10^{-6}$
4	陀螺仪	GAK1	台	1	竖井联系测量、$20''$
5	双频接收机	Trimble4700	4台/套	1	$5mm+1\times 10^{-6}$
6	双频接收机	Trimble5700	4台/套	1	$5mm+1\times 10^{-6}$
7	水准仪	NA2+GPM3	台	2	0.4mm/km
8	水准仪	NA3003	台	1	0.4mm/km

续表

序号	设备名称	规格型号	单位	数量	备注
9	控制测量平差软件	Cosawin	套	2	精密导线、GPS控制网、二等水准网测量检测、武汉测绘大学
10	成图软件	Cass5.1	套	1	南方测绘公司
11	精密对准器	GDF22	套	5	控制测量/瑞士莱卡

第二节 建立地面控制网

建立地面控制网

一、地面控制测量

1. 控制网布置

应了解工程已有控制网的现状、坐标和高程系统，布网方法、布网层次和精度等状况，并对本施工段测量控制点分布的合理性、可靠性等通过踏勘和检测做出评价（交接桩前，然后对设计院或业主提供的控制点进行复测），选择适宜的坐标、高程起算控制点，制订合理的盾构施工控制测量方案。因施工现场条件限制，可布设独立施工平面控制网和高程控制网。有条件时该网应与当地控制网联测，建立明确的数据转换关系。同时应注意采用的坐标系统（国家或地方）。

盾构施工平面控制网一般分两级布设，首级为GPS控制网、二级为精密导线施工网。在满足精度要求的情况下可采用其他方法布网。施工路线长度较短时，可一次布网。盾构施工平面首级GPS控制网应在已有的国家二等三角网或B级GPS控制网下布设。精密导线网应在C级GPS控制网或国家三等三角网下扩展。

2. 盾构施工控制网测量技术要求

① GPS测量技术要求见表10-2。
② 精密导线测量的技术要求见表10-3。

表10-2 GPS测量技术要求

平均边长/km	最弱点的点位中误差/mm	相邻点的相对点位中误差/mm	最弱边的相对中误差	与原有控制点的坐标误差/mm
2	±12	±10	1/90000	<50

表10-3 精密导线测量技术要求

平均边长/m	导线长/km	每边测距中误差/mm	测距相对中误差	测角中误差/(″)	测回数 DJ1	测回数 DJ2	方位角闭合差/(″)	全长相对闭合差	相邻点的相对点位中误差/mm
350	3~5	±6	1/60000	±2.5	4	5	±30$\sqrt{n}$	1/35000	±8

注：n 为测站数。

二、高程控制测量

盾构施工高程控制网应在已有的国家二等水准网下一次布设全面网。盾构施工高程控制网可采用精密水准等测量方法一次布设全面网。当水准路线跨越江、河、湖、塘视线长度小于100m时，可采用一般方法进行观测，大于100m时，应进行跨河水准测量。跨河水准测量可采用光学测微法、倾斜螺旋法、经纬仪倾角法和测距三角高程法等，其技术要求应执行国家一、二等水准测量规范。其控制网测量技术要求见表10-4。

表10-4 精密水准测量技术标准

每千米高差中数中误差/mm		路线长度/km	水准仪的型号	水准尺	观测次数		往返误差、附和或环线闭合差/mm	
偶然中误差	全中误差				与已知点联测	附和或环线	平地	山地
±2	±4	2~4	DSI	钢钢尺	往返各一次	往返各一次	±8	±2

第三节 竖井联系测量

联系测量内容应包括：地面近井导线测量和近井高程测量、工作井定向测量和导入高程测量以及地下近井导线和近井高程测量。

地面近井导线和近井高程路线应采用附和路线形式，利用最近的导线点为基点。采用边角三角形测量，在隧道两端各引测至少5个导线点，水准点不少于3个，地下应埋设永久近井点。近井导线点不应少于3个，点间边长宜大于50m。近井高程点不应少于2个。各类点间应构成检核条件。

竖井联系测量

在一个贯通区间始发井联系测量应不少于3次，在隧道初始掘进50~100m及贯通前200m应进行联系测量。

一、平面坐标传递

采用联系三角形法，陀螺仪与垂准仪组合定向法。

1. 陀螺坐标传递法

盾构隧道平面坐标传递采用陀螺定向法将地面坐标及方向传递到隧道内，定向边应避免高压电磁场的影响，见图10-1。

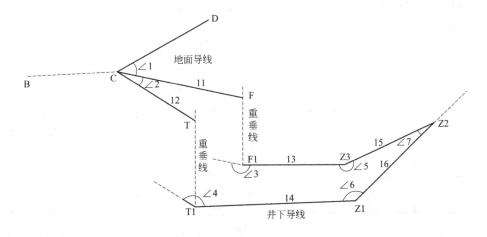

图10-1 陀螺坐标传递法示意图

定向测量若采用陀螺仪与垂准仪联合定向方法，其定向精度取决于陀螺仪本身的定向精度。该方法的特点是：陀螺仪定向以前的各个环节的方向测量误差不累计，垂准仪投点误差比较大，但其作为一个误差常量影响贯通误差。

2. 三角测量方法

（1）测量方法

竖井浅的情况下，可以采用三角测量直接传递平面坐标，如图 10-2 所示。投向误差占 85%。若欲提高定向精度，提高钢丝的投向精度是关键。为此，除满足上述联系三角形最有利的形状外，为减弱风流对悬吊钢丝的影响，沿隧道风流方向合理布设垂线位置不失为提高投向精度的主要方法。另外，除布设单一联系三角形外，也可采用布设组合联系三角形的办法，提高地下起始边的定向精度。

（2）精度要求

① 联系三角形一般呈直角形。

② 每次应独立定向三次，悬吊钢丝间距 c 应尽量最大。

③ a/e（或 a_1/c）的值一般应不超过 1.5，a 和 a_1 分别为地面和地下连接点与其最近钢丝的距离。

④ 仪器至钢丝间距可采用钢尺丈量或粘贴反射片测量，地上、地下同一边测量误差应小于 2mm。

⑤ 角度观测采用 DJ2 级全站仪，全圆测回法观测四测回，测角中误差应在 ±2″ 之内；各测回测定的地下起始边方位角误差应小于 20″，方位角平均值误差应小于 ±12″。

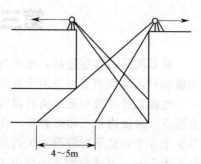

图 10-2 三角测量方法示意图

二、高程传递

1. 方法

高程传递采用悬吊钢尺（已检定）法。导入高程测量应满足下列条件。

① 在工作井内悬吊钢尺进行高程传递测量时，地上、地下的两台水准仪应同时读数，并在钢尺上悬吊与检定钢尺时相同质量的重锤。

② 高程传递时应独立进行三次测量，高程较差应小于 3mm。

③ 高差应进行温度、尺长改正。

整个区间施工中，高程传递至少进行三次。高程传递示意图见图 10-3。

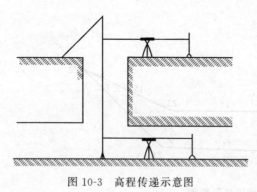

图 10-3 高程传递示意图

2. 精度要求

根据《城市轨道交通工程测量规范》要求暗挖区间的横向贯通中误差应不超过 ±50mm，竖向贯通（高程贯通）中误差不超过 ±25mm。采用不等精度分配方法，将横向贯通误差配赋到影响地铁横向贯通误差的三个主要测量环节：地面平面控制测量中误差 $m_{井上}$ < ±25mm，联系测量中误差 $m_{联系}$ < ±20mm，地下控制导线测量中误差 $m_{井下}$ < ±30mm。采用同样不等精度分配方法，高程贯通误差的合理配置为：地面高程测量中误差为 ±16mm，向地下传递高程测量中误差为 ±10mm，地下高程控制测量中误差为 ±16mm。

第四节 地下控制测量

一、控制网布设

地下控制测量起算点必须采用直接从地面通过联系测量传递到井下的平面和高程控制点,一般地下平面起算点不应少于3个,起算方位边不应少于2条,起算高程点不应少于2个。每次延伸地下控制导线和控制水准,应对已有施工控制点进行检测,检测点如有变动应剔除,并选择其他稳定点进行延伸测量。

地下控制测量

根据测量实践,盾构施工60m以后,隧道结构已经稳定,在此设置地下控制点。导线点的稳定情况,通过重复测量确定,一般不少于3次。导线点宜采用强制对中装置,控制点点位可在隧道两侧交叉设置,在曲线隧道,特别是在连续同向曲线的隧道,要注意旁折光的影响。直接用于盾构施工测量的控制点,可设置在隧道顶板上或隧道两侧。地下控制网一般为支导线和支水准路线,有条件时必须形成附和路线或构成网。直线隧道掘进大于200m或到达曲线段时,应布设施工导线和施工水准,同时宜选择稳固的施工导线点组成施工控制导线。

在隧道贯通前,地下控制导线和控制水准测量应不少于3次。重合点坐标较差应小于10mm,且应采用各次的加权平均值作为测量结果。

二、平面坐标测量要求

① 一般直线隧道平均边长150m,曲线隧道平均边长60m。
② 采用DJ2全站仪,左、右角各测两测回,左、右角平均值之和与360°较差应小于6″。
③ 导线点横向中误差应满足下列要求:

$$m_{横} \leqslant m_{中} \times 4l/5L \tag{10-1}$$

式中 $m_{横}$——导线点横向中误差;
$m_{中}$——贯通中误差;
l——导线长度,m;
L——贯通距离,m。

④ 水准控制测量技术要求:
a. 水准点宜按每200m间距设置一个;
b. 水准点可利用导线点标石,也可埋设墙上标志;
c. 精密水准测量的主要技术要求与地表控制测量相同。

三、测量精度要求

城市轨道交通工程地下平面控制测量是指隧道施工沿着设计给出的轴线掘进,达到贯通,并使贯通测量误差在±50mm以内所进行的平面控制测量工作。

1. 地下平面控制测量的支导线测量精度要求

在隧道施工中,由于隧道空间狭长,使得洞内控制网的设计没有选择的余地,只能采用支导线的形式进行地下平面控制测量。根据贯通测量的精度设计,地下平面控制测量是贯通测量的重要环节,由贯通误差限值及误差分配设计,分配给地下控制测量的横向中误差为35mm。众所周知,影响导线横向误差的主要来源是角度测量误差,由测角引起导线端点相对起点的横向中误差按等边直角形导线估算，其最远点横向中误差可用下式计算：

$$m_u = \frac{m_\beta}{\rho} S \sqrt{\frac{n}{3}}$$

其中 $\rho = \frac{180°}{\pi} \approx 57.3° = 206264.806''$ (10-2)

式中　m_u——支导线终点横向中误差；
　　　m_β——测角中误差，($''$)；
　　　S——导线长度，m；
　　　n——支导线边数。

由此可以转换成测角中误差计算公式：

$$m_\beta = \frac{\rho}{S} m_u \sqrt{\frac{3}{n}}$$ (10-3)

其中　　$\rho = \frac{180°}{\pi} \times 60 \times 60 = 206264.806'' \approx 206265''$

依据测量实践，令支导线终点横向中误差 m_u 为 35mm，支导线长度 S 为 1500m，支导线边数 n 为 10，则测角中误差 m_β 为

$$m_\beta = \frac{\rho}{S} m_u \sqrt{\frac{3}{n}} = \frac{206265}{1500000} \times 35 \times \sqrt{\frac{3}{10}} = \pm 2.6''$$ (10-4)

因此，《城市轨道交通工程测量规范》(GB 50308—2008) 规定，测角中误差应在±2.5″以内。

导线测量的测距中误差一般影响地下平面控制点的纵向误差，且现代测距误差一般不超过 2mm，该误差对控制点的纵向误差影响很小。《城市轨道交通工程测量规范》(GB 50308—2008) 规定的测距中误差在±3mm 以内，在测量作业中很容易达到这一要求。

2. 地下平面控制点的测量精度要求

《城市轨道交通工程测量规范》(GB 50308—2008) 除了对地下平面控制的支导线测量有精度要求外，对控制点位横向中误差的贯通误差要求也有标准，并按式 (10-5) 计算贯通前地下平面控制点的横向中误差，以保证贯通测量精度。

$$m_u \leq m_\varphi (0.8 \times d/D)$$ (10-5)

式中　m_u——导线点横向中误差，mm；
　　　m_φ——贯通中误差，mm；
　　　d——控制导线长度，mm；
　　　D——贯通距离，mm。

3. 复测精度要求

地下平面控制点在隧道贯通前应至少测量 3 次，并应与竖井定向同步进行。重合点重复测量坐标值的较差应小于 $30 \times d/D$ (mm)，其中 d 为控制导线长度，D 为贯通距离，单位均为 mm。满足要求时应取逐次平均值作为控制点的最终成果指导隧道掘进。

4. 测量方法

作为地下平面控制测量的支导线不可能一次布设完成，而是随着隧道的不断延伸，在一定距离后一个点一个点地逐步布设。在隧道施工过程中，每布设一个新点都需要进行测量。测量时，通常从支导线的起始点或经多次复测证明稳定的中间点开始。

《城市轨道交通工程测量规范》(GB 50308—2008) 规定，导线测量应使用不低于 ($2''$，

2mm+2×10⁻⁶）级以上的全站仪施测，左右角各观测两测回，左右角平均值之和与 360°较差应小于 4″。采用左右角观测时，在两个不同的盘位要变动零方向。边长往返观测各两测回，往返平均值较差应小于 4mm。

由于隧道处在土层中，受其自身施工及外界环境的影响，所设置的地下导线点有可能发生位移，因此，隧道掘进至全长的 1/3 处、2/3 处和距贯通面小于 100m 时必须对地下控制点进行同精度全面复测，以确保其正确可靠。地下平面控制点除在上述三个阶段进行全面复测外，可视情况需要时在施工过程中随时进行复测。

在隧道施工过程中，从地面近井点测量到联系测量等工作至少要进行 3 次，有条件时，地下控制点复测要与地面近井点测量和联系测量同时进行。

另外，相邻竖井间或相邻车站间隧道贯通后，地下平面控制点应构成附和导线（网），以增强控制网强度。

5. 地下平面控制测量实例

某地铁线路两车站间正在进行盾构掘进，地下控制点为埋设在隧道结构两侧的强制对中标志，为减少旁折光影响，强制归心仪两台交叉两侧布设，如图 10-4 所示。

图 10-4　埋设在隧道结构两侧的强制对中标志

四、地下水准测量

地下高程控制测量是以通过竖井传递至地下的水准点为高程起算依据，采用水准测量方法，沿掘进方向布设水准点，并确定隧道、设备在竖直方向的位置和关系的工作。

1. 测量方法和布设形式

高程控制测量一般采用二等水准测量方法施测，每间隔距离 200m 在隧道的底板或边墙土埋放一个高程控制点，也可利用地下导线点标志作为高程控制点。

地下水准路线布设可与地下施工导线测量路线相同，在隧道没有贯通前，地下水准路线均为支线，因此需要加强测站检核，并进行往返观测。同样，隧道间有联通道连接或相邻竖井、车站间隧道贯通后，应把支水准路线连接起来，使地下高程控制点构成结点水准网或附和水准路线。

2. 点的埋设形式

高程控制点的埋设形式有多种，如在盾构施工的隧道可以利用管片上安装的底部螺栓作为控点，亦可在管片底部直接埋设水准点标志，并要做好标志；在矿山法施工的隧道，可直接在隧道边墙或底板埋设水准点。选择水准点的埋设位置时，要注意能使水准尺直立。水准点的埋设位置和形式见图 10-5。

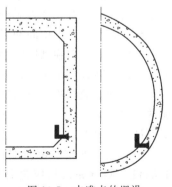

图 10-5　水准点的埋设位置和形式

3. 测量精度要求

地下高程控制测量精度要求应符合《城市轨道交通工程测量规范》（GB 50308—2008）二等水准测量相关技术要求，见表10-5。

表10-5 二等水准测量的主要技术要求

水准测量等级	每千米高差中数中位差/mm		水准仪等级	水准尺	观测次数		往返较差、附和或环线闭合差/mm
	偶然中误差 M_Δ	全中误差 M_w			与已知点联测	附和或环线	
二等	±2	±4	DS_1	钢钢尺或条码尺	往返测各一次	往返测各一次	$±8\sqrt{L}$

4. 测量方法

与平面控制测量一样，高程控制是随着隧道的延伸逐步建立起来的，在隧道贯通前应进行不少于3次的全面复测和检测。有条件时，地下高程控制点复测与联系测量、地面控制点检测同时进行。重复测量的高程点间的高程较差应小于5mm，满足要求时，应取逐次平均值作为控制点的最终成果指导隧道掘进。

第五节 盾构掘进施工测量

一、盾构掘进施工测量的主要内容

盾构掘进施工测量的工作贯穿于三个阶段，即盾构始发前的测量工作、盾构掘进过程中盾构姿态和管片安装测量及盾构接收测量。

1. 盾构始发前的测量工作内容

盾构始发工作井建成后，通过联系测量方法将坐标和高程传递到工作井的近井点上，并作为井下测量工作的起算数据。测量前应对这些起算数据进行复测检查，确保起算数据正确。

盾构掘进施工测量

（1）盾构基座和反力架定位测量与检测 利用井下近井点进行基座和反力架的定位测量，测量放样的轴线和点位应标志清楚，放样后要进行检核测量，确保放样数据正确。

（2）盾构基座定位测量与检测 按照盾构设计的位置，对盾构基座安装所需的轴线进行标定。首先使用全站仪将盾构基座中心轴线测设在井壁或固定的物体上，然后根据基座设计的里程，在其前端、中间和后端三个部位分别把垂直于基座中心轴线的法线测设在井壁或固定的物体上，接着在基座前端、中间和后端三个部位沿基座中心轴线两侧的井壁或固定物体上标定同一高程的水平线，并标明实际高程值。

按照标定数据进行盾构基座定位后，还应对基座安装质量进行检测。检测的内容有基座前端、中间和后端里程、高程及基座中心线与设计中心轴线的方位角偏差、坡度是否满足施工设计精度要求。

（3）反力架定位测量与检测 反力架定位测量可使用全站仪进行反力架基准环中心的测设。测设完成后应进行检查测量，检测的内容有反力架基准环中心和其法面是否分别与盾构实际中心轴线一致和垂直、基准环中心高程盾构中心轴线高程是否一致、基准环法线面倾角是否与盾构实际坡度一致。以上检测数据应满足盾构始发掘进的技术设计精度要求。

2. 预留洞门钢圈位置测量

预留洞门钢圈位置测量同样可使用全站仪并采用极坐标法进行测设。

测设完成后应对安装好的工作井预留洞门钢圈安装位置和尺寸进行检测，其安装位置和尺寸应满足始发要求。工作井预留洞门钢圈尺寸按式(10-6)计算：

$$D_s \geqslant H\tan\alpha + D/\cos\alpha + \Delta_e + \Delta_s + \Delta_g \tag{10-6}$$

式中 D_s——工作井预留洞门直径，m；

H——洞门井壁厚度，m；

α——隧道轴线与洞门轴线的夹角（平面或纵坡夹角的值），(°)；

D——盾构的外径，m；

Δ_e——设计规定的始发或接收工作井预留口直径大于盾构外径的差值（始发工作井取 0.10m，接收工作井取 0.20m），m；

Δ_s——测量误差，一般为 0.10m；

Δ_g——盾构基座安装高程误差，一般为 0.05m。

二、盾构掘进过程中盾构姿态和衬砌环安装测量

1. 盾构姿态和衬砌环安装测量内容

① 盾构姿态测量主要内容包括盾构的横向偏差、竖向偏差、俯仰角、方位角滚转角及切口里程。

② 衬砌环安装测量在盾尾内完成管片拼装和衬砌环完成壁后注浆两个阶段进行。第一阶段，在盾尾内管片拼装成环后测量盾尾间隙；第二阶段，在衬砌环壁后注浆和管片出车架后进行测量，测量内容包括衬砌环中心坐标、底部高程、水平直径、垂直直径和前端面里程。

2. 盾构掘进测量方法的选择

盾构掘进过程中盾构姿态和管片安装测量，应根据盾构是否安装有自动导向测量系统来确定测量方法。当盾构安装了自动导向测量系统，且精度较高时，则主要利用自动导向测量系统进行盾构姿态和管片安装测量，以人工测量方法进行控制测量和检核测量；当盾构未安装自动导向测量系统，应采用人工测量方法进行盾构姿态和管片安装测量；当盾构安装了自动导向测量系统，但精度较低时，则根据自动导向测量精度以及按贯通误差要求该精度所能控制的掘进距离，及时采用人工测量方法作为辅助手段进行导向测量系统以及盾构姿态和管片安装的检核、校正测量。

3. 盾构接收测量

盾构接收测量指盾构到达接收井前，在接收井内应完成的测量工作，主要内容包括预留洞门钢圈位置测量、盾构基座位置测量等。

盾构接收测量方法和技术要求与盾构始发前的相关测量工作基本相同。

三、盾构自动导向系统简介

现代新型的盾构都装备有可选的成套测量与控制系统，即自动导向系统，指导盾构掘进

施工。导向系统种类主要有四种：陀螺仪导向系统、德国 VMT 公司 SLS-T 导向系统、我国盾构姿态实时监测系统以及英国 ZED 导向系统，下面分别介绍。

1. 陀螺仪导向系统

(1) 陀螺仪导向系统特点　陀螺仪导向系统主要由陀螺仪和倾斜计、控制单元等组成，其中陀螺系统结构比较复杂。该系统的优点是适合长距离方向控制和快速运动物体；缺点是仅对方向控制提供参考，精度偏低，需定时归零，操作较繁复，不给定三坐标量（X、Y、H）对推进只起到有限的参考作用。

(2) 日本 TOKIMEC 生产的 TIMS-01 系列盾构姿态测量系统简介

① 系统组成和功能　日本 TOKIMEC 生产的 TIMS-01 系列盾构姿态测量系统由地面装置、地下装置和陀螺仪组成，见图 10-6。通过陀螺仪和倾斜计，自动测量盾构方位角、俯仰角和滚转角，确定盾构的姿态。根据千斤顶行程计算盾构的掘进距离从而得到里程位置。同时计算出与设计位置的偏差值，并实现实时图形显示。

② 姿态测量管理　姿态测量管理系统分为盾构管理模式和管片管理模式两部分。盾构管理模式显示盾构头的姿态和位置及其偏差；管片管理模式显示千斤顶收缩位置的姿态和位置及其偏差。盾构头和管片管理点的位置及其姿态、偏差显示分别见图 10-6～图 10-9。

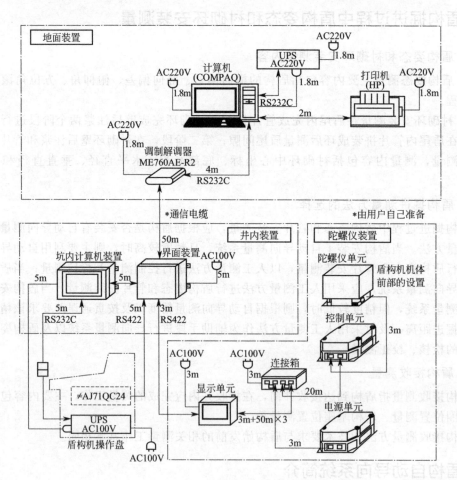

图 10-6　TIMS-01 系列盾构姿态测量系统示意图

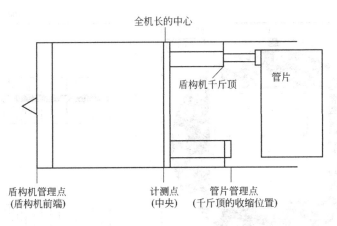

图 10-7 盾构和管片管理点位置示意图

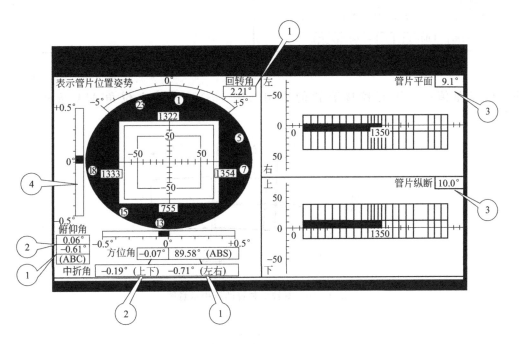

图 10-8 盾构头姿态、偏差显示示意图
1—陀螺仪的方位角、俯仰角；2—方位角偏差、俯仰角偏角；
3—平面偏差、纵断偏差；4—千斤顶行程

③ 辅助人工测量　TIMS-01 系列盾构姿态测量系统方位角测量精度为 ±0.05°，俯仰角、滚转角测量精度为 ±0.1°；测定范围，方位角绝对方位 360°，相对方位 180°，倾斜角、滚转角为 ±10°。由此可以看出该盾构姿态测量系统测量精度较低，盾构姿态测量误差大，例如方位角影响每掘进 30m 将产生 18mm 误差，而且盾构的位置也是通过计算管片数量间接计算出来的，也有较大误差，因此需要使用全站仪进行人工辅助测量，并把测量数据作为盾构的正确位置。因此，当差值大时要对盾构的姿态进行修正。

人工辅助测量内容为：测量盾构的姿态并提供偏差值；测量成环管片状态和里程

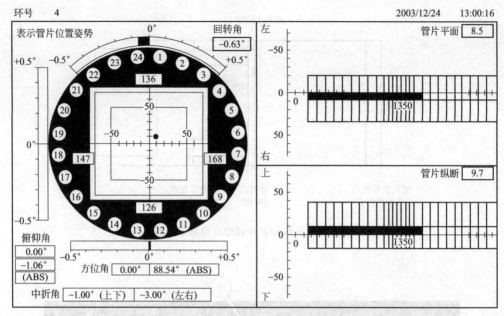

图 10-9 管片姿态、偏差显示示意图

并提供偏差值；对于有铰接装置的盾构（图 10-10），其方位角 MA 按式（10-7）计算：

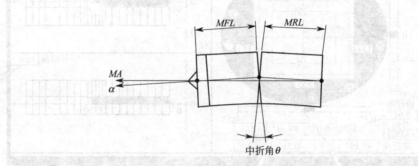

图 10-10 有铰接装置的盾构示意图

$$MA = \alpha - \frac{MRL}{MFL+MRL} \times \theta \qquad (10\text{-}7)$$

式中　α——盾构前机方位角；
　　　θ——铰接角；
　MFL——盾构前体长度；
　MRL——盾构后体长度。

当盾构前体长度与后体长度相等时，方位角 MA 按式（10-8）计算：

$$MA = \alpha - \frac{\theta}{2} \qquad (10\text{-}8)$$

同样方法可以计算盾构的俯仰角。

2. 德国 VMT 公司 SLS-T 导向系统

SLS-T 导向系统由激光测站、后视棱镜、目标靶等组成，测定精度受激光发射接收、倾斜仪的传感精度影响。测量示意图见图 10-11。该系统优点是稳定、可靠、实时、连续、精度高；缺点是构成复杂、维护量大、对人员要求高、进口价格相对昂贵。

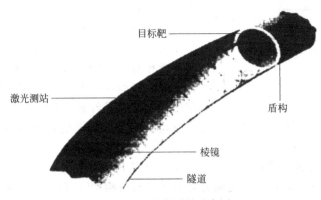

图 10-11 系统测量示意图

(1) 系统组成和功能　SLS-T 导向系统主要由具有自动照准目标的全站仪（激光测站）、ELS（电子激光系统，目标靶）、计算机、隧道掘进软件和黄色箱子四部分组成。每部分的作用如下。

① 具有自动照准目标的全站仪。主要用于测量（水平和垂直的）角度和距离、发射激光束。

② ELS（电子激光系统），亦称为标板或激光靶板，见图 10-12。这是一台智能型传感器，ELS 接受全站仪发出的激光束，测定水平方向和垂直方向的入射点。坡度和旋转由该系统内的倾斜仪测量，偏角由 ELS 上激光器的入射角确认。由于 ELS 固定在盾构的机身内，在安装时其与盾构轴线的关系和参数位置就确定了，因此根据上述 ELS 的测量结果即可转换成盾构姿态。

图 10-12 激光靶板

③ 计算机及隧道掘进软件。SLS-T 软件是自动导向系统的核心，它从全站仪和 ELS 等通信设备接收数据，计算盾构的位置，并以数字和图形的形式显示在计算机的屏幕上。操作系统采用 Windows7，确保用户操作简便。

④ 黄色箱子。主要给全站仪供电，保证计算机和全站仪之间的通信和数据传输。

(2) 系统的工作过程　隧道内的地下控制导线是指示盾构掘进的测量基准，控制导线点随着盾构的推进延伸。控制导线点通常建立在管片的侧面仪器台上或右上侧或顶上中部的吊篮上，并采用强制归心标志。导线点设置位置见图 10-13。地下控制导线点的间距宜控制在 150m 左右。盾构自动导向系统的姿态应依据地下控制导线点来精确确定。盾构自动导向系统的姿态确定后，便可利用其进行盾构和成环管片姿态测量。

在掘进中，盾构的自动导向系统工作过程如下。

① 确定起算点和起算方向，利用地下一个已知控制导线点的坐标（x、y、z）和一条边的方向来确定起算点和起算方向。操作时，将带有微光发射器的全站仪安置在这个已知控制导线点上，以全站仪与另一个地下控制导线点的后视方向为起算方向，并以该方向进行定向。

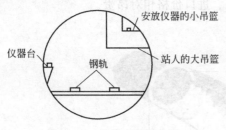

图 10-13 导线点设置位置

② 测量时，全站仪自动测出测站与 ELS 之间的距离、方位角和垂直角，即可得到 ELS 的平面坐标和高程（x、y、z）。

③ 激光束射向 ELS 激光靶，ELS 激光靶接受激光束，可以得到激光束的水平及竖向入射点，以及激光相对于 ELS 平面的偏角、入射角和折射角。由于激光靶固定在机器上，在安装激光靶时，激光靶的确切位置已经被确定，即激光靶与盾构轴线的关系也已经确定。由此就可以测定盾构姿态，即相对于隧道设计轴线的横向偏差、竖向偏差、俯仰角、方位角偏角。

④ 盾构的滚转角和仰俯角直接由安装在 ELS 内的倾斜仪进行测量。

⑤ 盾构每推进一环，隧道掘进激光导向系统从盾构 PLC 自动控制系统获得推进油缸和铰接油缸的油缸杆伸长量数值，并依此计算出上一环管片的管环平面位置和姿态。同时综合考虑被手工输入隧道掘进激光导向系统电脑的盾尾间隙等因素，计算并选择这一环适合拼装的管片类型。

这些测量数据大约每秒钟两次由通信电缆传输至计算机。通过计算并与隧道设计轴线比较，得出盾构的姿态，并将各项偏差值显示在屏幕上。操作者就可以依此来调整盾构掘进的姿态，使盾构的轴线接近隧道的设计轴线，这样盾构轴线和隧道设计轴线之间的偏差就可以始终保持在一个很小的数值范围内。在盾构掘进时只要控制好盾构姿态，盾构就能精确地沿着隧道设计轴线掘进，保证隧道能准确贯通。

3. 我国盾构姿态自动监测系统

盾构姿态自动监测系统利用高精度全自动化的测量机器人，采用同步跟进测量方式，精确测定盾构上观测点的三维坐标值，通过对盾构刚体进行独立解算，计算盾构姿态。测量过程达到完全自动化和计算机智能控制，在盾构推进过程中无需人工干预，具有运行稳定、精度高、适用性强等特点。

(1) 系统硬件与软件构成

① 系统硬件组成

a. 测量主机。采用瑞士徕卡公司的 TCA1800（$\pm 1''$，$1mm + 2 \times 10^{-6}$）自动测量全站仪，仪器可以在同视场范围内安装两个棱镜并实现精密测量，使观测点设置自由灵活，大大提高了系统测量的精度。

b. 棱镜和反射片等。

c. 自动整平基座。德国原装设备纠平范围大（$10°48'$），反应快速灵敏（$\pm 32''$）。

d. 工业计算机。系统控制采用日本的 CONTECEC IPCRT/L600S 计算机，它能在振动状态、5~50℃ 及 80% 相对湿度环境中正常运行，工矿环境下能够防尘、防振、防潮。

e. 双向通信设备。系统长距离双向数据通信设备采用国内先进的元器件，性能优良，使得本系统通信距离长达 1000m（通常 200m 以内即满足系统使用要求），故障率较国外同类系统低，约减少 90% 以上。

② 系统软件组成 系统在硬件基础框架上，基于 TCA 自动全站仪系列的接口软件 GeoCom 和空间向量理论及定位计算方法，实现即时空间定位。这在设计原理上不同于现有同类系统，系统通过启动自动测量运行程序，利用 IPC 机和通信设备遥控全站仪自动进行测量，完成全部跟踪跟进测量任务。

(2) 系统运行

① 跟踪测量　系统采用三台全自动全站仪（测量机器人），在计算机的遥控下完成盾构实时姿态跟踪测量，见图 10-14。由分别固定在吊篮（或隧道壁）上的两台全自动全站仪作为固定测站，在同步跟进的车架顶上安置第三台全自动全站仪作为动态跟进测站。测量时，固定测站上的两台全自动全站仪组成支导线的基准点与基准线，并按导线测量方式沿盾构推进方向，向车架顶上动态跟进测站的全自动全站仪进行三维坐标传递测量。同时，动态跟进测站的全自动全站仪对安置于盾构内的三个固定目标点上的棱镜进行测量，得到三点的坐标，通过计算机解算计算盾构姿态。

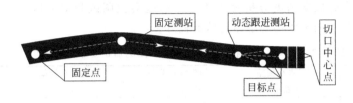

图 10-14　盾构实时姿态跟踪测量

② 跟踪测量信息显示　系统连续跟踪测定的当前盾构的三维姿态以及与设计轴线进行比较获得的偏差信息，在计算机屏幕上显示，见图 10-15。计算机屏幕上显示的主要信息包括：盾构两端（切口中心和盾尾中心）的水平偏差和垂直偏差及盾构水平方向偏转角（方位角偏差）、旋转角、纵向坡度差（倾斜角差）三个姿态转角，以及测量时间和盾构切口的当前里程，并显示盾构切口所处位置的线路设计要素，见图 10-15。

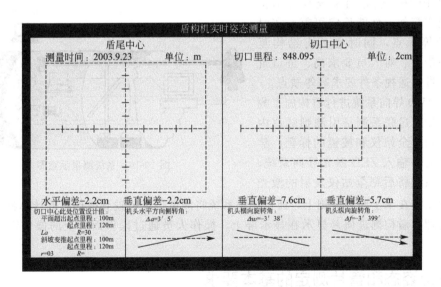

图 10-15　计算机屏幕上显示的主要信息

(3) 系统运行精度分析

① 盾构非推进状态的实测数据精度估计分析　盾构非推进状态的实测数据统计精度分析见表 10-6，从中可以看出，盾构在非推进状态下测量数据精度较高，并且稳定，说明该盾构实时姿态跟踪测量系统内符合性很好。

表 10-6 盾构非推进状态的实测数据统计精度分析

采样个数 误差	切口水平偏差 中误差/mm	切口垂直偏差 中误差/mm	盾尾水平偏差 中误差/mm	盾尾垂直偏差 中误差/mm
15	1.1	2.2	1.1	2.5
5	4.3	3.3	6.9	7.0
15	1.7	2.0	3.6	2.7
40	1.1	1.55	1.3	1.8
中误差	±1.6	±1.9	±2.6	±2.8

② 盾构在推进状态时连续测量得到的盾构姿态数据精度分析　盾构在推进状态时连续测量得到的盾构姿态数据精度分析见表10-7。通过实验调试和施工运行表明，系统在盾构推进过程中连续跟踪测量盾构姿态运行状况良好。

表 10-7 盾构在推进状态时连续测量得到的盾构姿态数据精度分析

采样个数 误差	切口水平偏差 中误差/mm	切口垂直偏差 中误差/mm	盾尾水平偏差 中误差/mm	盾尾垂直偏差 中误差/mm
19	2.1	6.1	3.3	6.0
13	4.4	4.0	5.5	5.6
20	15.0	6.1	10.2	10.7
21	5.5	6.8	7.2	1.8
3	0.5	1.6	0.6	1.5
中误差	±8.5	±5.9	±7.1	±8.6

4. 英国 ZED 导向系统

ZED 导向系统由全站仪、棱镜、反射片测倾仪、计算机控制箱、工控机和监视器等组成，见图 10-16。该导向系统具有结构简单、操作简便、性能稳定可靠、实时连续测量等优点，同时也具有结构复杂、维护量大、对人员要求高、进口价格相对昂贵、通视条件要求高等缺点。

采用 ZED 导向系统进行盾构施工测量时，首先通过联系测量引测到隧道内的控制点安置全站仪和棱镜的标靶，然后将测设成果输入 ZED 激光导向系统。测量中该系统将后靶全站仪发射的激光束投射到安装在掌子面的前靶上，通过传输系统将测量信息传输到操作室的计算机中心，经过数据处理，盾构掘进偏差显示在显示屏上，操作人员通过操作面板上的操作键进行盾构调向。

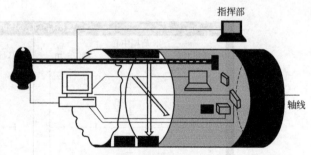

图 10-16　系统测量示意图

四、盾构姿态和管片测定的基本要求

1. 盾构姿态测量的基本要求

盾构姿态测量内容包括平面偏差、高程偏差、俯仰角、方位角、滚转角及切口里程，目前多由自动测量系统完成，但要定期进行人工测量复核，测量频率应根据其导向系统精度确定。盾构始发 10 环内，到达接收井前 50 环内应增加人工测量频率。以地下控制导线点和水准点测定盾构测量标志点，测量误差应在 ±3mm 以内。

2. 衬砌测量的基本要求

衬砌测量应在盾尾内完成管片拼装和衬砌环壁后注浆两个阶段进行。

① 在盾尾内管片拼装成环应测量盾尾间隙（包括掘进前盾尾间隙和掘进后盾尾间隙），并结合盾构姿态测量数据，为管片选型和盾构姿态调整提供依据。

② 衬砌环完成壁后注浆后，宜在管片出车架后进行测量，内容亦包括衬砌环中心坐标、底部高程、水平直径、垂直直径和前端面里程。测量误差应在±3mm以内。每次测量完成后，应及时提供盾构和衬砌环测量结果，供盾构掘进方向控制使用。

五、人工进行盾构姿态和管片安装测量的基本方法

在盾构掘进的过程中，对未安装自动导向测量系统的盾构，应采用人工测量方法进行盾构姿态和管片安装测量。对安装自动导向测量系统的盾构，在一定的条件下也要采用人工测量方法进行盾构姿态和管片测量。这是因为受所配置的盾构自动导向系统精度限制，超过一定距离测量精度不能满足隧道施工对偏差控制的要求。加之隧道内测量条件差，同时也是为了加强检核，在每掘进一定的距离后，必须采用独立于自动导向测量系统外的方法，对盾构的姿态和位置进行检核测量。检核测量时间间隔取决于盾构自动导向系统能够指导隧道按测量精度和设计偏差要求进行掘进的距离。

采用人工测量方法进行盾构姿态和管片安装测量时，应针对不同构造盾构的特点，制订相应的测量方案。测量方案中应包括测量观测标志点的设置位置、测量方法、盾构姿态和管片偏差计算等。

1. 观测标志点的设置位置

① 盾构上所设置的测量标志应不少于2个，有条件时应增加多余观测点，可设置3个或3个以上的测量标志。根据盾构主机结构特点，测量标志可沿其纵向或横向截面上设置，标志点间距离应尽量大。沿盾构主机纵向设置的测量前标志点应尽量靠近切口位置。标志可安置棱镜或粘贴反射片。测量标志点设置完成后，应测量它们的三维坐标以及与盾构轴线几何坐标系的明确几何关系，以便将测量标志点的三维坐标换算成盾构姿态。

② 管片上不需设置标志，直接利用其结构特征点测量。

2. 测量方法

① 对盾构上所设置的测量标志的测量一般采用极坐标法，测量其三维坐标。

② 对管片安装测量使用全站仪、水准仪和带有水平气泡的板尺，分别采用极坐标法、水准测量方法和直接丈量方法。在管片出车架，壁后注浆完成后，将板尺水平横放在衬砌环上，测量板尺中心和该处的顶、底板高程等，直接或间接得到面环中心坐标、底部高程、水平直径、垂直直径和前端面里程，测量误差在±3mm以内。

3. 隧道成环管片测量方法

（1）成环管片测量方法　根据成环管片的内径，采用铝合金制作铝合金标尺，标尺长接近衬砌环内径。在铝合金标尺正中央位置做标志并在其侧面贴上反射片。测量时，将铝合金标尺水平放置在某一环片上，首先用水平尺把铝合金标尺精确整平，使用全站仪采用极坐标法测量铝合金标尺中心坐标，即为环片中心坐标；使用水准仪测量铝合金标尺正中央位置的底板和顶板高程，从而得到环片直径及圆心。由此，就可以推算出成环管片中心轴线的实际三维坐标，以及与设计比较落后的差值。测量示意图见图10-17。每次成环管片测量时，应对已经测过的管片进行重叠测量，以便进行检核。

（2）管环姿态计算　管环姿态计算内容包括衬砌环中心坐标、底部高程、水平直径、垂直直径和前端面里程。计算工作可采用计算器或计算机。

采用计算机计算时，由全站仪采集外业数据，存储在全站仪的内存里，在内业将数据下载复制到EXCLE表格中，编辑成CAD识别的三维坐标。然后将三维坐标数据复制到记事本程序里面保存，文件的后缀名必须是".SCR"，如"成环管片外业数据.SCR"，这样就把成环管片外业数据编辑成了CAD的画点脚本文件。通过CAD的脚本功能，就很方便快捷地在CAD里面把点画出来。

打开AutoCAD，在模型状态下（一定要关闭"对象捕捉"命令），打开菜单栏的"工具（T）"选项，在下拉子菜单中选择"运行脚本（R..）"，或者在命令行中输入".SCR"，两种方式都是运行脚本，AuoCAD便查找脚本文件。操作者找到要调用

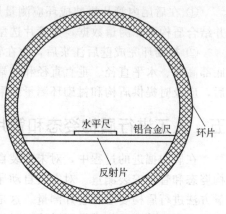

图10-17　成环管片测量示意图

的脚本文件"成环管片外业数据.SCR"后，直接打开它，AuoCAD便自动把点画出来了。点位画出来后，就可以在CAD里通过查询命令直接量出管环的水平和垂直姿态了。通过以上管环的测量和计算，解决了管环检测数据量大、计算难、测量时间长的问题，大大提高管环检测的效率和准确度。

第六节　盾构贯通测量

盾构贯通测量

一、贯通测量

隧道贯通后应进行贯通测量，主要包括隧道的平面贯通测量和高程贯通测量。

1. 平面贯通测量

（1）方法　当两相向开挖的隧道贯通后，应及时进行平面贯通测量。贯通测量作业时，利用贯通面两边的已知控制导线点，在贯通面两侧设3个左右的导线点，并在贯通面附近设点（临时点也可），这些点与洞内已知导线边形成附和导线。按四等导线对边角测量的有关要求测量贯通附和导线。外业资料满足要求后，求算贯通误差，判断是否满足≤±50mm的要求。

（2）误差调整　贯通误差求出来后，应进行贯通误差的调整。贯通误差的调整应符合下列要求：方位角贯通误差分配在未衬砌地段的导线角上；计算贯通点坐标闭合差在贯通地段导线上按边长比例分配，闭合差很小时也可按坐标平差处理。

（3）注意事项　进行贯通前应先检测地下已知控制导线点、边的稳定情况，选用稳定的地下导线边、点作为贯通测量的起始边、点。

2. 高程贯通测量

当两相向开挖的隧道贯通后，应及时进行高程贯通测量。高程贯通测量采用的方法及对仪器的要求与地下高程控制测量相同。按国标GB 50308—1999对精密水准测量要求进行作业，求出高程贯通误差，判断是否满足≤±25mm的要求。

在贯通面两侧无衬砌地段进行高程贯通误差调整，求出各点调整后高程，用以指导相应地段施工。

贯通误差包括隧道的纵横向贯通误差、方位角和高程贯通误差。测定贯通误差时，应在盾构接收井的贯通面设置贯通相遇点。

隧道的纵横向贯通误差，可利用隧道贯通面两侧平面控制点测定贯通相遇点的坐标闭合差确定，也可利用隧道贯通面两侧中线在贯通相遇点的间距测定。

方位角贯通误差可利用两侧平面控制点测定临近贯通面同一导线边方位角较差确定。隧道的纵横向贯通误差应投影到线路的法线方向上。

隧道高程贯通误差，可利用隧道贯通面两侧高程控制点测定与贯通面邻近的（贯通面上同一）水准点的高程较差确定。平面与高程贯通误差限差如表10-8所示。

表10-8 平面与高程贯通误差限差

项目	地面控制测量	联系测量	地下控制测量	总贯通中误差
横向贯通中误差	≤±25mm	≤±25mm	≤±35mm	≤±50mm
纵向贯通中误差	$L/40000$	$L/40000$	$L/40000$	$L/12000$
竖向贯通中误差	≤±16mm	≤±12mm	≤±15mm	≤±25mm

二、地面控制网复测

GPS控制网的复测与维护，需按原测精度进行定期全面复测和不定期的局部复测。GPS网复测内外业作业及成果需满足《城市轨道交通工程测量规范》（GB/T 50308—2008）的有关要求，成果报告中，需对控制网现状进行评价并明确每个控制点的取值。GPS控制网复测工作流程如图10-18所示。

三、接收井门洞中心位置测定

接收井门洞中心位置测定的精度将直接影响贯通精度。它对贯通精度的影响是系统误差，只要认真测定，其误差可消除。竖井洞中心的测定可分下列3种方法。

1. 常规求竖井门洞中心法（简称八点法）

常规求竖井门洞中心法一般可这样来进行，测量人员借助于测量工具（钢卷尺），通过 0°～180°、45°～225°、90°～270°、135°～315°对径位置的四条直线交点而定。

（1）门洞无误差 当门洞安装误差不计时，则丈量洞圈的最大尺寸（为直径）必定是通过圆心的直径。只要丈量精确，该四条直径必交于圆心点（第四条直径丈量为多余观测），即为所求之门洞中心。

（2）门洞存在误差 由于门洞圈在制作加工过程中存在误差及安装钢圈存在误差，必然使洞圈存在误差，此时，丈量这四条直径就交不成一点，而是交汇成一个区域。当丈量采用精确方法，其丈量误差控制在±1mm，如该区域越大则门洞误差也越大，此时门洞中心就越难求定。一般可作这样处理，取必要观测的三条直径位置为所交汇的区域（呈三角状），该三角形通常称误差三角形，一般很小（越小越精确），再作三角形中心，即为门洞中心。常规求门洞中心法，虽经测量人员长期使用，操作方便投入极少，但该法存在以下缺点：

① 测量人员较多，操作麻烦，费时间，成果误差较大；

② 直径汇交之区域，实地标定有一定困难。

鉴于上述缺点，可以看出常规丈量求门洞中心给测量人员带来繁重的劳动，为此，介绍另一种求门洞中心的测定方法。

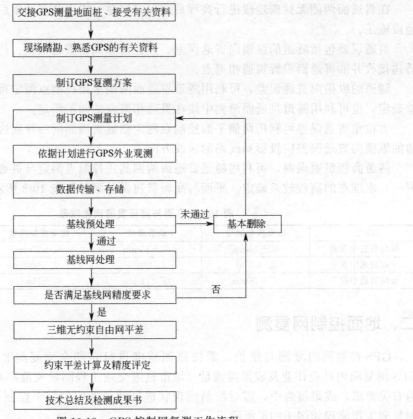

图 10-18 GPS 控制网复测工作流程

2. 坐标法测定门洞中心

竖井门洞中心可采用坐标法来测定。该法借助于经纬仪实地测量竖井左右洞圈切线之切点标志坐标，取中数求得中心之坐标来实现，求定、测定一步到位。

不论用常规法还是用坐标法来测定竖井门洞中心，其工作量都相当繁琐。虽然采用坐标法精度可相应提高，但由于工作场地限制，量边精度往往不可能很高，最终求得门洞中心坐标误差也相应增大。若采用全站仪测定时，可直接得到门洞中心坐标，精度可靠性较高些。

3. 弦长取中法

弦长取中法原理仍以几何学为理论，将几何原理和测量理论两者有机结合起来，从图形结构上看具有一定准确度，从计算关系上看也比较严密。该法一直深受隧道测量技术人员的欢迎。弦长取中法也称量弦取中挂垂法。

第七节 地表沉降监测及控制措施

一、沉降监测

1. 监测的目的

① 认识各种施工因素对地表和土体变形的影响，以便有针对性地改进盾构施工工艺和施工参数，减小地表和土体变形，保证工程安全。

② 预测施工引起地表和土体变形，根据地表变形发展趋势和周围建（构）筑物、地下管线沉降情况，决定是否需要采取保护措施，并为确定经济、合理的保护措施提供依据。

③ 检查施工引起的地表沉降和建（构）筑是否超过允许范围，并在发生环境事故时提供仲裁依据。

④ 为研究地层、地下水、施工参数和地表和土体变形的关系积累数据，为研究地表沉降与土体变形的分析预测方法等积累资料，并为改进设计提供依据。

2. 主要监测项目

确定监测项目考虑的因素有：

① 工程地质与水文地质；
② 隧道埋深、直径、盾构施工方法；
③ 双线隧道的间距或邻近建筑物情况；
④ 设计提供的变形及其他控制值。

监测项目见表10-9。

3. 监测控制基准的确定

(1) 控制基准确定原则

① 监测控制基准值应在监测工作实施前，由建设、设计、监理、施工、市政、监测等相关部门共同确定，列入监测方案。

表10-9　监测项目

类别	监测项目	监测仪器	测点布置	监测频率
必测项目	邻近建（构）筑物沉降	水准仪和水准尺，全站仪等	每30m一个断面，必要时加密，每个断面7~11个测点，隧道纵向每10m一个测点	开挖面距监测断面前后＜20m时1~2次/d，开挖面距监测断面前后＜50m时1次/2d，开挖面距监测断面前后＞50m时1次/周
必测项目	地表隆沉	水准仪和水准尺，全站仪等		
必测项目	隧道隆沉		每5~10m一个断面	
选测项目	土体内部位移（垂直和水平位移）	水准仪和水准尺	选择代表地段设监测断面	
选测项目	衬砌环内力与变形	水准仪、测斜仪、分层沉降仪	选择代表地段设监测断面	
选测项目	土层应力	压力计和应变传感器	选择代表地段设监测断面	

② 有关结构安全的监测控制基准值应满足设计计算中对强度和刚度的要求，一般应小于或等于设计值。

③ 有关环境保护的控制基准值，应考虑被保护对象（如建筑物、地下工程、管线等）主管部门所提出的确保其安全和正常使用的要求。

④ 监测控制基准值的确定应具有工程施工可行性，在满足安全的前提下，应考虑提高施工速度和减少施工费用。

⑤ 监测控制基准值应满足现行的相关设计、施工法规、规范和规程的要求。

⑥ 对一些目前尚未明确规定控制基准值的监测项目，可参照国内外类似工程的监测资料确定。在监测实施过程中，当某一监测值超过控制基准值时，除了及时报警外，还应与有关部门共同研究分析，必要时可对控制基准值进行调整。

（2）地表沉降控制基准确定　通常地表沉降控制基准值应综合考虑地表建筑物、地下管线及地层和结构稳定等因素，分别确定其允许地表沉降值，并取其中最小值作为控制基准值。

① 从考虑地表建筑物安全角度确定最大允许地表沉降值。

② 从考虑地下管线的安全角度确定最大允许地表沉降值。

我国《城市地下工程施工规范》规定地表沉降控制范围：10～30mm。对所有情况下都采用这一标准显然是不合适的。

（3）建筑物保护标准

施工前应根据前面介绍的基本原则，参考国内外的成功经验确定，如表 10-10、表 10-11。

表 10-10　建筑物变形标准值案例

既有建筑物			容许值	管理值	施工管理标准
用途	单位	形式			
铁路	××市交通局	新干线高架桥	相对垂直变位：5mm	±(3～5)mm	①10mm 以上（拱顶）内收敛值 20mm 以下正常 ②10～20mm（顶）20～40mm（收敛）增加量测次数，找原因 ③20～30mm（顶）40～60mm（收敛）加强、喷厚等 ④30mm 以上（顶）60mm 以下（收敛）加强量测、变更设计
		新干线高架桥	水平变位：3mm		
		高架桥	垂直：3mm 柱下沉量：3mm		
		桥台、桥脚	柱相对下沉量：2.3mm 下沉：10mm 倾斜 3′20″		
		轨道	铅直变位 下沉：10mm	±20mm，倾斜 1°下沉、隆起±20mm/d 垂直 9mm/d，5mm/d 水平 7mm/d，4mm/d 8mm	
		地下铁路地下建筑物	隆起：10mm 下沉：9mm		
		地下铁路		倾斜 86′	
		地中建筑物		下沉 5mm 倾斜 180′	
道路	××省	立交桥基础桥脚不均匀下沉桥台	水平变位：10mm 垂直变位：30m 垂直变位：13mm 水平变位：±50mm		
		桥脚（V_1 基础）	垂直：±37mm 倾斜：±160″ 下沉：±17mm 变位：±50mm	±15mm、±120″ ±20mm	

续表

既有建筑物			容许值	管理值	施工管理标准
用途	单位	形式			
建筑物	××单位	钢筋混凝土	下沉:5mm		①10mm 以上(拱顶) 内收敛值 20mm 以下正常 ②10～20mm(顶) 20～40mm(收敛) 增加量测次数,找原因 ③20～30mm(顶) 40～60mm(收敛) 加强、喷厚等 ④30mm 以上(顶) 60mm 以下(收敛) 加强量测、变更设计
		R_e 板式基础	下沉:5m		
		R 板式基础	拐角:1/300～1/500		
		R_e、3F、4F	倾斜:±160′	±120′	
		货物 R_e、8F	标准值:15mm		
		房屋	最大:30mm 绝对值:20～30mm 相对下沉值:25mm		
		管道	变形:(1～2)10^{-3} rad 水管垂直: +20～－40m 污水管下沉:20mm		

表 10-11 日本地面建筑物沉降变形控制基准

建筑结构和地基基础类型		变形控制基准值			实测变形值			实测建筑物说明
		按乙类计算的建筑物基础或基础中心	沉降差或相对倾斜		沉降值/cm	相对倾斜、局部倾斜		
			纵向	横向		纵向	横向	
砖承载结构	3层	天然地基条形基础	25～30		20～40	0.007～0.03 相对弯曲 0.0003～0.0008		6层及6层以下房,一般有圈梁
	5层		15～20		10～20			
		天然地基	20～30	桥式吊车轨面 0.003	20～50	0.004～0.008	0.003～0.006	天然地基压力(包括上覆土重)70～110kPa
		桩基			10～30	0.001～0.004	0.0005～0.003	柱长 21～40m,柱台总压力(包括覆土重)100～250kPa
		露天跨柱基		0.003	10～20	0.008～0.015		地表堆载 50～60kPa,均调整过倾斜

续表

建筑结构和地基基础类型		变形控制基准值			实测变形值			实测建筑物说明
		按乙类计算的建筑物基础或基础中心	沉降差或相对倾斜		沉降值/cm	相对倾斜、局部倾斜		
			纵向	横向		纵向	横向	
多层框架结构	现浇式结构	独立基础或条形基础	20~30		15~30	0.004~0.005	0.001~0.002	3~6层工业建筑,无吊车,基础总压力90~130kPa
		筏形基础			10~20	0.001~0.003	0.005~0.003	2~5层民用建筑或工业建筑,无吊车,基础总压力60~70kPa
		箱形基础	25~35		0.003~0.004	16~42		5~10层民用建筑或工业建筑,无吊车,基础总压力60~80kPa
	装配式结构	独立基础或条形基础	15~25					2~6层工业建筑,无吊车,基础总压力60~80kPa
多层和高层建筑		桩基	15~20		5~35	相对倾斜 0.001~0.002(基础底板相对弯曲 0.0001~0.0004)		6~26层民用建筑或工业建筑,框架、框剪、剪力墙结构,钢筋混凝土预制桩、钢筋混凝土管桩、钢管桩,柱长8~50m,基础总压力60~80kPa

二、主要监测项目实施方法

(1) 地表沉降监测 分析隧道施工引起的纵横沉降槽曲线及最大沉降坡度、最小曲率半径和沉降速率等,以评估盾构施工对周围环境的影响程度,为合理确定和调整施工参数提供反馈信息。

①沉降监测方法 是根据监测对象周围的水准点高程进行的。可以利用城市中的永久水准点或工程施工时使用的临时水准点,作为基准点或工作基点。如果附近没有这样的水准点,则应根据现场的具体条件和沉降监测的时间要求埋设专用水准点(图10-19)。水准点的形式

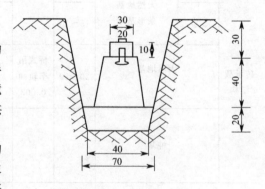

图10-19 基准点埋设方法示意图(尺寸单位:cm)

和埋设可参照三、四等水准点的要求进行,其数目不少于 3 个,以便组成水准控制网。对水准点定期进行校核,防止其本身发生变化,以保证沉降监测结果的正确性。水准点应在沉降监测的初次观测之前一个月埋设好。

② 埋设水准点应考虑下列因素

a. 水准点应布设在监测对象的沉降影响范围(包括埋深)以外,保证其坚固稳定。

b. 尽量远离道路、铁路、空压机房等,以防受到碾压和振动的影响。

c. 力求通视良好,与观测点接近,其距离不宜超过 100m,以保证监测精度。

d. 避免将水准点埋设在低洼易积水处。同时为防止土层冻胀的影响,水准点的埋设深度至少要在冰冻线以下 0.5m。

e. 如地面为刚度很大的路面或硬化层,地表测点埋设时应首先破除硬化层,将测点埋在土层中。

③ 测量仪器 对于要求严格控制不均匀沉降的建筑物地下管线,使用的精密水准仪通常带有光学测微器,放大倍率不小于 40 倍,如苏光 DS6、WILD N3 和 LeicaNA3000 等仪器。使用时,i 角控制在 $\pm15''$,视线长度不大于 50m,闭合差应小于 ±0.5 mm,测量数据保留至 0.1mm。水准尺均需采用线条式铟钢尺。

对于要求一般控制不均匀沉降的建筑物、地下管线,所使用的水准仪的精度等级应不低于国产 S_3 水平,最好带有倾斜螺旋和符合水准器放大率在 30 倍左右,如国产的 NS3-1 型、DZ2 型带测微器、WILD N2 和 LeicaNA3000 等。仪器使用时,i 角控制在 $\pm20''$,视线长度不大于 75m,闭合差应小于 ±1.0mm。测量数据保留至 1.0mm。水准尺必须用红、黑双面木尺(带圆水准器)。

④ 地表沉降监测的基本要求与注意事项

a. 监测点应埋设在地层中,如果地表有刚性层,应采用钻孔或其他方法破除,然后埋设观测点。

b. 观测前对所用的水准仪和水准尺按有关规定进行校验,并做好记录,在使用过程中不得随意更换。

c. 首次进行观测,应适当增加测回数,一般取 2~3 次的数据作为初始值。

d. 固定观测人员、观测线路和观测方式。

e. 定期进行水准点校核、测点检查和仪器的校验,确保检测数据的准确性和连续性。

f. 记录每次测量时的气象情况、施工进度和现场工况,以供监测数据分析时参考。

(2) 建筑物变形监测 建筑物变形监测包括沉降监测(差异沉降)、倾斜监测、水平位移监测、裂缝监测。

① 沉降监测

a. 测点布置。监测点的位置(图 10-20)和数量应根据建筑物的体态特征、基础形式结构种类及地质条件等因素综合考虑。测点应埋设在沉降差异较大的地方,同时考虑施工便利和不易损坏,一般可设置在建筑物的四角(拐角)上,高低悬殊或新旧建筑物连接处、伸缩缝、沉降缝和不同

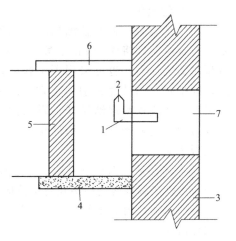

图 10-20 建筑物沉降监测点埋设示意
1—φ18 圆钢监测点;2—监测点头部;
3—建筑物墙式柱;4—C10 混凝土垫层;
5—砖砌井壁;6—钢筋混凝土盖板;
7—预制混凝土块

埋深基础的两侧，框架（排架）结构的主要柱基或纵横轴线上。对于烟囱、水塔、油罐等高耸构筑物，应沿周边在其基础轴线上的对称位置布点。

b. 其他同地表沉降监测。

② 水平位移监测

a. 测点布置。当建筑物有可能产生水平位移时，应在其纵横方向上设置监测点及控制点。在可判断其位移方向的情况下，则可只监测此方向上的位移。每次监测时，仪器必须严格对中，平面监测测点可用红漆画在墙（柱）上，亦可利用沉降监测点，但要凿出中心点或刻出十字线，并对所使用的控制点进行检查，以防其变化。

b. 测量方法与仪器。建筑物水平位移监测可根据现场通视条件，采用视准线法或小角度法。主要测量仪器可以是"经纬仪+测距仪"，最好采用全站仪。

③ 建筑倾斜　建筑测斜的方法主要有倾斜仪法、全站仪法、差异沉降法，差异沉降法适用于整体刚度比较大的建筑物（图10-21）。在测出建筑物沉降值后，进行倾斜计算（一般采用差异沉降法）：

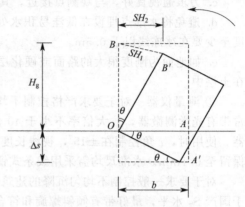

图 10-21　差异沉降法示意图

$$\tan\theta = \Delta s/b \tag{10-9}$$

式中　θ——所求建筑物水位移产生的倾斜角；

　　　b——建筑物宽度；

　　　Δs——建筑物的差异沉降。

④ 裂缝监测

a. 一般监测。对于监测精度要求不是很高的部位，如墙面开裂，简易有效的方法是粘贴石膏饼。即将厚10mm、宽50mm的石膏饼骑缝粘贴在墙面上，当裂缝继续发展时，石膏饼随之开裂。也可采用画平行线的方法监测裂缝的上、下错位；或采用金属片固定法，即把两块白铁片分别固定在裂缝两侧，并相互紧贴，再在铁片表面涂上油漆，裂缝发展时，两块铁片逐渐拉开，露出的未油漆部分铁片即为新增的裂缝宽度和错位。裂缝宽度可用裂缝监测仪（可精确至0.1mm）、小钢尺（可精确至0.5mm）量测，或用裂缝宽度板来对比。

b. 精密监测。对于测量精度要求较高的裂缝，如混凝土构件的裂缝，应采用仪表进行监测。可以在裂缝两侧粘贴几对手持应变计的头针，用手持式应变计监测；也可以粘贴安装千分表的支座，用千分表监测。当需要连续监测裂缝变化时，还可采用测缝计或传感器自动监测计监测。

c. 地下管线沉降监测

抱箍式。由扁铁做成抱箍固定在管线上，抱箍上焊一测杆，测杆顶端不应高出地表，路面处布置阴井，既用于测点保护，又便于道路交通正常通行。抱箍式测点的特点是监测精度高，能如实反映管线的变形情况，但埋设时必须进行开挖，且要挖至管底，对于交通繁忙的路段影响甚大。抱箍式测点主要用于一些次要的干道和十分重要的管道，如高压煤气管、压力水管等。

直接式。用敞开式开挖和钻孔取土的方法挖至管线顶表面、露出管线接头或闸门开关，利用凸出部位涂上红漆或粘贴金属物（如螺帽等）作为测点。直接式测点主要用于沉降监测，其特点是开挖量小，施工便捷，但若管子埋深较大，易受地下水位或地表积水的影响，立尺困难，影响测量精度。直接式测点适用于埋深浅、管径较大的地下管线。

模拟式。当地下管线排列密集且管底高程相差不大，或因种种原因无法开挖的情况，可采用模拟式测点，方法是选有代表性的管线，在其邻近打 100mm 的钻孔，如表面有硬质路面应先将其穿透（孔径大于 50mm 即可），孔深至管底高程，取出浮土后用砂铺平孔底，先放入不小于钻孔面积的钢板一片，以增大接触面积，然后放入一根 $\phi 20$ 钢筋作为测杆，周围用净砂填实。模拟式测点的特点是简便易行，避免了道路开挖对交通的影响，但因测得的是管底地层的变形，模拟性差，精度较低。上述三种形式的测点均可用于垂直位移监测。抱箍式和直接式亦可用于水平位移的监测，但应注意抱箍式测点的测杆周围不得回填，否则会引起监测误差。

(3) 隧道变形监测　隧道变形包括隧道隆起与水平位移。隧道隆起采用水准仪测量，管片安装后即测量初始值。水平移位可以采用经纬仪测量，最好采用全站仪。通过监测分析管片变形原因，影响管片变形的因素主要有：注浆材料、注浆方式、注浆压力、盾构推力、隧道线形及地质条件等。从而制订防止管片变形过大或上浮过大的措施。

(4) 深层土体位移监测　盾构推进开挖面压力平衡状况与盾尾间隙同步注浆情况是引起深层土体位移的重要原因。深层土体位移反映到地表有一个滞后的过程，需要一定的时间，因此，如能及时掌握深层土体的变形规律，判断开挖面稳定情况，分析盾构施工过程中周围地层的变形规律，在必要时采取适当的施工保护措施，对地下工程施工和周围环境安全非常有利。

深层土体位移监测包括水平位移和垂直位移监测。

① 土体水平位移监测

a. 监测孔埋设与布置。根据隧道埋深、地质条件等在整个隧道区间选择有代表性的断面布置测斜孔，一般每个断面对称布置 3～5 个孔，测斜孔埋设方法如图 10-22 所示。

b. 监测仪器。包括测斜仪，测斜管（图 10-23）等。

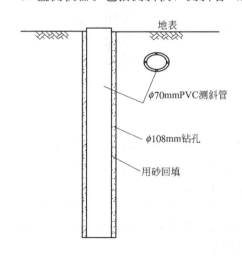

图 10-22　测斜孔埋设示意图

图 10-23　测斜管

c. 测斜管埋设的注意事项。埋设过程中应注意避免测斜管纵向旋转，管节连接时必须将上、下管节的滑槽严格对准，以避免导槽不通畅。埋设就位时必须注意测斜管的一对导槽与测量位移的方向一致。埋设好测斜管后，需测监测斜管导槽的方向、管口位置及高程，并在测斜管上部设置金属保护套,在测斜管管口处浇注混凝土窨井,并加盖进行保护。

② 垂直位移监测　分层标可分为磁锤式和磁环式。前者埋设时为一孔一标,后者一孔可埋设多标。磁环数量可视地层分布而定,也可等间距设置,如图 10-24 所示。

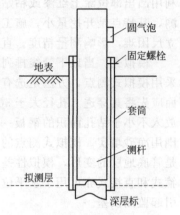

图 10-24　磁锤式埋设示意图

a. 监测孔埋设与布置。根据隧道埋深、地质条件等在整个隧道区间选择有代表的断面布置分层沉降孔,一般每个断面对称布置 1~3 个孔,与水平位移孔布置在同一断面上。

b. 沉降孔埋设方法。用钻机在预定位置钻孔至欲测土层的高程后,将护筒放入孔内,将标头放入孔底,压入土层内,随后放入测杆,并使其底面与标志顶部紧密接触,上部的水准气泡居中,最后用三个定位螺钉将测杆在护筒中定位,见图 10-25。

c. 主要仪器。磁锤式:包括水准仪、钢尺等。磁环式:包括分层沉降标、分层沉降管及分层沉降仪。

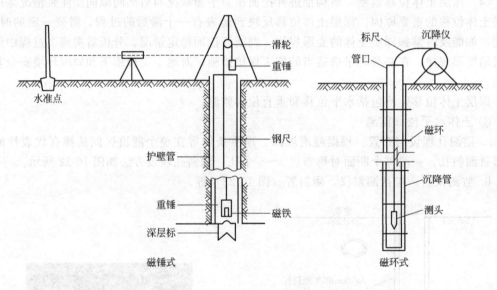

图 10-25　磁锤式分层标测量示意图

d. 监测方法。测量方法如图 10-25 所示。磁锤式分层标是通过钢尺和水准仪进行监测。孔内重锤靠底部磁块的吸力与标头紧密接触,孔外重锤利用自重通过滑轮将钢尺拉直,用水准仪监测基准点与分层标之间的高差,计算出深层土体的沉降值。

磁环式分层标监测时应先用水准仪测出沉降管的管口高程,然后将分层沉降仪的探头缓缓放入沉降管中,当接收仪发生蜂鸣或指针偏转最大时,就是磁环的位置。自上而下依次逐点测出孔内各磁环至管口的距离,换算出各点的沉降量。

(5) 地下水位监测　地下水位监测主要是施工前测量地下水位,为盾构施工开挖面压力设定提供计算依据。施工过程分析施工对地下水位的影响程度。

① 水位孔的布设　为盾构施工测量开挖面土(泥水)压力而设,根据不同地层地下水的埋藏性质(承压水,潜水)选择有代表性的断面布置水位孔,且应布置在隧道中心线以

下。一般与土位移监测布置在同一个断面上。水位孔用小型钻机成孔,孔径应略大于水位管的直径。孔径过小会导致下管困难,孔径过大会使观测产生一定的滞后效应。成孔至设计高程后,放入裹有滤网的水位管,管壁与孔壁之间用净砂回填至离地表0.5m处,再用黏土进行封填,以防地表水流入(图10-26)。

② 测量仪器 采用水位管和水位计,见图10-27、图10-28。水位管选用直径50mm左右的钢管或硬质塑料管,管底加盖密封,防止泥砂进入管中。下部留出0.5～1m的沉淀段(不打孔),用来沉积滤水段带入的少量泥砂,中部管壁周围钻出6～8列直径为6mm左右的滤水孔,纵向孔距50～100mm。相邻两列的孔交错排列,呈梅花状布置。管壁外部包扎过滤层,过滤层可选用马尾、土工织物或网纱。上部再留出0.5～1m作为管口段(不打孔),以保证封口质量。

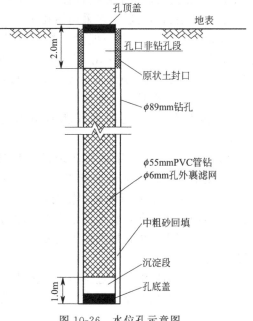

图10-26 水位孔示意图

图10-27 水位管

图10-28 水位计

③ 监测注意事项 由于地下水位变化除受盾构隧道施工影响外,还受自然气候等诸多因素的影响,为了排除非工程因素的干扰,可在工程施工影响范围之外再布置1～2个水位孔,以便进行对比分析、研究。

在监测了一段时间后,应对水位孔逐个进行抽水或灌水试验,看其恢复至原来水位所需的时间,以判断其工作的可靠性。

水位孔用于渗透系数大于10^{-4}cm/s的土层中效果良好,用于渗透系数在10^{-6}～10^{-4}cm/s之间的土层中,要考虑滞后效应的作用,用于渗透系数小于10^{-6}cm/s的土层中,其数据仅能作参考。

水位管的管口应高出地表,并加盖保护,以防雨水和杂物进入管内。水位管处应有醒目标志,避免施工损坏。

(6) 孔隙水压力监测 通过监测孔原水压力在施工前和施工过程中的变化情况,为开挖面土(泥水)压力及掘进速度等提供可靠依据。同时结合土压力监测,可以进行土体有效应力分析,作为开挖面稳定计算的依据。

① 孔隙水压计布置与埋设　一般水压监测与土位移监测布置在同一个断面上。每个断面布置1~2测孔，每个测孔布置3~5个孔隙水压力计探头（图10-29）。其埋设方法采用顶入法、埋置法和钻孔法，多采用钻孔法。

无论采用哪一种方法埋设，都要扰动地层，使初始孔隙水压力发生变化。为使这一变化对后期测量数据的影响减小到最低限度，一般应在正式测量开始前一个月进行埋设。

② 测量仪器　孔隙水压力计和频率接受仪器。

③ 注意事项　采用钻孔法埋设水压计探头时，原则上不得采用泥浆护壁工艺成孔。如因地质条件差，不得不采用泥浆护壁时，在钻孔完成

图10-29　水压力计探头

之后，需用清水洗孔，直至泥浆全部清除为止。接着，在孔底填入部分净砂后，将孔隙水压计送至设计高程，再在周围填约0.5m高的净砂作为滤层。一般应在正式测量开始前一个月进行埋设。

(7) 土压力监测　通过土压力监测找出盾构施工引起的不同距离和深度上地层土压力的变化规律，为开挖面土（泥水）压力设定提供依据，同时为验证泥水压力计算方法和管片设计土压力理论等提供数据。

① 测点布置和埋设　根据隧道埋深、地质条件、隧道断面大小等在整个隧道区间选择有代表性的断面布置土压力测量仪器，一般每个断面对称布置6~10个压力计，压力计一般埋设在预制的混凝土块内，压力膜应与所测土压力的方向对应。

② 监测仪器　包括钢弦式压力盒及VW-1型频率接收仪等。

③ 注意事项　压力盒有双膜和单膜之分，单膜压力盒埋设时，压力膜方向应朝向地层方向。

选用构造合理的土压力盒。根据研究，D/S值的下限为：对土中土压力盒为2000，对接触式土压力盒为1000。监测土中土压力，应采用直径与厚度之比较大的双膜土压力盒；同时根据可能所受最大土压力要选择量程合适的压力盒。

采用埋置法施工时，应注意尽量减少对原有土体的扰动，土压力盒周围回填土的性状要与附近土体一致，否则会引起应力重分布。

(8) 钢筋应力与应变监测　混凝土管片的混凝土内力监测，通过测定受力钢筋的应力或应变，然后根据钢筋与混凝土共同工作、变形协调条件进行计算。主要分析施工荷载对管片内力的影响，为管片设计、施工提供参考。

① 测点布置与埋设　根据隧道埋深、地质条件、隧道断面大小等在整个隧道区间选择有代表性的断面布置钢筋计，一般每个断面对称布置12~20个。当钢筋笼绑扎完毕后，将钢筋计串联焊接到受力主筋的预留位置上，并将导线编号后绑扎在钢筋笼上并导出地表，从传感器引出的监测导线应留有足够的长度，中间不宜有接头。

② 测量仪器　钢弦式应力计，频率接受仪，与主钢筋串联；电阻应变计，电阻应变仪，与主钢筋并联。

③ 注意事项　无论哪一种监测传感器，在埋设前都应进行严格标定，并观察其从埋设后至开挖前的稳定性，一般以开挖前的监测值作为初始值。

连接监测传感器的信号线需用金属屏蔽线，减少外界因素对信号的干扰。

由于地下工程的特殊性，选择监测传感器的量程时应比最大设计值大50%~100%。

直接根据监测数据计算出来的混凝土轴力值和弯矩值，有时不能完全反映实际支护结构的受力状态，应对计算公式中未能考虑的结构温度变化、混凝土的收缩和徐变等因素进行综合分析。

思考题

1. 简述施工测量的前期准备工作。
2. 如何建立地面控制网？
3. 竖井联系测量包括哪些内容？各有何特点？
4. 地下控制测量包括哪些内容？
5. 简述地下水准测量的施工方法。
6. 盾构掘进施工测量应包括哪些内容？
7. 简述 GPS 网复测过程。
8. 沉降监测的目的是什么？

第十一章 盾构管片制作与运输

第一节 管片的分类

管片作为盾构开挖后的第一次衬砌，支撑作用于隧道上的土压和水压，防止隧道土体坍塌、变形及渗漏水，是隧道永久性结构物，并且要承受盾构推进时的推力以及其他荷载。

管片的分类

一、按断面形式分类

管片按断面形式的不同可分为箱形（含中字形）、平板形、波纹形。箱形管片是指因手孔较大而呈肋板形结构的管片。手孔大不仅方便螺栓的穿入和拧紧，而且也节省了大量的材料，并使单块管片重量减轻。箱形管片通常使用在大直径隧道中，但若设计不当时，在盾构推进油缸的作用下容易开裂。

平板形管片是指手孔较小而呈曲板形结构的管片，由于管片截面削弱小，对盾构推进油缸具有较大的抵抗能力，正常运营时对隧道通风阻力也小。

二、按材质分类

管片按材质的不同，主要可分为钢筋混凝土管片、铁制管片（铸铁管片、球墨铸铁管片）、钢管片、复合管片。目前较常使用的管片主要有钢管片、球墨铸铁管片和钢筋混凝土管片。

1. 钢筋混凝土管片

由于施工条件和设计方法的不同，钢筋混凝土管片具有不同的形式，按管片手孔成形大小区分，可大致分为箱形和平板形两类。钢筋混凝土管片成本低、耐久性好，可构建实用、无障碍衬砌。

2. 铸铁管片

国外在饱和含水不稳定地层中修建隧道时较多采用铸铁管片，由初期的灰口铸铁逐步发展到球墨铸铁，其延性和强度接近于钢材，管片较轻，安装运输方便，耐蚀性好，机械加工后管片精度高，能有效地防渗抗漏。缺点是金属消耗量大、机械加工量大、价格昂贵，同时具有脆性破坏特性，不宜用作承受冲击荷载的隧道衬砌结构。近年来已逐步为钢筋混凝土管片代替。

3. **球墨铸铁管片**

球墨铸铁管片的特点是强度好、耐久性好、制作精度高与混凝土管片相对密度量小、掘削面小，承受特殊荷载的地点可选用。其缺点是成本较高，焊接困难。

4. **钢管片**

钢管片的优点是重量轻、强度高、组装运输容易、可任意安装加固材料、加工容易；缺点是耐锈蚀性差、成本昂贵、金属消耗量大。钢管片比钢筋混凝土管片具有更大的承受不均匀荷载和变形的能力，常用于隧道通过高层建筑或桥梁等局部荷载下，以及地层不均匀的地段。

5. **复合管片**

复合管片常用于区间隧道的特殊段，如隧道与工作井交界处，旁通道连接处，变形缝处，垂直顶升段以及有特殊要求的泵房交界和通风井交界处等。有时也用于高压水条件下的输水隧道中。它的构造形式是：外周、内弧面或外弧面采用钢板焊接，在钢壳内部用钢筋混凝土浇筑，形成由钢板和钢筋混凝土复合的管片。

复合管片与钢筋混凝土管片相比厚度小、管片轻，但强度比钢筋混凝土管片大、抗渗性能好；与铸铁管片相比，它具有抗压性、韧性高等优点；与钢管片相比，金属消耗量少。

复合管片是混凝土和钢板有效复合的构造，耐腐蚀性差，造价较高，无特殊要求时不宜大量采用。

管片因使用材料、断面形式及接头方式的不同而异，分类如表 11-1 所示。

表 11-1 管片按照材料、断面形式及接头方式分类

材质	断面形式	接头方式
钢筋混凝土管片	箱形	直螺栓
	平板形	直螺栓
		弯螺栓
		榫接头
		铰接头
		契接头
铁质管片（铸铁、球墨铸铁）	波纹形	直螺栓
	箱形	直螺栓
钢管片	箱形	直螺栓
复合管片（钢板＋钢筋混凝土）	平板形	直螺栓
		榫接头

三、按适用线形分类

1. **楔形管片**

具有一定锥度的管片称为楔形管片。楔形管片主要用于曲线施工和修正轴向起伏。管片拼装时，根据隧道线路的不同，直线段采用标准环管片，曲线段施工时采用楔形管片（左转

弯环、右转弯环），由楔形管片组成的楔形环有最大宽度和最小宽度，用于隧道的转弯和纠偏。用于隧道转弯的楔形管片由管片的外径和相应的施工曲线半径而定。楔形环的楔形角由标准管片的宽度、外径和施工曲线的半径而定。

采用这类管片时，至少需三种管模，即标准环管模、左转弯环管模、右转弯环管模。

2. 通用管片

通用管片是针对同一条等直径隧道而言的。该管片既能适用于直线段隧道，也能适用于不同半径的曲线段隧道。

通用管片就是由楔形管片拼装而成的楔形管环，所谓通用就是把楔形管环实施组合优化，使得楔形管环能适用于不同曲率半径的隧道。

从理论上而言，通用管片可适用于所有单圆盾构施工的隧道工程，其理由在于，通过通用管片的有序旋转可完成直线段和不同半径的曲线段以及空间曲线段衬砌。在隧道的实际设计过程中，通用管片更适用于轴线存在较多曲线段以及空间曲线段的隧道。采用通用管片的优点在于：设计图纸简洁、施工方便，同时可减少钢模的品种、降低工程造价。其缺点在于：K 型管片必须作纵向插入时，要求盾构推进油缸的行程增大，盾构的机身长度大、管环的每块管片必须等强度设计。比照通用管片的优缺点，可以认为隧道轴线为直线时，采用通用管片无特别的优势。另外，轴线存在较多曲线段，并且其中某一曲线段的曲率半径 $R \leqslant 400\text{m}$（隧道外径）时，因管环宽度会受到限制而无法体现通用管片的优势。

第二节　管片的构造

管片的构造

一、管环的构成

盾构隧道衬砌的主体是管片拼装组成的管环。如图 11-1 所示，管环通常由 A 型管片（标准块）、B 型管片（邻接块）和 K 型管片（封顶块）构成，管片之间一般采用螺栓连接。封顶块 K 型管片根据管片拼装方式的不同，有从隧道内侧向半径方向插入的径向插入型（图 11-2）和从隧道轴向插入的轴向插入型（图 11-3）以及两者并用的类型。半径方向插入型为传统插入型，早期的施工实例很多。但在 B—K 管片之间的连接部，除了有弯曲引起的剪切力作用其上外，由于半径方向是锥形，作用于连接部轴向力的分力也起剪切力的作用，从而使得 K 型管片很容易落入隧道内侧。因此，最近不易脱落的轴向插入 K 型管片被越来越多地使用。这也与最近盾构隧道埋深加大，作用于管片上的轴向力比力矩更显著有关系。使用轴向插入 K 型管片的情况下，需要推进油缸的行程要长些，因而盾尾长度要长些。有时在轴向和径向都使用锥形管片，将两种插入 K 型管片同时使用。径向插入 K 型管片为了缩小锥形系数，通常其弧长为 A、B 型管片的 1/4～1/3；而轴向插入 K 型管片，其弧长可与 A、B 型管片同样大小。

二、管环的分块

管环的分块数，从降低制作费用、加快拼装速度、提高防水性能角度看，是越少越好。但如果分块过少的话，单块管片的重量增加，从而导致管片在制作、搬运、洞内操作及拼装过程中出现各种各样的问题。因此在决定管片环分块时一定要经过充分研究。

管环的分块数应根据隧道的直径大小，螺栓安装位置的互换性（错缝拼装时）而定。

管环的分块数即管片数 $n = x + 2 + 1$。其中，x 为标准块的数量，衬砌中有 2 块邻接块和一块封顶块。x 与管片外径有关，外径大则 x 大，外径小则 x 小。

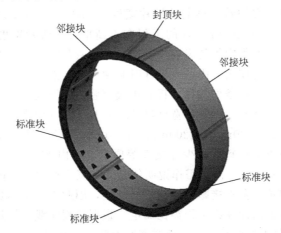

图 11-1 管片的组成

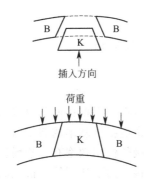

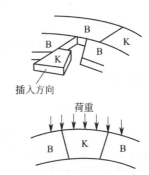

图 11-2 K 型管片径向插入　　　　　图 11-3 K 型管片轴向插入

铁路隧道 x 一般取 3～5 块，对上下水道、电力和通信电缆隧道 x 一般取 0～4 块。

一般情况下，软土地层中小直径隧道管环以 4～6 块为宜（也有采用 3 块的，如内径 900～2000mm 的微型盾构隧道的管片，一般每环采用 3 块圆心角为 120°的管片），大直径以 8～10 块为多。地铁隧道常用的分块数为 6 块（3A＋2B＋K）和 7 块（4A＋2B＋K）。

封顶块有大、小两种，小封顶块的弧长以 S 为 600～900mm 为宜。封顶块的楔形量宜取 1/5 弧长左右，径向插入的封顶块楔形量可适当取大些，此外每块管片的环向螺栓数量不得少于 2 根。

管环分块时需要考虑相邻环纵缝和纵向螺栓的互换性，同时尽可能地考虑让管片的接缝安排在弯矩较小的位置。一般情况下，管片的最大弧长宜控制在 4m 左右，管环的最小分块数为 3 块，小于 3 块的管片无法在盾构内实施拼装。

管环的最大分块数虽无限制，但从造价以及防水角度考虑，分块过多也是不可取的。

三、管片的宽度及厚度

盾构法隧道的管片不仅要承受长期作用于隧道的所有荷载、防止地下涌水，而且在施工过程中还必须承受盾构前进中推进油缸的推力及衬砌背后注浆时的压力，管片的厚度要根据盾构外径、土质条件、覆盖土荷载决定，但它必须首先能承受施工时推进油缸的推力。管片的厚度过薄，极易在施工过程中损伤及引起结构不稳定，所以必须加以注意。

管片的宽度从拼装性、弯道施工性方面讲，越小越好；而从降低管片制作成本、提高施工速度、增强止水性能方面讲，则是越大越有利。在确定管片宽度时，必须考虑以上这些条件和盾构的长度。从以往实例看，早期的管片宽度以 750～900mm 为主。但最近管片宽度有增大的趋势，使用 1000～200m 管片的工程在不断增加。管片宽度增加后，如不能确保管片的抗扭刚性，那么应力集中等的影响就会增大，与管片宽度方向的应力分布就不能保持一致，从而起不到梁构件的作用。因此，设计时必须充分注意。

在实际工程中，应对各种条件加以分析后再决定管片的宽度。在日本，钢筋混凝土管片宽度多在 900～1000mm 之间，钢管片宽度以 750～1000mm 为多。国内地铁隧道的钢筋混凝土管片最常用的宽度是 1000mm、1200mm、1500mm 三种。近年来，随着生产及吊运水平的提高，以及为节约防水材料，减少连接件等要求，国内 11m 级大直径隧道的钢筋混凝土管片的宽度扩大到 2000mm。但是需作说明的是管片宽度加大后，推进油缸的行程需相应增长，从而造成盾尾增长，会直接影响盾构的灵敏度，因此管片也不是越宽越好。

管片的厚度一般需根据计算或工程类比而定。根据工程实践，管片厚度可取隧道外径的 4%～6%，隧道直径大者取小值，小直径隧道取大值。计算式为：

$$H_s = (0.04 \sim 0.06)D$$

式中　D——隧道的外径；

　　　H_s——管片的厚度，对钢筋混凝土管片，一般取 0.05D，m。

四、管片接头

管片接头上作用着弯矩、轴向力以及剪切力，但其结构性能根据接面的对接状态和紧固方法有很大的不同。有的拼接方法即使是不设紧固装置，也能抵抗基本的剪切力。传统上多使用全面拼对方式，但最近部分对接、楔式对接及转向对接的使用频率有日趋增长的趋势。

为了提高管片环的刚性，管片接头多用金属紧固件连接。为了达到管片拼装高效化快速化的目的，开发了多种金属紧固件。

管片有环向接头和纵向接头。接头的构造形式有直螺栓、弯螺栓、斜插螺栓、榫槽加销轴等，如图 11-4 所示。为了避免管片采用弯螺栓或大面积开孔开发了斜插螺栓的形式。直螺栓接头是最普通常用的接头形式，不仅用于箱形管片，也广泛用于平板形管片。直螺栓连接条件最为优越，在施工方面，该形式的螺栓就位、紧固等最能让施工人员接受。弯螺栓接头是在管片的必要位置上预留一定弧度的螺孔，拼装管片时把弯螺栓穿入弯孔，将管片连接起来。

斜插螺栓在欧洲是最常用的接头形式。因相邻环之间采用有效的榫槽错缝拼装形式，因此隧道掘进到 200 环以后，一般多是拆除所有环的纵向螺栓。他们认为：拆除螺栓以后的隧道，能适应普通的荷载以及一定烈度（7 度）的地震荷载。环向的隧道接缝主要弯矩由相邻环的管片承担，另一部分由接头偏心受压面负担，故斜槽螺栓预埋螺母（螺栓套）的设计至关重要，其直接影响管片的拼装速度及施工质量。目前国内用于管片连接的斜插螺栓接头是一种改良型接头，该接头形式可避免管片大面积开孔，还可相应减少螺栓的用钢量。

环向接头的螺栓是把分散的管片进行连接的主体部件，螺栓的数量与位置直接影响圆环的整体刚度和强度。我国环向接头采用单排螺栓较为普遍，布置在管片厚度 1/3 左右的位置（偏于内弧侧），每处螺栓的接头数量不少于 2 根。

五、传力衬垫

传力衬垫粘贴在管片的环和纵缝内，以起到应力集中时的缓冲作用。它不属于防水措

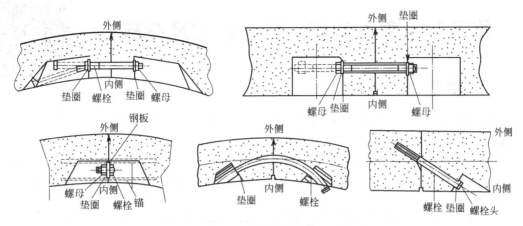

图 11-4 管片接头形式

施。衬垫材料根据不同位置不同受力条件、不同使用习惯，其材料性质、厚度宽度各有不同。国内最早明确提出使用衬垫的工程是上海地铁一号线试验段，当时主要采用的是 2mm 厚的胶粉油毡，以后的工程则大多采用丁腈橡胶软木垫，也有采用软质 PVC 塑料地板，或经防腐处理过的三夹板等。软质 PVC 塑料地板及胶粉油毡薄片在混凝土预制块中受压时，均反映出加工硬化的特点。

目前，地铁盾构用管片的传力衬垫一般采用厚度为 3mm 的丁腈橡胶软木垫，衬垫使用单组分氯丁-酚醛胶黏剂粘贴在管片上。一般除封顶块贴 1 块传力衬垫外，其余每块管片上贴 3 块传力衬垫，如图 11-5 所示。

图 11-5 平板型钢筋混凝土管片

六、弹性密封垫与角部防水

管片接缝面防水是盾构隧道防水的重要环节。盾构法隧道防水的核心就是管片接缝防水，接缝防水的关键是接缝面防水密封材料及其设置。一般在管片的接缝面设置密封材料沟槽，在沟槽内贴上框形三元乙丙橡胶或遇水膨胀橡胶弹性密封垫圈进行防水。

管片角部防水一般采用自黏性橡胶薄片，其材料为未硫化的丁基橡胶薄片。尺寸一般为长 200mm、宽 80mm、厚 1.5mm、如图 11-5 所示。

第三节　管片制作、管片运输及存放

管片制作、管片运输及存放

一、前期准备

管片制作的前期准备工作包括生产资源配置、技术准备、厂房建设、各种机械设备的采购安装以及管片试生产等各项工作。

场地布置主要包括养护池、生产车间、管片存放场的设计与规划。图 11-6 为城陵矶长江穿越隧道（管片内径为 2440mm，外径为 2940mm）的管片厂场地规划图，供参考。

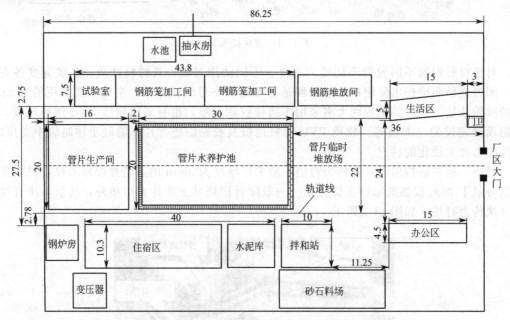

图 11-6　管片厂场地规划实例（尺寸单位：m）

1. 养护池

养护池面积应能储存 7 天所生产的管片，并有一定富余量。管片在水中养护时（图 11-7 和图 11-8），养护间距一般为纵向 0.35m，横向 0.4m。在计算养护池的面积时，应充分考虑管片的养护间距。

图 11-7　管片养护池全景

图 11-8　管片集中养护

2. 生产车间

管片生产简易车间（图 11-9）主要应考虑模具占地、车间内的通道和管片在车间的临时存放所需要的面积。模具间距一般应大于 1.2m，车间内通道主要应包括混凝土运输道路、管片运输道路和钢筋笼运输道路所需面积。临时存放场主要是考虑管片脱模后需要在车间进行管片编号、修补的需要。采用简易车间时，主要使用门吊为起重设备，生产车间的面积应考虑到门吊轨线距厂房基础约 2m 的安全距离。

钢筋车间占地面积根据钢筋用量按需要考虑（图 1-10）。

图 11-9 管片生产简易车间

图 11-10 钢筋加工简易车间

3. 管片存放场

管片存放场地的面积按储存管片数量所需要的面积考虑，并需考虑场内运输道路和管片装运方面的必要面积。

二、管片制作工艺流程

模具组装──→模具调校──→钢筋骨架入模及预埋件安装──→混凝土浇筑成型──→蒸汽养护──→脱模──→成品检验、修补及标志──→运至水池养护。

三、钢筋笼的制作

焊好的钢筋笼如图 11-11 所示。

① 管片钢筋笼焊接采用电焊焊接成形，主筋节点采用焊缝强度与钢筋相当的焊条，构造筋间或构造筋与主筋间采用能使焊接部分具有良好性能、不产生焊接缺陷、易于施工的焊条，焊点不能有损伤主筋的现象。

② 钢筋笼采用先成片、后成笼的生产顺序流水作业。

③ 钢筋根据下达的任务生产通知书安排加工，作业按下达的钢筋加工图进行。特定形状钢筋的长度计量方法、弯曲尺寸计算方法符合图纸要求。

图 11-11 焊好的钢筋笼

④ 钢筋断料、成行、钢筋骨架制作每道工序必须在班组质量员和车间质检部门的监督下进行。作业人员要持证上岗，上岗前要接受质量部门的质量交底，熟悉施工规范及标准。

⑤ 钢筋的进料、存放、制作与一般的钢筋混凝土施工相同。

四、管片制作的质量控制

1. 质量标准

管模、管片及拼装质量要求见表11-2～表11-4。

表11-2 管模检测标准

名称	误差范围/mm	
内弧弦长度	+1	-1
厚度	+1	-1
宽度	+0.5	-0.5
螺栓孔尺寸和位置	+1	-1

表11-3 管片成品标准

序号	检测内容	要求	方法	允许误差/mm
1	内弧弦长度	检测率100%	游标卡尺	±1
2	厚度	检测率100%	游标卡尺	+3, -1
3	宽度	检测率100%	游标卡尺	±0.5
4	螺栓孔尺寸和位置	检测率100%	游标卡尺	±5
5	嵌槽与密封槽	检测率100%	游标卡尺	±5

表11-4 三环试拼装标准

序号	内容	要求	方法	允许误差/mm
1	环缝间隙	每环测六点	插片	-1
2	纵缝间隙	每条缝测六点	插片	2
3	成环管片外径	各测六点	用钢卷尺	≤2
4	成环后内径	测六点	卷尺	≤1
5	螺栓孔中心圆	测六点	卷尺	±2

应取10%的管片进行抗渗测试，其检测抗渗压力为0.8MPa，恒压时间为2h，以渗透深度<1/5管片高度为合格。

2. 质量保证措施

① 建立质量保证体系，开展全面质量管理活动，各工序指派专人负责，技术人员跟班作业。

② 加强对原材料质量检验，材料质量必须符合国家现行标准。做好台账登记，同时通知试验部门取样试验。

③ 管片必须按设计要求及质量标准进行验收，验收合格的钢模方能投入生产。在生产过程中，质检人员每天对钢模的主要技术指标进行实测实量，不断校正管模尺寸。

④ 钢筋笼入模后，按标准要求对每个钢筋笼进行校正。对环、纵向螺栓孔位置、保护

层厚度进行校正实测,合格后方可进行混凝土浇筑。

⑤ 混凝土搅拌站要经常对各类衡器进行检验,使用过程中加强维护保养,使称量系统始终保持良好的工作状态。

⑥ 混凝土振捣时要严格控制振动频率和时间,避免过振和漏振产生气泡或浮浆。

⑦ 管片达到16MPa强度后方可脱模,并在管片上印刷生产日期、型号、编号。

五、管片试拼装

1. 示范衬砌

在预制混凝土管片生产正式开始之前,制作3环完整的预制混凝土管片,包括螺母、螺栓和其他附件。在示范衬砌中包含一环楔形管片。

2. 水平拼装

管片每生产100环抽查3环做水平拼装检验,管片试拼装采用多点可调度平台。测试拼装时的环向螺栓的预应力按拧紧力矩控制。图11-12为管片的试拼装。其水平拼装检验标准应符合表11-5规定。

图 11-12　管片试拼装

表 11-5　水平拼装检验标准

序号	项目	允许偏差/mm	检查频率		检验方法
			范围	点数	
1	拼装成环后初始椭圆率	≤25	每5环	1	尺量计算
2	第一环管片定位量	3	每环	1	尺量
3	相邻环管片的允许高差	5	每5环	1	尺量

六、管片养护、储运

1. 管片的蒸汽养护

蒸汽养护是防止衬砌裂缝造成抗渗能力下降的重要条件。蒸汽养护与浇水养护相结合是常用的养护法。管片采用带模蒸汽养护,也有喷雾养护、温水滴流养护。待管片表面抹压收水,在其上覆盖塑料薄膜或进行喷塑与外界隔离,再用油布或使用养护罩覆盖,图11-13为养护管片的蒸汽养护罩。管片采用养护罩内蒸汽养护方式生产,除满足一般蒸汽养护操作规程外,还应注意以下几点:

① 管片振捣结束后,静养2~3h,然后实行蒸汽养护;

② 升温速率控制在15℃/h以内;

③ 降温速率控制在10℃/h以内;

④ 蒸汽养护控制在50℃以内;

⑤ 车间温度高于30℃时静养阶段的管片用养护罩保温,使管片核心部的温度与外侧温度差缩小;

⑥ 脱模时的管片温度不超过室温10℃;

⑦ 管片脱模强度必须高于设计强度的50%;

⑧ 养护室的温度、湿度由专人专职管理,混凝土达到一定强度后,送至质检站检测中心进行检测实验。

图 11-13　管片养护罩示意图

2. 管片水中养护

管片从钢模中脱模后，需在水中养护，吊出水池做露天养护，在管片的端部注明生产日期及管片的型号。

七、管片运输及存放

① 管片出厂前逐片进行尺寸、外观的检测，不合格者不允许出厂。

② 达到龄期并检验合格的管片有计划地由平板车运到施工现场，吊卸到专门的管片堆放区。管片运输时之间用方木垫隔，防止管片在运输时相互碰撞而损坏。

管片在卸之前进行逐一的外观检测，不符合要求（裂缝、破损、无标志等）的管片将被立即退回。由于管片在搬运或组装时易损害，在施工中按实际情况进行表面处理。内侧的棱角线可进行覆盖以防止崩损，或在局部拉上钢筋网以减少崩损，必要时对边缘用角钢加固。

③ 标准管片和左、右转弯管片分开堆放，以方便吊运和存量统计。图 11-14 为管片的存放。

图 11-14　管片的存放示意图

④ 管片贴密封垫后，经专人检查合格（位置、型号、黏结牢固性等）才可吊下隧道使

用。在雨季设专门的防雨设施，以确保雨季施工不受影响。每环管片分两次吊到两节拖车上，管片之间用方木垫隔，拖车上也预先安放了方木垫块，见图11-15。

图11-15　管片装车示意图

思考题

1. 管片的种类有哪些？
2. 管片的养护有何要求？
3. 简述管片的制作工序。

第十二章　特种盾构工法

第一节　扩径盾构工法

所谓局部扩大盾构法就是在隧道的任意位置对局部断面进行扩大的一种施工方法，如图12-1所示。其主要施工原理如下。

扩径盾构工法

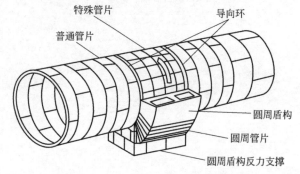

(a) 圆周盾构反力支撑和扩大部盾构反力承台施工

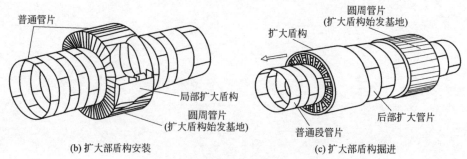

(b) 扩大部盾构安装　　　　　　　(c) 扩大部盾构掘进

图 12-1　局部扩大盾构法施工原理图

① 正常段施工。首先，进行等断面正常段隧道的施工，在局部断面扩大部分设置特殊

管片，在正常段和特殊段管片之间同时设置导向环。

② 圆周盾构反力支墩施工。拆除特殊段下部的预制扇形衬砌块，设置围护结构后进行土体开挖，必要时可对局部土体进行加固，浇筑圆周盾构掘进时的反向支墩。

③ 扩大部盾构的反向承台制作。在扩大部基础内的导向环片上安装圆周盾构后，边掘进边拼装圆周管片，最后形成扩大部盾构的反力承台（始发基地）。

④ 扩大部盾构安装和掘进。在始发基地内安装扩大部盾构，进行扩大部隧道的开挖。

一、局部扩大盾构法特点

① 可根据用途在任何位置以任意长度对隧道进行局部扩大。
② 局部扩大后的断面形状仍然是圆形，故其力学性能保持圆形断面的特性。
③ 也可进行左右和上下全方位偏心局部扩大。
④ 与开挖式施工法相比，工程费用和工期都可以在一定程度上减少。
⑤ 无需设置施工场地和工作井，对周边环境的影响少。

二、施工实例

局部扩大盾构法可运用于各种地下工程，迄今工程施工实例已有 8 例，各工程实例的主要技术参数如表 12-1 所示。

表 12-1　施工实例的主要技术参数

施工列序号	隧道外径 ϕ/m		扩大部施工延长/m	用途
	普通段	扩大段		
1	6.60	7.80	24.10	电力线人孔
2	2.00	3.15	6.55	电力线人孔
3	6.60	9.20	29.50	共同沟分岔部
4	2.00	3.15	2.62	管路合流部
5	1.90	3.90	8.50	电力线人孔
6	1.95	3.90	8.50	电力线人孔
7	2.75	3.90	25.35	电缆连接部
8	6.00	8.71	11.25	管路合流部

第二节　球体盾构工法

球体盾构工法

一、纵横式连续推进球体盾构

纵横式球体盾构是用一台盾构掘进机完成纵向工作井和横向隧道开挖的一种特殊盾构掘进机。在纵向主机盾构内预先设置一个可旋转的球体，在球体内又设置了一台专门用于开挖横向隧道的长度较短的盾构。在纵向盾构内设有驱动轴可自由旋转的球体，横向盾构的主体切削刀盘兼用于开挖竖向工作井。也就是说，只要在横向盾构的主体刀盘的外侧安装一个环状的超挖刀具，就可以用同一个切削装置开挖两个功能和尺寸不同的地下空间。纵横式球体盾构共享一个切削驱动装置，主体切削刀和外侧环状刀具之间采用铰接式拉杆连接，通过油压千斤顶可使铰接式拉杆伸缩。竖向工作井开挖结束后外侧环状刀具脱离主体刀盘残留在土中，见图 12-2。

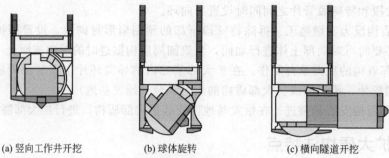

(a) 竖向工作井开挖　　　(b) 球体旋转　　　(c) 横向隧道开挖

图 12-2　纵横式连续推进球体盾构的开挖

纵横式球体盾构的主要特点如下。

① 因竖向工作井和横向盾构隧道是连续推进的，所以它无需考虑盾构进出洞时的土体加固处理和漏水等技术问题，提高了大深度工作井和隧道施工的安全性和施工速度，对缩短工期有积极的作用。

② 竖向工作井施工时对周围环境和地基沉降的影响较一般的施工法要小。

③ 竖向工作井的内部空间和井壁厚度都可减小，节省工作井的工程的开挖费用。

④ 隧道推进过程中，开挖刀具的交换和维修非常方便，更适用于长距离隧道的开挖。

二、横横式连续推进球体盾构

横横式球体盾构的开挖原理与纵横式球体盾构基本相同，先行主机盾构和后续次机盾构可在同一水平面内进行直角开挖。交通拥挤的十字路口以及在地下一定深度内存在有各种管线设施无法构筑竖向工作井的地区可采用此施工方法。

三、长距离开挖球体盾构

设置在球体内的刀盘和其驱动装置与球体一起在盾构掘进机内运转，刀具的修理和更换等作业也在盾构掘进机内进行，作业不受时间、地点的限制，且在已开挖好的隧道内正常大气压中工作，解决了长距离盾构开挖时刀具交换的技术性问题，无需另外构筑工作井，在一定程度上可减少工程费用，尤其适用于工期不很紧、无需设置换气井的长距离上下隧道的施工。图 12-3 为用于长距离隧道球体盾构的刀具交换示意图。

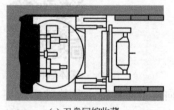 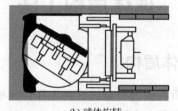 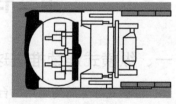

(a) 刀盘回缩收藏　　　(b) 球体旋转　　　(c) 刀具交换

图 12-3　球体盾构刀具交换示意

四、工程实例

球体盾构已在下水道工程中得到了广泛的运用。图 12-4 为实际工程中使用的球体盾构示例。

① 纵横式盾构。先行主机盾构直径为 5.90m，开挖深度为 19.3m，后行次机盾构直径为 4.20m，开挖长度 2017m，盾构形式为纵向开挖主机盾构泥水式，横向开挖次机盾构泥土式。

② 横横式盾构。先行主机盾构直径为 3.93m，开挖深度为 578m，后行次机后盾构直径为 2.68m，开挖长度 898m。盾构形式均采用泥水式。

(a) 纵横式盾构

(b) 横横式盾构

(c) 长距离开挖盾构

图 12-4　实际工程中使用的球体盾构示例

第三节　多圆盾构工法

多圆盾构工法

一、MF 盾构法的特点

① 由 MF 盾构法建成的隧道基本结构形式为圆形，所以它保持了圆形断面的力学特性。

② 隧道可由多个小型圆断面叠合形成，开挖量小，断面利用率高。

③ 在隧道线路规划时对线形的选择有更多的灵活性，可根据需要选择横向 MF 盾构或纵向 MF 盾构（图 12-5），更加适用于地下空间受到限制的隧道建设。

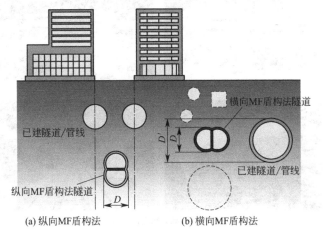

图 12-5　盾构形式

④ 根据土质情况和施工条件以及对周围环境影响的需要，采用泥水盾构或土压盾构。

⑤ 盾构由多个独立控制的圆形断面组成，可根据不同地质条件进行土体开挖管理。

⑥ 通过调整各刀盘的转速和转向，利用开挖时作用在盾构上的反力可有效地控制盾构姿势，纠偏也相对容易。

⑦ 采用横向多圆盾构法可用于地铁车站、地铁车辆机务区段的开挖。

MF 盾构法应用范围见图 12-6。

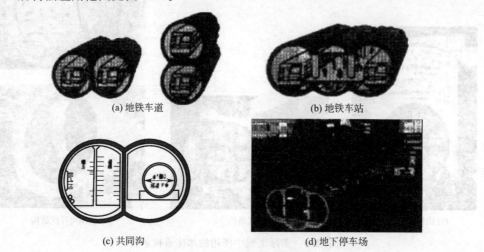

图 12-6　MF 盾构法的应用范围

二、工程实例

MF 盾构在地铁工程中运用较多，横向两圆断面主要用于地铁线路段的隧道，横向三圆以上断面用于地铁车站和地铁机务段的隧道施工。图 12-7 所示为实际和工程中使用的两例 MF 盾构法开挖的隧道：横向两圆断面地铁线工程的开挖宽度为 12.19m，两个圆断面均不大于 7.42m，施工长度为 619m；横向三圆断面地铁车站工程的开挖宽度为 17.44m，其中中间圆断面为 8.85m，两侧圆断面均不大于 8.14m，施工长度为 275m。

图 12-7　施工实例

第四节　H&V 盾构工法

H&V 盾构工法

H&V 盾构法施工原理主要采用了一种叉式铰接改向装置，这种装置可使盾构机体前端各自沿着相反方向旋转，从而改变盾构的推进方向，达到旋转式推进的目的（图 12-8）。

一、螺旋式推进的原理

相邻两个断面的盾构之间设置铰接式改向装置，使两盾构能各自沿着相反的方向螺旋式旋转。促使盾构螺旋式旋转是有效地运用了盾构轴向偏转的特性，由偏心千斤顶提供旋转外力。在盾构改向侧迎土面通过局部超挖刀具进行局部开挖，使盾构顺利并稳定地进行螺旋式过渡。

二、分岔式推进的原理

H&V 中的各盾构配备有独立的驱动和排土设备。相邻两个盾构的前部由锚栓连接，后部则由螺栓连接，两者均可在盾构的内部拆除，盾构掘进机之间在解除连接后由侧向千斤顶将需要分离的盾构顶出后各自沿着自己的方向推进。

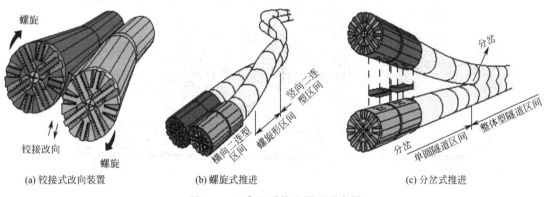

图 12-8　H&V 盾构法原理示意图

三、特点

① 特制的铰接式改向装置，对盾构掘进机的姿态以及方向的控制比较容易，各盾构的驱动装置和开挖装置相互独立，可根据不同土质情况对开挖面的稳定进行管理，可自由选择采用泥水式盾构还是土压式盾构。

② 从纵向到横向或从横向到纵向，隧道断面在地下可自由地过渡和转换，无需设置工作井，对缩短工期、降低成本有利。

③ 可根据需要自由地选择断面形式，而断面的基本形状是圆形。在构造上保持了单圆盾构良好的力学特性，线形设计时可不受周边障碍物的限制。

四、工程实例

H&V 盾构法通过试验性施工证实此施工法可适用于各种地下工程，并在地铁和下水道中得到了运用。迄今试验性施工一例，工程施工实例两例。主要技术指标分别如下。

盾构机 A：地铁车站工程施工例，采用 2 主 2 子的 4 圆泥水盾构掘进机，其中主机不大于 6.56m×2 台，子机不大于 1.72m×2 台。隧道宽 13.18m，高 7.06m，施工长 236m。

盾构掘进机 B：下水道工程施工例，采用纵向 2 圆分岔式泥水盾构掘进机，上部盾构不大于 3.29m，下部盾构为 2.89m，施工长 154m。

第五节　可变断面盾构工法

所谓可变（自由）断面盾构工法就是在一个普通圆形盾构主刀盘的外侧设置数个规模比主刀盘小的行星刀盘，随主刀盘的旋转行星刀盘在外围自转的同时绕主刀盘公转，行星刀盘公转的轨道由行星刀盘扇动臂的扇动角度确定（图 12-9）。通过对行星刀盘扇动臂的调节可开挖各种非圆形断面的隧道。也就是说，通过对行星刀盘公转轨道的设计可选择如矩形断面、椭圆形断面、马蹄形断面、卵形断面等非圆形断面（图 12-10）。此盾构工法尤其适用于地下空间受限制的，如穿越既成管线和水道之间的中小型隧道工程。

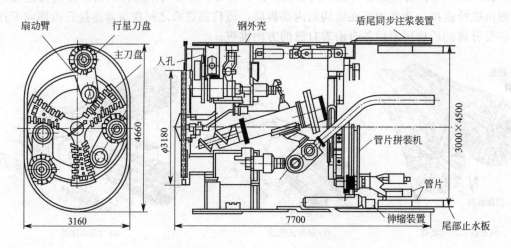

图 12-9　可变断面盾构构造图（尺寸单位：mm）

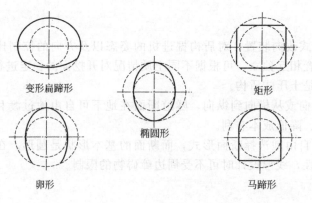

图 12-10　可开挖的非圆形断面

一、自由断面盾构法特点

① 可开挖多种非圆形断面的隧道、选择细长型断面使宽度成深度受限制的地下空间更有效地得到利用。

② 可根据不同的使用目的合理选择不同断面,比如共同沟和电力管线等选择矩形断面,公路和铁路隧道则选择马蹄形断面等。

③ 隧道断面的最大纵横尺寸之比为椭圆形 1.5∶1.0,矩形 1.2∶1.0,马蹄形 1.35∶1.0。

④ 行星刀盘上的刀具呈梅花状布置,扇动臂采用计算机自动控制(图 12-11)。

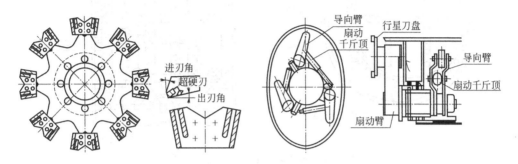

图 12-11 行星刀盘及扇动臂的控制

二、工程实例

自由断面盾构法已在下水道工程中运用,图 12-12 为一例试验性施工和一例实际工程的施工实例。试验施工中使用的盾构掘进机为宽 3.16m,高 4.66m 的土压式平衡单点铰接盾构掘进机。试验施工直线段长 36m,曲线段半径 $R=60m$,长 16m。实际工程段为盾构宽 3.16m、高 4.66m 的土压式平衡两点铰接盾构,累计开挖长 565m,曲线段最小曲率半径 $R=20m$。

(a) 纵向椭圆形盾构机　　(b) 试验施工隧道(直线段)　　(c) 实际工程隧道(曲线)

图 12-12 施工实例

第六节　偏心多轴盾构工法

图12-13为开挖圆形断面和矩形断面的偏心多轴盾构原理示意图。

偏心多轴盾构工法

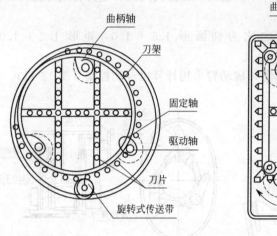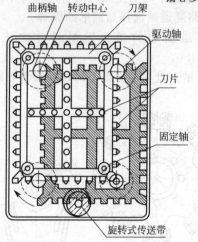

图12-13　偏心多轴盾构的原理示意图

偏心多轴盾构特点如下。

① 可根据需要选择刀架形状开挖任意断面的隧道。

② 刀架转动半径小，可选择较小的驱动扭矩。因采用多个转动轴同时驱动刀架，所以盾构掘进机具有紧凑、易装、易拆、易运等特点，适用于大断面隧道开挖。

③ 刀架转动半径小，刀具的行走距离也小，刀片的磨损少，一副刀具比一般盾构至少可多开挖3倍以上的距离，适合于长距离隧道的开挖。

④ 刀架驱动装置小，盾构掘进机内施工操作空间大，可根据需要在盾构掘进机内配置土体改良设备，对整个隧道断面的任何位置进行土体改良，适合于曲率半径小、隧道间隔小、土质差等施工条件差的地方。

⑤ 采用十字形交叉式刀片，此刀片的前后刀刃的角度相等，所以可进行全方位开挖。

思考题

1. 扩大盾构法的定义是什么？
2. 局部扩大盾构法的特点是什么？
3. 简述球体盾构施工工法。
4. MF盾构法有何特点？
5. 简述H&V盾构施工工法。
6. 自由断面盾构法有何特点？
7. 偏心多轴盾构工法有何特点？

参 考 文 献

[1]　陈馈,洪开荣,焦胜军.盾构施工技术[M].2版.北京:人民交通出版社,2016.
[2]　上海市建筑建材业市场管理总站.公路盾构法隧道工程质量检验评定标准[M].上海:同济大学出版社,2018.
[3]　姜留涛,张剑.盾构施工测量技术[M].北京:人民交通出版社,2020.
[4]　刘建国.深圳地铁盾构隧道技术研究与实践[M].北京:人民交通出版社,2011.
[5]　竺维彬,鞠世健,王晖.复合地层中的盾构施工技术[M].北京:中国建筑工业出版社,2020.
[6]　周文波.盾构法隧道施工技术及应用[M].北京:中国建筑工业出版社,2004.
[7]　洪开荣.盾构与掘进关键技术[M].北京:人民交通出版社,2020.
[8]　陈馈.国内外盾构隧道施工实例[M].北京:人民交通出版社,2016.
[9]　住建部.盾构法隧道施工及验收规范[M].北京:中国建筑工业出版社,2017.
[10]　江苏省住房和城乡建设厅.城市轨道交通工程盾构法施工指南[M].北京:中国建筑工业出版社,2018.
[11]　陈馈,谭顺辉,王江卡.盾构施工关键技术[M].北京:中国铁道出版社,2020.
[12]　王云江,曾益平.城市轨道交通工程盾构施工与管理[M].北京:化学工业出版社,2013.